人民の敵

外山恒一の半生

「私は大人です。私は、行かない」
めざせ投票率0%
前衛芸術党・棄権分子

藤原賢吾：著

百万年書房

人民の敵

はじめに

２０２０年4月15日の夕刻。

私は、ある男と福岡市のバーで向き合っていた。４人がけのテーブルの上には、飲みかけのビールが2杯並んでいる。私はＩＣレコーダーを回し、メモを取りながら、ハイライトの紫煙をくゆらせる男の話にじっと耳を傾けていた。

バーのある「親不孝通り」と呼ばれるこの筋の名は、かつて近くに複数の予備校が校舎を連ね、浪人生たちがたむろしたことに由来する。周辺には飲み屋やクラブ、劇場、ライブハウスが密集し、普段なら性別も国籍も年齢も多様な人たちが、明け方まで嬌声を上げていた。だが、福岡市屈指の歓楽街から人波は消え去っていた。目抜き通り沿いの飲食店は、軒並みシャッターを下ろしている。

20年1月に日本国内で初めて感染者が確認された新型コロナウイルス感染症は、瞬く間に全国に飛び火し、4月7日、政府は東京、神奈川、埼玉、千葉、大阪、兵庫、福岡の7都府県に緊急事態宣言を発出する。

当時の安倍晋三政権は何をしたのか？　アベノミクスと呼ばれる経済政策を自負していた首

相は、当初、経済的な打撃を恐れて国民の行動制限に慎重だった。そして、マスク不足が深刻だったため、感染対策として布製マスク配布を打ち出す。

え？　マスク？　布製の？　何度も洗えるから？

しかも、1世帯に2枚。大家族は大変だ。当然、多くの国民の反感を買った。「アベノマスク」。こう揶揄されても、首相はサイズの合わない小さなマスクで口元を覆い続ける。だが、そんな政府を動かしていたのは、実は市民の声だった。

感染予防を錦の御旗に、「自粛警察」という言葉が生まれるほど、市民が相互監視する風潮は高まっていた。4月下旬には千葉県の駄菓子屋にまで、こんな貼り紙が突きつけられた。

「コドモアツメルナ　オミセシメロ　マスクノムダ」

「自粛こそ正義」という、第二次世界大戦中の隣組もかくやのごとき息苦しい社会に向けて、4月1日、この男はTwitterにこんな文章を投じていた。

〈補償しなくても自粛してくれるFラン人民なんぞナメられて当然である。人の命なんぞより自らの地位や利権が大事な奴らに〝云うこと聞かせる〟には、こっちも死ぬ気・殺す気になって、「頼むから、カネを出すから家でじっとしててくれ」と奴らが懇願し始めるまで街に繰り出し続けるべきなのだ〉

私は、これを言葉の礫だと感じた。

同調圧力に反旗を翻した男の投稿は、爆発的に拡散され、賛否の渦を巻き起こす。もちろん、ほとんどが否定的な声だった。

福岡市に本社を構える西日本新聞社記者の私は、自粛一色に塗りつぶされた異論を許さない社会に、批判を覚悟で堂々と自らの主張をぶつけた男の姿勢に、ただただ驚いた。表現は過激だが、会って話を聞きたい、取材して記事を書きたいと熱望させられる譬えようのない説得力を感じた。

取材場所のバーでビールを飲みながら初対面の私を待っていた男は、くすんだ黒い長袖Tシャツ姿に編み上げブーツを履いていた。顔が赤くなる前に、まず写真を撮らせてほしいという私の申し出に快く応じつつ、こう言葉を重ねた。

「（ウサマ・）ビンラディン（武装組織アル＝カーイダの指導者。2011年、アメリカ軍によって殺害された）のTシャツに着替えましょうか？」

ファシストを名乗るスキンヘッドの男は、冗談とも本気とも計りかねる声色で提案してきた。

「え？　あ、いいと思います。いいですね」

出会い頭にいきなりフックを浴びせられた私は、男の気を損ねてはまずいのではないかと焦るように同意する。すると、男はこう続けた。

「いやいや、新聞にビンラディンはダメでしょう」

かつて男は東京都知事選に立候補し、政見放送で声をうわずらせ政府転覆を叫び、あまつさえ中指を突き立てていた。その動画の印象が強すぎて、エキセントリックな過激派だと思い込んでいた私は虚をつかれた。

男には、自らの人生の要所を物語によって糊塗してしまうきらいがあった。ただそれは、その半生を辿れば無理からぬことなのかもしれない。

インタビューの最後に肩書をたずねると、男は衒うことなく言った。

「革命家です」

へっ？ ペンを動かす手が止まる。

レーニン、チェ・ゲバラ、毛沢東……。歴史を変えた猛者たちの顔が浮かぶ。現代の日本で自らを革命家と称することは、世間からまともに受け止められることを放棄しているようにも思える。だが、瞳に邪気はない。ならば、どのようにして革命家と唱えるに至ったのか？ 私の興味は、コロナよりもこの男の源流へと向かっていった。

男の名は、外山恒一《とやまこういち》。

外山のツイート以降、政府は感染が落ち着けば旅行や外食を推奨し、再び蔓延に転じれば締めつけるという場当たりな対応に終始する。さらに、自粛への補償もワクチン接種も後手に回り、人心は潮が引くように遠のいていった。世論の反対を押し切って東京五輪を開催した強硬姿勢もその流れに拍車をかける。

〈この一年の多くの時を自粛し続けた人間として残念ながら、外山恒一は正しかったと認めざるを得ない。主に五輪利権のために、国民は日本政府からナメられすぎだろう〉(翻訳者・yomoyomo)

〈外山恒一氏は勝利宣言する資格があると思う〉(政治学者・白井聡)

自粛圧力に抗し不要不急の外出を呼びかけた外山の言葉の礫は、1年後、このように称えるツイートを伴い再び脚光を浴びた。

想像力が権力を奪う。

1968年のパリ五月革命で学生や労働者が叫んだ有名なスローガンを外山に重ねる。私たちは、権力への追従は当然だと諦めていないか? そもそも、私たちを縛る権力が「揺るぎなく存在するもの」だと思い込んでいないか? 既成権力を嘲笑い、窮屈な社会を攪拌する外山の言葉や行動には、思考停止した私たちの横っ面をはたいて目覚めさせる力がある。

なぜか。

その理由を紐解きたいと、私は外山の半生を辿る旅に出た。

まずは出生地の鹿児島へ。そして、母の悔恨に静かに耳を傾けた。

人民の敵　目次

1 「革命家」の母

鹿児島県を上空から見下ろせば、東の大隅半島と西の薩摩半島が北で陸続きになっている。美しい比喩ではないが、股を開いた人の下半身のようだ。鹿児島のシンボル桜島は、股下をくぐるように中心部に位置する。

2021年1月。私は博多駅から鹿児島市の鹿児島中央駅を経由し、JR日豊本線を2両編成の列車で北上していた。目指すは「革命家」の母が住む、股間あたりの姶良市だった。

私は外山と同じ鹿児島出身なので、桜島はなじみ深い。県外者が写真や映像でよく接する、山頂から麓までの曲線が対称な、きれいな台形に見えるのは鹿児島市内からだけだ。列車が進むほどにアンバランスになっていく桜島の姿に、ずいぶん久しぶりに見入っていた。

目的の駅に外山の父が迎えに来てくれていた。私は、出会うなり驚いた。帽子をかぶっていたが、外山の父親だと見誤ることがあり得ないほどよく似ている。外山を一回り小さくして年を取らせれば、まったく同じ姿になるのではないか。父の運転する車で駅から10分ほど。小さな山の麓の一軒家に、外山の母はひとりで暮らしていた。

「あの子があんな風になってしまったのは、すべて私のせいなんです」

外山恒一の母・恵子（1941年生）が真っ先に口にしたのは、懺悔の言葉だった。うっすらと涙を浮かべているようにも見えた。

外山は1970年7月26日23時59分、鹿児島県国分市（現・霧島市）の病院で生を受ける。4200グラムというから、かなり大きな赤ちゃんだ。物静かな父・久恒（1939年生）と祖父・一男から一字ずつを取り「恒一」と名付けられた。3人の子をもうける久恒、恵子の長男だった。【図版1】

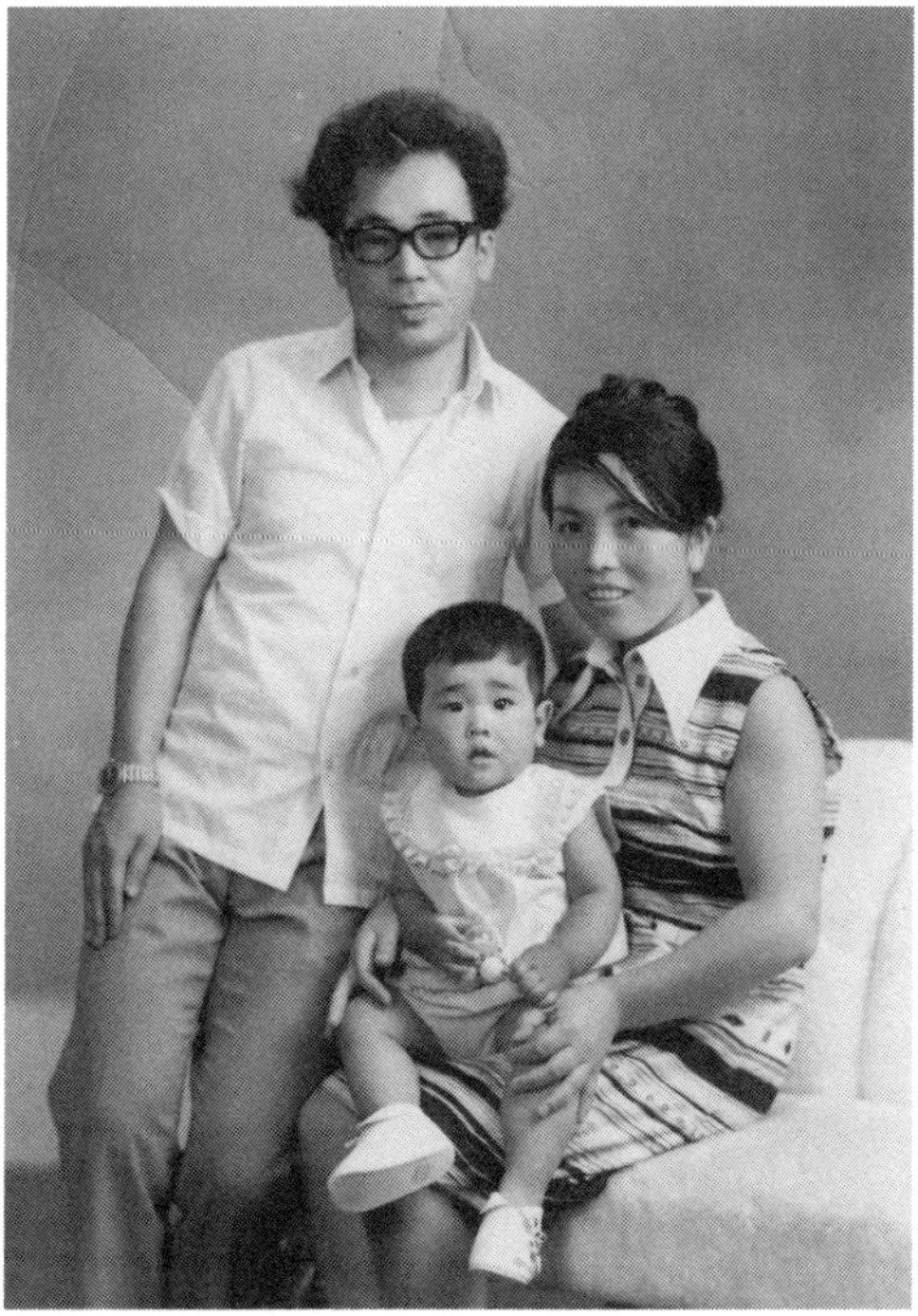

［図版1］父久恒（左）、母恵子（右）と生誕1周年の記念写真（1971年）

幼少期の外山は、『ABCマイブック』というような児童向けの英語本を常に持ち歩いていた。2、3歳のころだろうか。ドッグ、キャットなどと口にするだけなら、利発な子だと周囲はほほ笑むくらいかもしれない。ところが、幼い外山が口にしたのは、「エレクトリック・リファジュレイター（電気冷蔵庫）」。

大人たちは驚愕した。来客がある度、幼い外山に英単語を披露させて自慢する。天才、とさえ思っていたのかもしれない。さらに、ミニカー好きが高じて、数多くの車の名前をスラスラとそらんじた。

外山の父の実家は、恵子の家から車で東に20分ほどの霧島市隼人町にある。

外山は4歳まで主に父の実家で祖父母たちと暮らした。父は7人きょうだいの5番目で、唯一の男性だった。当時の、そして、とりわけ封建色の濃い鹿児島で、祖父母から見れば長男の長男だ。「外山家の跡取り」が神童のようであれば、そのかわいがりようは想像に難くない。

外山は、一族の希望の星だった。

「素直で賢くて聞き分けのいい、悪さをしない、本当にいい子だったんです」

恵子は目を細めて振り返る。

外山が生まれたころ、久恒は自衛隊に勤務し、ヘリコプターの整備を覚える。4歳になると、父は福岡市の西日本空輸に整備士として転職した。結果、一家は福岡県大野城市に転居する。整備士はヘリ出動の度に同乗しなければならなかった。目的地での不具合などに対処するためだ。そのため、久恒は出張で家を空けがちになった。九州各地の空港を中心に、遠くは長野まで赴いた。多い年は年間200日も出張が重なった。必然的に、外山と妹、弟の3きょうだいの子育ては恵子にのしかかる。ただ、恵子は働くことが大好きだった。生きがい、とさえいえた。

恵子の一家は、戦前、台湾で暮らしていた。父は終戦直前に召集され、マラリアで亡くなる。敗戦後、母は3人の子どもを連れて故郷の鹿児島に引き揚げた。農家だったが米は供出され、食糧難にあえぐ。恵子の母は、失業対策事業と呼ばれた公共事業のような労働に奔走し、女手ひとつで子どもたちを育て上げた。終戦直後の貧しかったころ、母はヨモギを食べ、3人によりましな食事を与えた。末っ子の恵子は、地元の加治木高校を出ると、仕事を始めた。働くことが恵子の美徳となったのだろう。

外山たちが子どものころから、恵子は縫製工場で縫い仕事をしていた。大手製パン会社の工場で、弁当を作る夜勤の流れ作業をしたこともある。2021年の取材時、80歳に手が届く年齢になっても、恵子は仕事を持っていた。

「体が動く限り働き続けます」

自らを鼓舞するような呟き声が忘れられない。

そんな恵子だったから、「仕事第一、子どもは二の次」が外山家の育児方針となる。

恵子は、ここを深く悔やんでいた。

「あの子が悩んでいたときに、仕事を優先せずにもっと親身になって相談に乗ればよかった」

恵子は私に、70歳のころ目の当たりにした忘れられない光景を明かした。それは、母の弟の葬儀に参列したときのことだった。叔父の3人の子ども夫婦、そして孫と、喪主側に親族一同がずらりと居並ぶ姿に、はっと気付かされた。外山の高校中退の是非などを巡り夫婦げんかが絶えなかった。久恒の定年後、ふたりはそれぞれの実家で別居していた。外山をはじめ3人の子どもはいずれも結婚していない。ときを経て家族が増えていく家があるのに、どうして我が家はこうなってしまったのか。

「家族をバラバラにしたのは私だったんだ」

恵子は思い詰めてさえいるようだった。ほどなく、外山に過去を償う手紙を送った。だが、返事はなかった。恵子はいまも外山の誕生日に送金を兼ねた手紙を欠かさない。それにさえ、「ウンともスンとも言ってこない」と嘆く。

あのとき向き合っていれば、私たちの人生は違っていたのかもしれない──。

私には、恵子は必要以上に自らを責めているように感じられた。取材中、久恒は二言、三言しか口を開かなかった。ほとんどの思い出話を聞かせてくれたのは恵子だった。

私は、心ばかりの手土産として8個入りの菓子「博多通りもん」を持参していた。恵子は地元の銘菓「加治木饅頭」とさつま揚げの詰め合わせ、そしてなぜかパック入りの寿司まで用意してくれていた。取材先で寿司詰めをもらったことなどないから、少し面食らった。

私は、鹿児島を訪れた日以降も何度か恵子と電話で話した。その度に、「恒一と関わることで不利益はありませんか？」と私を気遣った。「ご迷惑をおかけしていませんか？」とも念押しされた。

「大丈夫ですよ。何も問題はありません」

私はこう繰り返しながら、「革命家」の母の気苦労に思いをはせた。

ただ、恵子は友人から、外山と性格がよく似ていると指摘される。これから紐解いていく外山の性格は、「しぶとい」そして「折れない」。これを悪く捉えれば、「わがまま」「頑固」だと言えるだろう。

自我の強い母子が、ひとつ屋根の下で暮らせば、衝突は避けられなかった。

2
西南学院中学

外山が4歳で転居した福岡県大野城市は、高度経済成長期以降、隣接する福岡市のベッドタウンとして急速に人口が増えていった。市名の由来となった古代の山城周辺などに豊かな自然があり、西日本鉄道（西鉄）の駅から20分ほどで福岡最大の繁華街・天神にアクセスできる。日経ＢＰ社の「住みよい街２０１７」でトップに選ばれたこともある、子育て世帯に人気の街だ。外山家は、山城の築かれた四王寺山の中腹に居を構えた。

大野東小学校へ入学した外山は、成績優秀だった。通知表の国語、算数、理科、社会はほとんど5段階評価の「５」だった。

1年生のとき、宿題をした子やテストの点が良かった子に、教師がご褒美としてシールを与えた。自分の名前の欄にシールを棒グラフのように貼り重ねていくと、優等生のシールの列は他の子に比べて長くなった。外山少年は、そんなことに無関心を装いながら、自らのグラフが他の子たちより伸びていくのを、内心ほくそ笑んで見ていた。

大野城市に移り、外山は小児ぜんそくとアレルギー性鼻炎を発症する。小学生時代、毎週土曜日に小児科と耳鼻科に通院し、注射を打たれた。体育が苦手で、同級生と喧嘩すれば一方的に泣かされた。小学校高学年の理科の授業参観では、マッチに火をつけるのを怖がるほど臆病だった。そんな「外山家の跡取り」を、親は最大限甘やかした。

小学校には外山と同じくらい優秀で、かつ、運動神経のいい活発な子が他にふたりいた。外山はひそかに、彼らへのコンプレックスを募らせていた。

小学3年の夏ごろから昆虫に興味を持つようになった。

外山は幼少期から現在に至るまで、何かに熱中すると異常にのめり込む。「偏執狂的性質《パラノイア》」と自ら告白する通り、それから中学1年までの4年間、昆虫採集に明け暮れた。春、夏、冬の長期休暇の度に昆虫標本を学校に提出する。かつての英単語やミニカーよろしく、昆虫の分類、生息地、餌――と、昆虫学者顔負けの知識を身につけた。このころには、外遊びが好きになり、標高400メートルほどの四王寺山に毎日登り、秘密基地を作るような活発な少年となる。

外山が小学4年生の終わりごろ、1歳下のいとこが私立の有名進学中学を受けることを知る。自らも中学受験を志した。鹿児島市のラ・サール中学が第一志望校だった。

しかし、ラ・サール中への受験は失敗し、外山は福岡市の私立西南学院中学に合格する。このとき、母親の恵子からは西南学院中への受験を反対されていた。

「あなたはラ・サールへ行くために塾に通ったんじゃないの？」

恵子の一本気な性格ゆえの言葉だった。それでも西南学院中に進学したかった外山が頭を下げ、月2万数千円の授業料を負担してもらい、入学が叶う。【図版2】

西南学院中は、天神から西へ4キロほど離れた福岡市早良区にある。外山は自宅から、西鉄

［図版2］西南学院中学入学式。左は母恵子（1983年）

と開業して間もない福岡市営地下鉄を乗り継いで通学した。西南学院中はキリスト教プロテスタント系バプテスト派の学校で、系列に幼稚園から大学まである。外山の時代、中高は男子校だったが、現在は共学だ。近くには元首相の広田弘毅や東方会を率いた政治家の中野正剛らを輩出した、伝統校の福岡県立修猷館高校がある。福岡屈指の文教地区だ。

外山は入学直後に登山研究同好会に入り、恵子の目から見ても充実した学校生活を送っていた。

保守系の政治学者として知られる九州大学教授の施《せ》光恒《てるひさ》は、外山の中学の同級生だ。3年間一度も同じクラスにはならなかったが、中学2年で登山研究同好会に入ると、

1年から在籍していた外山との交流が生まれる。

「小柄で可愛らしく、運動神経が良かった。感受性豊かで好奇心も旺盛。興味を持ったことにのめり込むタイプでした」

外山は赤川次郎を愛読し、自らミステリー小説を書きミニコミ誌も発行していた。独学でピアノを修得し、快活で、面白いことを思いついては友だちを笑わせることが大好きなキラキラした子――。

施の記憶に残る外山少年の姿は、現在からは想像もできない。

だが実は、中学2年から外山は深い悩みを抱えはじめる。

まず、成績不振だ。幼少期から優等生だともてはやされたが、入試をくぐり抜けた子どもたちが集まる私立中では苦戦した。入学時点では上から4分の1あたりだった成績は、どんどん下降していき、卒業時には下から4分の1に落ち込んだ。

「優秀であること」が大きなアイデンティティだった外山少年は、自尊心を守るため勉強以外に没頭した。そこに自らが輝ける居場所をつくろうとしたのだ。ミステリーやピアノは、外山にとって「逃避先」だった。

「あの子が変わったのは中学2年からなんです。本当にあのとき、何があったんでしょうか……」

恵子は繰り返しこう嘆いた。

外山はこのころ、成績を巡って両親と初めて決定的に対立する。

2年の定期テストで、「ABCDE」の5段階評価で最低の「E」を取った。両親は激怒し、父親は外山を殴った。

両親との亀裂が浮き彫りとなり、1984年4月27日、外山は書き置きを残して、初めて登校拒否をした。逃げ込んだのは、小学生時代に毎日遊び秘密基地を作った四王寺山だった。真面目だった当時の外山は、特別な理由もなく学校を休むことに後ろめたさを感じていた。

〈学校に行きたくない

そうしたら、お金もかからない

大野東（中学）に今から行ったっていじめられるだけだから家で独学で勉強したい。

朝や昼勉強をいっぱいすればいいし夜、何をやったっておこられないし自由な時間もふえるし、ムダな時間もふえるかもしれないけど、その分役に立つ時間もふえる。半年くらい前から考えていたことだからおこらないで下さい。家出じゃないから夕方には帰っています〉【図版3】

さらに、外山の目には、母親が自らを非難しているように映った。

〈ぼくの母親は、いつも自分だけが正しい人で、ぼくがいかに自分勝手な悪い人間であるかを、このころから近所や保護者会で吹聴して回ります。（中略）成績が悪いからといって子供を思い切り叱るという自分の不条理さは棚に上げて、ぼくの欠点ばかりあげつらい、近所に流しま

した〉

中学2年の外山にショックを与えたもうひとつの問題が、いじめだった。

クラスを越えたグループが、特定の生徒を無視し、共謀して雑務を押しつけた。被害生徒は毎日からかわれ、芸もさせられる。なかには、顔が変形するほど殴られた生徒もいた。

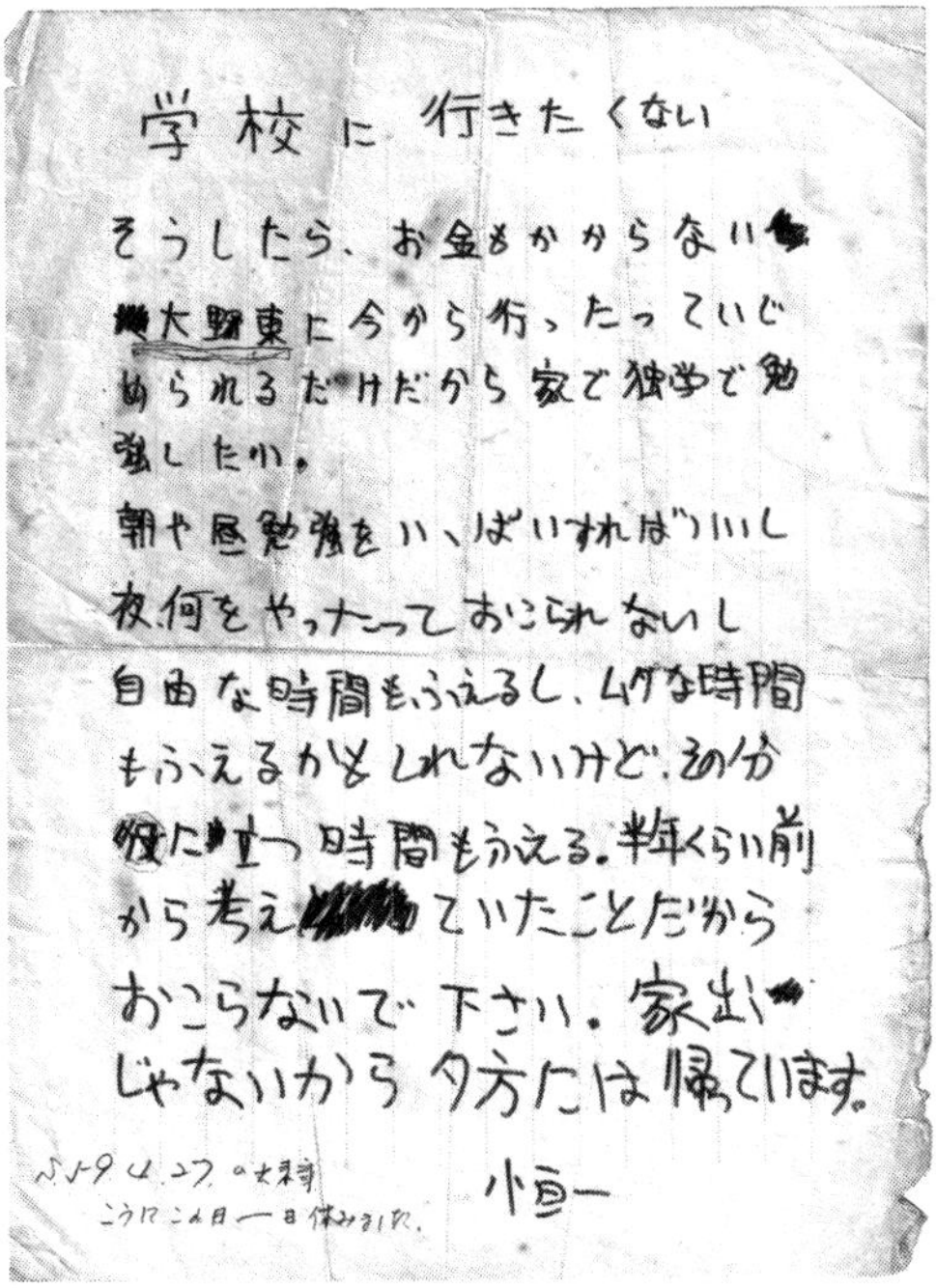
学校に行きたくない
そうしたら、お金もかからない
大野東に今から行ったっていじめられるだけだから家で独学で勉強したい。
朝や昼勉強をいっぱいすればいいし
夜何をやったっておこられないし
自由な時間もふえるし、ムダな時間もふえるかもしれないけど、その分役に立つ時間もふえる。半年くらい前から考え[redacted]ていたことだから
おこらないで下さい。家出じゃないから夕方には帰ってきます。
S.59.4.27の木曜
こうしてこの日一日休みました。
恒一

[図版3] 中学2年で初めて登校拒否をした日の書き置き（1984年）

恵子も、このころの外山が、「塾に行くから」と掃除をさぼる生徒が相次いだことに憤っていたと振り返る。

「だから、僕は塾には行かない」

正義感の強い外山は、恵子に宣言した。

外山も一時いじめの標的となったが、抵抗したために難を逃れた。しかし、いじめられても言い返せない生徒が、主な

ターゲットとされてしまう。

「小学校で同じ塾に通っていた生徒たちが徒党を組んだ、大人数によるいじめだったようです。正義感の強い外山は、いじめがはびこる自分のクラスに嫌気を抱いていました」

施はこう振り返り、私に中学時代のアルバムを見せてくれた。そこには、外山が学校生活に悩んでいた2年時の修学旅行で撮影された写真が収められていた。こぼれるような笑顔を見せる外山だが、別のクラスだった施らの部屋で写っている。私はそこに、外山少年の小さな胸の奥底にある葛藤を感じ取った。【図版4】

［図版4］西南学院中学修学旅行で別のクラスだった施光恒（前列左から3人目）の部屋で記念写真に収まる。外山恒一は後列左端（1985年、施光恒さん提供）

外山がいじめに心を痛めていた同時期の1986年には、東京都の公立中に通っていた男子生徒がいじめを苦に自殺する。同級生の大半と教師まで加担したとされるこの「葬式ごっこ事件」によって、いじめは日本社会の新たな病理として認知されていく。

一方、外山は入学式のような学校行事でも日の丸を掲げず君が代を斉唱しない、リベラルな西南学院中の校風に染まっていった。

当時の西南学院中には、学生運動を経たとおぼしき左翼がかった教師が何人もいた。なかには「レーニン」と渾名される社会科教師もいた。外山が1年の地理の授業では、教科書は使わずにアイヌの歴史を教え、アメリカ社会の腐敗を訴えソ連や中国、北朝鮮を称揚した。さらには、中米ニカラグアで独裁体制を打破し民族自立を成し遂げたサンディニスタ革命についても詳細に論じた。保守的と目されていた教師でさえ、公民の授業で基本的人権を解説する際に、「日本国憲法には書いていないが、基本的人権のなかには、気に入らない政府は打倒してもよいという〝革命権〟ってのも含まれる」と解説した。

このときの校長に、公安警察からこんな電話がかかっていた。

「おたくの先生のなかに、左翼の集会によく参加している先生がいますが、よろしいんでしょうか？」

校長は、決然と言い放って電話を切った。

「いいんです。彼は立派な先生です」

少年時代の外山や施は、かつて自民党や右翼が糾弾したような日本教職員組合（日教組）の左翼偏向教育など生ぬるい、徹底した左翼教育に衝撃を受ける。

もちろん、施も彼らの影響で左傾化していく。外山はまだ小説や音楽に耽溺するノンポリだったが、その脳裏には後に過激な左翼として大輪の花を咲かせる思想の「種」が植えつけられた。

施らが通った1980年代、国会では「スパイ防止法案」が提出され議論が巻き起こる。結局廃案となったこの法案に公然と異を唱える教師もいた。施は、当時の西南中の教育を批判的に振り返る。

「私も影響を受けて法案に関心を持つようになった。幼気な中学生たちが左翼教師たちに感化されていったんです」

外山が民主主義に疑問を持つような出来事もあった。

中学3年時、同じクラスにいじめられている独特の個性を持った生徒がいた。いま振り返れば、彼は徹底的な個人主義者だった。昼ごろにふらりと登校しては、こううそぶいた。

「学校に行くのは権利なんだから、毎朝始業の時間に来る義務はない」

外山はいじめには加担しなかったが、好きか嫌いかと問われれば嫌いなタイプで、彼の「正しさ」は外山を含め当時の生徒は誰も理解できなかった。

集団から目にあまるほどはみ出す彼に、クラス全体から非難の声が上がり、どうすればいいのかをホームルームで話し合う。

司会を務めたリベラルな教師は、民主的に多数派の意見を尊重する。すると、1、2時間だけの議論で、彼に退学勧告を出そうという多数派の声でクラスがまとまりそうになる。それはさすがにやりすぎだと外山は反対意見を述べるが、最終的に下された沙汰は彼を「のけ者」にすることだった。そして、彼はのけ者らしく、机を教室の隅の出入り口付近に固定されてしまう。

当時の外山は、クラスの決定に反対する理屈を持ち合わせていなかった。ただ、これはいけないことではないかという疑念が芽生える。周囲と異なる主張を貫けば、民主的に排除されることもあり得るのだと目の当たりにしたのだ。

この事件やいじめ、成績不振によって西南学院中への嫌気を募らせた外山は、高校を内部進学せずに公立の福岡中央高校を受験する。ところが、内申点が芳しくないために不合格となり、新設されたばかりの福岡市の私立中村学園三陽高校に1期生として入学した。

3 管理教育

1970〜80年代にかけて、いまでは考えられないほど全国の学校で校内暴力が盛んで、それを封じるための管理教育が深刻化していた。
外山が西南学院中に入学した83年当時、地元の公立中が校内暴力で荒れていたと噂されていたことも、私立中受験へと背中を押していた。

79年に放送がスタートしたテレビドラマ「3年B組金八先生」では、校内暴力、管理教育のいずれもがテーマとなり、大きな話題を集めた。83年に雑誌「週刊ヤングマガジン」で連載が始まった『BE-BOP-HIGHSCHOOL』のモデル校は、作者の出身地である福岡県の高校とも言われる。マンガならではの誇張はありつつもリアルな不良の青春群像劇は、繰り返し映画化され、その後のヤンキー文化に大きな影響を与えた。
ただ、荒れる学校の治安維持のために校則や体罰で生徒を律しようとした管理教育は、それ自体さらなる反発を招く。

〈行儀よくまじめなんて出来やしなかった
夜の校舎窓ガラス壊してまわった
逆らい続けあがき続けた
早く自由になりたかった〉
〈この支配からの卒業

闘いからの卒業〉

後に管理教育からの『卒業』（85年）を歌う尾崎豊は、高校在学中の83年にデビューした。その前年の82年には、愛知県立東郷高校で、スパルタ式の集団行動訓練の日に1年生の女子生徒が校舎から飛び降り自殺する。

外山が86年に入学した当時の中村学園三陽高校は、外山の言によれば「軍隊みたい」だった。大学や短大、女子高校、幼稚園も抱える福岡大手の学校法人は、新設の男子高校の生徒を鍛え上げ、進学校に育てようとしていたようだ。

入学式から数日後には、学校に3日間泊まり込む集団訓練が行われた。

「おはようございます！」

「よろしくおねがいします！」

「ありがとうございました！」

「さようなら！」

体育館に一列に並び、あいさつさせられた。体育館を何周も行進させられた。それが、朝から晩まで。あいさつの際、吃音の生徒が笑われていた。

眼光鋭い年配の体育教師は、こう怒鳴った。

「自衛隊はこんなもんじゃないぞ！」

前述の女子生徒が自殺した東郷高がある愛知県は、当時、管理教育でつとに有名だった。その管理様式が、全国に波及したとも言われる。

ノンフィクション作家の藤井誠二は、愛知の私立進学校・東海高校在学中から県内の管理教育に疑問を抱いていた。在学中の84年に反管理教育本『オイこら！学校』を編集・執筆している。そこに収められた東郷高生による集団行動訓練「(東)《マルトウ》訓練」のリポートは、外山が衝撃を受けた三陽高の集団訓練に通底する。

〈生徒のリーダーが先生の指示に従って50メートルくらい走り、集合場所を決めて号令をかける。「〇年〇組二列縦隊に集まれ！」。そうしたら生徒は「オーッ！」と叫び、全速力でリーダーのもとへ走っていき、すばやく指示された形にならぶ。ならび終わったらリーダーは番号をかけさせ、点呼をとる。「〇年〇組総員45名、現在員45名事故欠なし確認します！」。そしてもう一度番号をかけさせ「異常ありません。報告終わります」と言って完了。

しかし、これとてなかなか合格点はもらえなくて、集合が遅かったり、点呼でつまったりすると「バカヤロー！　やり直し！」といってまた走らされる。こんなことを何べんも繰り返していると、もうヘトヘトになってしまう。

その他、「行進」の練習や「あいさつ」の練習「校歌」の練習をやる。特に校歌の練習では「校歌は歌うな！　叫べ！　音程なんか狂ってもいい！　でかい声をだせばいいんだ！」と先

生が大声でどなっていた。㊐をやった生徒も、見た人も一様に「軍隊みたいだね」と言っていた〉

実は外山は、入学式の日にすでに三陽高への息苦しさを覚えていた。式の前に起立や礼を練習し、ステージ正面には大きな日の丸が掲げられていた。西南学院中ではあり得なかったこれらに、外山はふと、あれほど嫌った西南学院中を懐かしく思った。

当時の外山は、三陽高で突きつけられた日の丸、君が代に管理教育を重ね憎悪を募らせる。〈私は「日の丸・君が代」を、日本の象徴としてよりもまず、この三陽高校の象徴として憎むようになった〉

入学式から数日後の集団訓練の休憩時間のことだ。外山はこんな文章を原稿用紙にしたため、黒板に貼った。

〈この学校の軍国主義的管理教育に疑問を感じる人は、一緒に職員室に抗議に行きましょう、いなければぼく一人でも行きます〉

この時、外山は初めて学校との対決を決意する。中学2年で両親に刃向かった外山は、以後、「反抗期」の延長のようにさまざまな事象と衝突していく。外山は後に、〈私がこれまでやってきた「革命運動」なるものは、この反抗期の延長でしかなかった〉と振り返る。革命家への道が、この日に切って落とされた。

ところが、外山渾身の決起への呼びかけに賛同者は現れず、結局ひとりで職員室に乗り込み抗議した。「人生初の政治活動」となった単身決起は、教師ふたりを論破したものの3人目にたしなめられ、あえなく敗北した。

打ちひしがれた外山に、三陽高の同級生は冷やかし半分でその様子をたずねた。そんな同級生を目の当たりにし、外山はさらに西南学院中を懐かしんだ。中学生で坂口安吾を読む人がいた。ドアーズやピンク・フロイドといった洋楽を愛する人もいた。左翼教師にあこがれ、社会問題を熱く語り合うサークルもあった。

外山にとっては明らかな抑圧を何ら疑問視せず、日常的な話題にも不満を抱かせる同級生たちに失望し、入学を後悔する。そして、外山はあっさりと三陽高に見切りをつけ、わずか1学期で鹿児島への転校を目論む。

外山が高校に入学した86年の夏休み。施の記憶では、外山ともうひとりの友人と3人で、大分のくじゅう連山へキャンプに赴いた。台風が近づき風の強い日だった。尾根に至るころには立っていられないほどの強風で、脇道にそれた。道なき道を歩くなか、ミヤマキリシマの灌木を踏み分けてしまったようだ。外山と施らは、「僕たち、『心ない登山者』だよな」と言い合った。一行は、標高1200メートルに盆地と湿原が広がる坊ガツルにテントを張る。夜までには雲が去り、3人で満天の星空を眺めながら流れ星に願い事をしていた。

このとき、外山は細い尾を引く星に向かって、「編入、編入」と訴え続けていた。

ただ、外山には、この登山の記憶はないという。

4
転校、
またも管理教育

ここで、時計の針を外山の高校受験時にまで巻き戻したい。

外山は福岡中央高の合格に絶対の自信を持っていた。地区のトップ進学校に通えば再び成績で悩まされると懸念したのか、あえて優に手の届く高校を選んだからだ。模試でも、福岡中央高志願者全体の2位になった。

「外山の成績なら落ちるはずはなかった」

施も、合格を確信していた。

入学試験は5教科200点満点のところ、自己採点で180点台だった。ところが、西南学院中の内申点が、9科目5段階評価の45点満点で20点そこそこだったため、福岡中央高の内申基準をクリアできずに落ちてしまう。

外山の動揺ぶりは尋常ではなかった。受かると確信していたから、滑り止めの私立高校を受けていなかった。合格発表会場をほうほうの体で後にし、記憶のないまま西南学院中に不合格を伝えに行く。

このとき、たまたま職員室にいた数学教師が、あるアイデアを授けてくれた。

一旦、福岡の私立高に通ってから県外の高校に編入すれば、あらためて県内の公立高に転校することもできる――。

編入は親の転勤で通学できなくなるなど、特別な理由がなければ困難だった。そして外山の脳裏に具体案が閃く。まず福岡の私立高に入り、そこから父の実家に身を寄せて鹿児島の公立高に編入し、さらに福岡中央高へ入り直す——という計画だった。

外山は慌てて2次募集先を探した。そして見つけた三陽高に合格した。つまり、外山の県外転校は既定路線だったのだ。

外山が三陽高に偽った転校理由はこうだ。

父親に鹿児島転勤の予定があるため、学期の節目に一足先に鹿児島に転校する——。


恵子は、これを外山の「わがまま」だと断じた。素直で真面目だった外山が中学2年から反抗的になったと、恵子はすっかり手を焼いていた。

外山が両親に不満を抱いただけでなく、恵子も外山に不信を募らせていた。

「学校に迷惑をかけるなら退学しなさい」

恵子は頑なだった。

「転校できないのなら退学する」

外山も頑なだった。

父親は「高校は出ておいたほうがいい」と外山を支持する。そして、外山の転校は実現した。

このとき両親に生じた亀裂は、後に外山が学校と衝突を繰り返す度に深まっていく。


外山は鹿児島県立加治木高校に、1986年9月に転入する。両親が育ったエリアの進学校だ。外山を目に入れても痛くないほどにかわいがった父方の祖父はすでに他界していた。恵子は、外山の問題行動を夫の実家に説明したが、真面目な外山しか知らなかった祖母たちは、「恒一に限ってそんなことはない」と歓迎した。

心機一転を期した外山が通った加治木高は、外山にとって小学校以来の男女共学だった。粗暴な生徒はおらず、クラスは男女分け隔てなく交流していた。居心地のいい新天地で、外山のささやかな青春が幕を開ける。

相変わらずミステリーが好きで、転入2日目に文芸部の門を叩いた。そして、文芸部副部長で、さらには生徒会副会長も務めていた1学年先輩の女子生徒と出会う。文芸部は2年生の女子生徒5人しか部員がいなかったため、1年生男子の入部は喜ばれた。初日から、中島梓（栗本薫）や竹宮恵子らが活躍した女性向けの男性同性愛小説・漫画雑誌「ＪＵＮＥ《ジュネ》」の話題で盛り上がり打ち解ける。

恵子も加治木高出身で、恵子の兄は加治木高文芸部長だった。どこかでそれを聞きつけた外山は、福岡へ帰省した際、恵子に「伯父さんの同人誌は残っていないの？」と嬉しそうにたずねた。

私の取材中、恵子が穏やかな表情を見せたのは、外山が束の間の幸福な学校生活を送った、初期の加治木高時代を振り返るときだけだった。

「加治木高校に入ったころのことは、本当に楽しそうに話していました」

副部長の女子生徒ともどんどん親しくなり、このまま歩めば健やかな未来が拓かれていたのかもしれない。だが、わずか1か月で新たな壁に直面する。

自由参加が建前のはずの「朝課外」を強制されたのだ。

ここで、九州外の読者は初めて聞くであろう「朝課外」について説明したい。これは、九州独自の「風習」だ。朝課外について取り上げた2018年4月の西日本新聞などによれば、朝課外（または「ゼロ時限」）は、塾や予備校のない九州の地域で遅くとも1970年代に始まった。福岡では、普通科がある県立高校の9割で定着しているという。生徒の参加は任意の補習だが、事実上必修化し正規の授業を行う高校もある。そのため、「強制」を巡って長年議論が絶えなかった。激化する受験戦争が背景にあったのかもしれない。午前7時半という早朝から、生徒たちは眠い目をこすりながら授業を受けなければならない。当時の記事にも、「不参加なら三者面談をすると言われた」「（参加の有無を問う）同意書に『同意』の一択しかなかった」など、生徒の不満の声が掲載された。課外なので、教員の人件費は生徒側が負担する。

この記事から遡ること32年――。

1986年。10月のある日、部室で文芸部メンバーと雑談していたときのことだ。外山は入部1か月で「期待の新人」と目されるほど溶け込んでいた。ある先輩が鹿児島弁でこう漏らした。「あー、明日から補習（朝課外）だー」。この時点では、外山は転入していきなり反抗してはまずいだろうと、朝課外に出るつもりだった。ところが、副部長の女子生徒が宣言する。

「私、出ないよ」

驚いた外山は先輩にたずねる。

「えっ⁉ あれって出なくてもいいんですか」

彼女の説明では、そもそも自由参加で、同級生にひとり出なかった生徒がいた。それでも、その生徒は学年トップの成績を取ったという。

「よし、僕も出ません」

外山は朝課外開始前日に担任のもとへ赴き決意を述べた。「そんなものは認められん」と頑なな担任を説得しようと、文芸部副部長にも援護してもらう。しかし、担任は聞き入れてくれず、外山はこう言い放って職員室を後にした。

「何と言われようと僕は出席しません」

頑固な母親と性格のよく似た外山である。有言実行を貫いた。

最初の2週間くらいは、担任に注意される程度だった。だが、そのうちに「親を連れてこい」と要求された。ところが、そもそも父親に転勤の予定などなかったから、連れて行きたくても叶わない。かわりに、保証人になってくれた叔父に連絡が行く。鹿児島の地方都市で、教師に「お宅の子が学校に反抗し続けている」などと通報されれば、それは驚いただろう。叔父夫婦らはさんざん外山を非難した。

「お母さん（恵子）の言うことの方が当たっていた」

外山をかわいがってくれた祖母も腰を抜かすほどだった。

福岡から両親が外山の説得に訪れた。

「それ見たことか」

恵子は転校を認めた夫を責めた。立場を失ったのか、父親も頑として朝課外を受け入れない外山に怒って福岡に帰ってしまう。

家庭は悲惨だったが、学校は修羅場だった。

英語教師は、授業中にネチネチと朝課外の話を蒸し返した。高齢の国語教師は、席順に生徒を指名していたのに、外山の番になるとあえて飛ばして無視するようになった。

「加治木高校はおまえを必要とはしてないぞ。指導に従えんのなら出て行け」

ある教師に職員室中に響き渡る声で怒鳴られた。つらい仕打ちは止まず、外山は気が狂いそうになるほど追い詰められる。

一方、このころ、外山は政治的な目覚めも果たす。

西南学院中時代からのミステリー好きは続いていて、小松左京や森村誠一を愛読していた。彼らのような小説を書くためには、社会を知らなければならないと感じるようになっていた。まず、西南学院中の国語教師が褒めていた朝日新聞を祖母宅で購読してもらった。1985年の放送開始から久米宏をキャスターに据え、リベラルな私見を交えながらニュースを分かりやすく伝えた「ニュースステーション」も欠かさず録画して視聴するようにもなった。

外山が社会に目覚めた1986年当時、政治では「売上税」(後の消費税)や「防衛費対GNP比1%枠」などが争点となっていた。さらに、男女雇用機会均等法が施行され、土井たか子が社会党委員長となった。長年首相を務めた中曽根康弘の最後の第3次内閣もこの年に発足する。

87年1月、外山はクラスで週に一度開かれたホームルームの司会を務める委員に選ばれる。その何回目かで、「現代の世相」をテーマにした。事前に生徒にアンケートを行い、西南学院中時代の社会の授業プリントや朝日新聞を書き写し、5枚の資料を作り上げた。そして、ホームルームでは「ニュースステーション」で得た知識も総動員して、2週にわたり「現代の世相」をクラスメイトに講義した。これを機に、外山は「社会問題に詳しい」という評判をクラスから得た。

休み時間に外山を中心に時事を語り合う生徒が現れた。熱気はどんどん高まっていき、外山は2年生になった直後、放課後の自主講座「加治木高校付属大学」を主宰するようになる。世相に興味を持つ10人ほどが、外山を中心に口角泡を飛ばして議論するようになった。体面を気にしていた当時の外山は、「ボロを出してはいけない」と勉強を重ねていく。

そんなある日のこと。

友人に、「父親が売上税反対集会でもらった」という1枚のビラを手渡された。日本共産党のビラだった。「売上税は軍備拡大のための財源」だと、土井たか子が述べていたと新聞が報じていたことから、外山は売上税に反対だった。自衛隊にも日米安保にも否定的だった。

いまとは異なり、情報が限られていた当時の、まして鹿児島の地方都市のことだ。自らの考えを補強してくれる第三者の出現に、外山はときめいたに違いない。さっそく、ビラをくれた友人と地元の共産党事務所を訪れた。

そこは共産党の地元町議の事務所で、質素で、裸電球が室内を照らしていた。外山たちはインスタントコーヒーでもてなされる。そして、「自衛隊を考える」「安保条約を考える」などのパンフレット数冊を譲り受けた。

社会問題を語るクラスの輪のなかに、軍事問題に明るく、自衛隊、日米安保のいずれにも賛成の立場から、外山に反対意見を述べる生徒がいた。

このパンフレットで、その同級生を論破できるとニヤリとした外山に、事務所に居合わせた人が声をかけた。

「高校生のうちからこんな問題に関心を持つなんて、エラいね」

そして、続けざまに勧誘された。

「民青に入らないかい？　加治木高校にもたしかきみたちの学年でひとり、入ってる子がいるはずなんだけど」

「民青」が、共産党系の青年組織・日本民主青年同盟の略称だと知らなかった外山の脳裏には、爆発物を使うような物騒な集団が想起された。

ヤバい団体に引き込まれるんじゃないか――。

外山は、友人と足早に事務所を後にした。

5 いじめ

文芸部に入り青春を謳歌し、朝課外を拒否して家族や教師と衝突し、社会問題に目覚めて共産党シンパになる――。

転入後のわずか数か月で、外山の学校生活は大きく波打った。さらに、それらを超えるビッグウェーブに飲み込まれてしまう。

本格的ないじめの標的にされてしまうのだ。

きっかけは、高校2年生になったばかりの4月のこと。同級生の男子に「漫研」をつくらないか？　と持ちかけられた。この「漫研」は「漫画研究会」ではなく「漫才研究会」のことだった。

テレビの演芸番組が好きだった外山は、すぐに快諾した。そして、参加を呼びかける手作りのポスターを1年生の各クラスに貼った。西南学院中でも、同じ手法でミステリー同好会を宣伝し、成果を挙げたからだ。ところが、このポスターが見咎められ体育教師に説教される。

「おまえはいつも勝手なことばかりして団体生活を乱す」

さんざん非難された外山は、加治木高の管理体制に疑問を抱いた。そして、間もなく開かれる生徒総会での議題を話し合うクラスのホームルームで、管理に異を唱える11項目もの提案を単独で突きつけた。

●制服制帽の廃止。
●日の丸・君が代を卒業式などで使わない。
●補習の強制はやめる。
●修学旅行をやれ。
●すぐ他の学校のまねをする姿勢を改めよ。
●生徒総会をもっと増やせ。
●生徒会の教師べったりの姿勢を改めろ。
●平和授業をやれ。
●アルバイト禁止規定は廃止しろ。
●生徒総会の端に、どうせ用もないのに教師が同席するのなら、生徒の質問に対しての答弁を行え。
●名門校にしたいんなら、自主性をのばすような教育をしろ。

外山の出した要望はクラス経由で生徒会に諮《はか》られ、どれを生徒総会で議論するのか選ばれた。外山案から採用されたのは〈アルバイト禁止規定は廃止しろ〉という項目のみで、それ以外は「他の学校もやっていない」などと突っぱねられた。

4月下旬の総会では千数百人の全校生徒のうち、外山と一握りの仲間たちは議論を白熱させせたが、大多数は白けていた。さらに、生徒の賛成多数で可決された要望のほとんどが職員会議で否決されてしまう。

腹立たしさと失望にさいなまれていた外山に追い打ちをかけたのが、陰湿ないじめだった。総会で外山は、「アルバイトの禁止は、憲法に規定された働く権利の侵害であり、憲法違反だ」と訴えた。総会後、外山は「憲法違反の外山」と友人たちにはやし立てられる。

そして、総会での派手な言動を快く思っていなかった生徒たちに、外山はいじめられた。西南学院中ではいじめられそうになっても抵抗して回避できた。三陽高でもバス通学時に不良とおぼしき同級生に絡まれたが、何とか難を逃れた。

だが、加治木高では渦中に引きずり込まれた。擦れ違いざまにわざとらしく咳払いをされ、睨みつけられた。足をかけられそうにもなった。

「コウイチ！　コウイチ！」

教室の外から大勢が呼んだ。外山が出て行くと、「おまえのことじゃねえよ」。

「彼」という渾名を外山につけ、そばで「彼」を罵る人たちがいた。だが、「彼」が外山だという証拠はなく、外山はただ「彼」の悪口を聞かされた。

突き飛ばされて眼鏡を壊されたこともある。

友人にも被害が及んだ。外山と親しくしただけで靴に唾を吐きかけられ、教科書を踏みつけられた。

外山をいじめた主犯格の男子生徒は、体格も体力も外山と同じくらい小柄だった。しかし、外山をいじめる際には喧嘩の得意なふたりを引き連れていた。外山は後々まで、この主犯格を「殺したい」と恨み続ける。

どうしてもいじめを許せなかった外山は、男女10人ほどの加害生徒の名を告発したプリントを刷り、校長を含む全教員に配った。

〈どうにか解決してくれ、そうでなければ、新聞などの投書欄に、加治木高校の名前入りで投書する〉

プリントを受け取った校長は、校長室を出て行く外山に、驚きのあまり追いすがった。

「ちょっと待ちなさい。こんな、穏当でないプリントを――」

体育教師に怒鳴られた。生徒指導教師には別室で延々と説教された。職員会議でも大問題となる。「外山を退学処分にしろ」。こう唱える教師が多数派だった。それでも、問題の発端となったいじめを重視する擁護派もいた。彼らは、退学ばかり訴える教師を怒鳴りつけて反論したという。

結局、外山が処分を受けることはなかった。だが、いじめ問題に背中を押されるように、加治木高への嫌気が極限に達する。そもそも、福岡中央高校に入り直すための腰掛けのはずだった。

加治木高に転入したときの手口を一部ひっくり返しただけで——つまり、「父親の転勤の予定がなくなったので、福岡に帰る」という口実で、外山の加治木高からの転校は簡単に実現する。

学校は、「問題児」となっていた外山の転校をすんなりと認めた。

母親の恵子は、学校への反発を繰り返す外山に呆れ果て、加治木高からの転校に、もはや関心を示さなかった。

6

新党結成

ふたつの学校で管理教育の洗礼を受けた外山は、新たな高校に何よりも「自由」を求めた。そして、三陽高進学当初は福岡中央高への編入を最終目標としていたが、福岡県立筑紫丘《ちくしがおか》高校へと志望を変更する。

地元では「がおか」の愛称で呼ばれる筑紫丘高は、タレントのタモリも輩出した外山の住むエリアのトップ進学校だ。もともと自由な校風で知られ、西南学院中から筑紫丘高に入った外山の元同級生も「西南学院中よりも自由で、いい学校だ」と太鼓判を押した。

1987年9月、外山は高校2年の2学期から筑紫丘高に転入する。加治木高に在籍したのはちょうど1年間だった。

転入した2年3組には先の元同級生がいた。外山は彼に、過去2校の管理教育で受けた仕打ちを嘆き、西南学院中がいかに素晴らしかったかを力説した。

2日目には文芸部の門を叩く。加治木高では、部員5人の文芸部での出会いが学校生活を一時彩った。しかし、部員30人超の大所帯だった筑紫丘高文芸部には、物足りなさを感じる。外山は入部するなり部の宣伝担当を申し出たが、部長を務める生徒は「あまり部員が増えすぎると、派閥抗争が起きる」と反対した。外山の目には、部長は外山より小説が下手なのに、「文学の普遍性」といった青臭いことを唱える、つまらない事なかれ主義者に映った。

クラスにいた旧友とばかり話すため、思うように交流の輪が広がらなかった。外山は転入早々から筑紫丘高に違和感を覚え、1週間もすると学校に嫌気を感じ始める。その理由は、学校が「不自由だ」というものだった。外山の訴えの要旨を次に掲げる。

●新たな校長になって校風が変わった。
●バイクの免許取得は自由だったが、1件の人身事故をきっかけに校長が取得を禁止した。生徒の反対署名にも取り合わなかった。
●「校訓がない」という伝統を破り、校長が独断で「剛健・叡智・創造」という校訓をつくった。
●新聞部、文芸部、生徒会などが出す印刷物に事前検閲が入るようになった。
●校長の強引なやり方を批判し、生徒の味方だった教師がごっそりと飛ばされた。

外山は、元同級生が嘘をついたとは受け止めなかった。ただ、元同級生はこれらを「抑圧」だと感じ取れないほどに鈍感なのだと断じた。

しかし、外山の主張をもって学校を「不自由だ」と切り捨てるのはいささか無理筋ではないかと、私は感じる。高校以下の学校であれば、この程度の「ルール」や「抑圧」は、ないに越したことはないが、あっても仕方がないレベルではないか？

ただ、外山はその後、私のような「割り切り」や「諦め」を抱く人々に、憤り続ける。外山はきっと、このときすでに「日本の学校教育」の軌道から決定的に足を踏み外していたのだ。

〈この時点で（中略）、いずれは退学せざるを得ない感性を獲得していた〉

後に外山自身もこう振り返っている。

どんなに自由な校風を標榜する学校でも、ひとつでも不自由だと感じることがあれば、外山にとってはその学校が「自由」を謳うことを認められないのだった。

福岡屈指の進学校である修猷館高校に通っていた施は、鹿児島から戻ってきた外山と旧交を温めるようになった。外山が鈍感だと指弾した元同級生とも親しかったので、施は双方の板挟みとなる。

「元同級生は筑紫丘が楽しくてしょうがなく、学校生活が充実していた。ところが完全に感覚の異なる外山が転校してきてしまい、彼は『俺たちの高校生活を壊すな』と憤っていた。

一方で、外山は『あいつは許せん』と断罪した。僕は、理屈では外山の正しさは理解しているつもりだったんですが、僕自身も高校生活は楽しかったし、大学にも進学したかった。何より親を悲しませたくなかった。中学時代は外山より僕の方がずっとリベラルで左だったはずなんですが……」

取材中、施は終始温厚な口調で当時を振り返った。高校卒業後、慶応大学法学部を経てイギリスに留学し、慶応の博士課程を修了。現在は九州大学教授である。著作も多く、私の目には、若き日からうらやましいほど順調にキャリアを積み重ねてきたように映る。

　一方の外山は、転入先のクラスで友だちができず、文芸部からも足が遠のいていった。大学受験重視の授業は面白くない。家庭では、母親は何事かをブツブツとつぶやき、父親は「勉強しろ、勉強しろ」と繰り返した。外山のフラストレーションは募る一方だった。

　学校に反抗するにしても、クラスメイトの協力は期待できない。それなら、学外の仲間と活動できないか。そして、「何かでっかいことをやりたい」と決意を固める。

〈家にいても学校にいても、ちーっとも面白くないのと、そのため抑圧されているぼくの旺盛な自己顕示欲と、そしていま政権を握っている自民党の代議士のオッさんたちよりもよっぽど自分の方がマシな考えをもっているという自負と、若い連中がこういうことをはじめたほうが話題性もあり、上手く波に乗れれば宣伝費を使わずにいくらか大きくなるだろうという打算と、そして何よりも、今の政治・社会に対する憤りと……〉

　自らの正義を疑わず、社会の過ちを正さねばなるまいという義憤を増幅させていった外山は、転入間もない9月12日、新しい政治政党の結成を決意する。

　そしてその夜、新政党の「3大テーゼ」を策定した。
○反戦平和

○学校変革
○環境保護
これらは、加治木高時代に入手した共産党のパンフレットから借用した。そして党名は、「ほんとに自由と民主主義を守る党」というニュアンスを込め、「ほんとの自民党」に決めた。

【図版5】

ここで私は、新党結成へと思い至るまでの〈旺盛な自己顕示欲〉という一文に注目した。当時、小説家を目指して新人賞に応募していた外山は、加治木高文芸部副部長の女子生徒と転出後に交わした文通に、こうしたためている。

〈十代のうちに世に出るなんて話をしていましてね。私は今十七歳なので、あと三年足らずしか残されていないのです〉

これらから見て取れるように、外山は現在に至るまで承認欲求が強い。それは、何をやっても母親に認められなかったという原体験から生まれた。

後に外山は著作が出る度に恵子に贈り、歴代の彼女も紹介していく。それは、外山を認めない母親に対して、認めてくれる出版社や彼女がいることを見せつけるためであった。

何かを成し遂げ、母親に認められたい――。

無謀な道へと突き進んだ若き外山の胸中には、こんな思いもあったのかもしれない。

ところが恵子は、外山の学校での態度を巡っては一歩も譲らなかった。

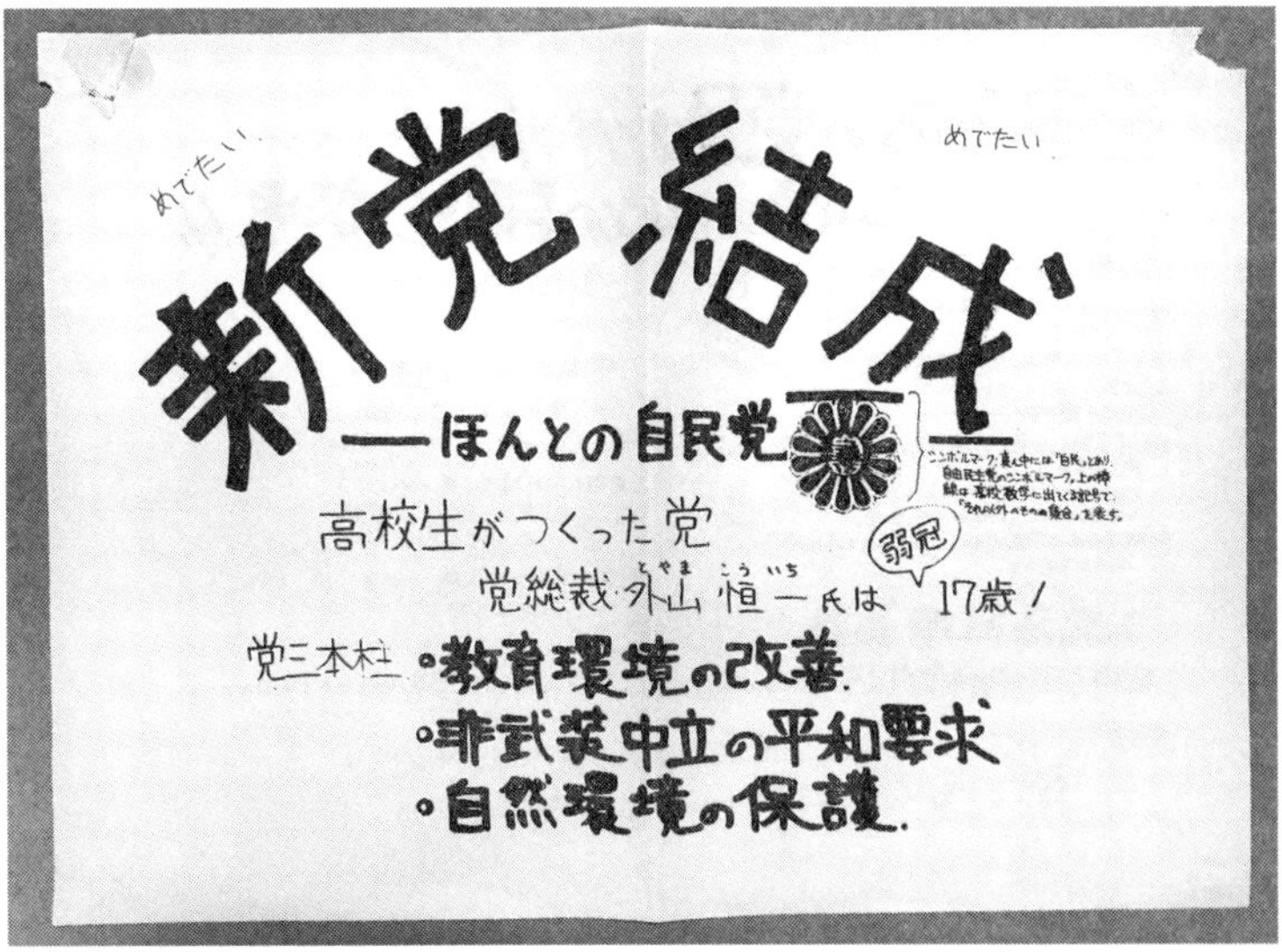

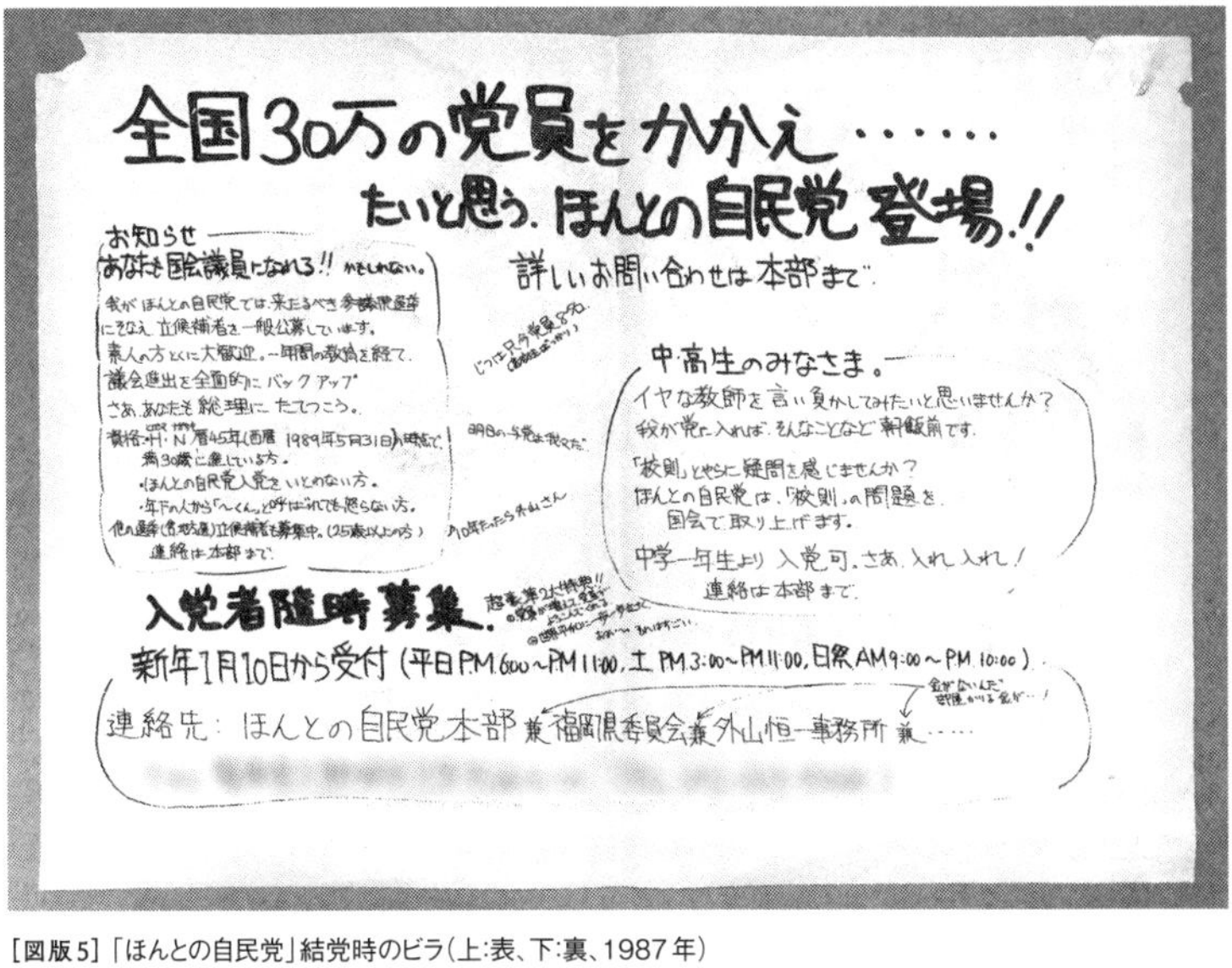

［図版5］「ほんとの自民党」結党時のビラ（上:表、下:裏、1987年）

「世のなかは折れるところは折れるべきで、すべてを突っぱねるのは間違いだと、しょっちゅう言い合いました。とにかく恒一は先生への不信感が強く、どうしてあんなに言うことを聞かないのかと年中歯がゆかった。本当にあの子には悩まされました」

外山は、西南学院中や加治木高などの旧友たちに電話をかけ、「ほんとの自民党」参加者を募っていく。最初の入党者となったのは、加治木高から転出する間際に知り合った民青同盟員の男子生徒だった。彼は鹿児島弁で、「次から次へとよくいろんなこと思いつくなあ」と感心しながら快諾した。

2番目に加わった施は、外山の初著作に「藤川正人」の仮名で登場している。当時の施は修猷館高で日の丸、君が代、天皇制などに批判的な発言を繰り返し、「朝日ジャーナル」と本多勝一を愛読していた。外山の言では〈女性に弱いところが玉に瑕《きず》〉だったが、将来は法学部に進み「闘う学者になる」と大志を抱いていた。

施は回想する。

「あ、いいよ。くらいの感覚でした。ただ、それから外山はどんどん過激化してしまい、正直ついて行けなくなってしまいました。もちろん政治に関心は持っていましたが、いますぐ何かを始めなければ、とまでは思っていなかったんです」

外山の熱心な勧誘もあり、党員は瞬く間に福岡、鹿児島で12人を数えるまでに増加する。さらに、友人の発案で、菊の花弁の中央に「自民」と記された、本家自民党の党章をパロディにしたシンボルマークを作製した。その上、選挙管理委員会に届け出ようとも目論み、近所の文房具店で党の印鑑も作った。

しかし、メンバーのほとんどは施と同程度の熱量だったのだろう。高校生が「あ、いいよ」というノリで集まった政党が長続きするはずはなく、2か月もしないうちにひとり抜け、ふたり抜ける。それから程なく、ほとんどの党員は足が遠のき、党集会にふたりしか集まらないこともあった。

後に外山はさまざまな団体を組織していくが、そのいずれも瓦解したり尻すぼみになったりと、ことごとく霧散していく。オルガナイザー（組織者）として活躍していくには、すでに幸先が悪かった。

党勢拡大に奔走していたこの間、外山は筑紫丘高で初めて学校と衝突する。

新しい仲間を探すため福岡県教育委員会に単身乗り込み、「社会研究部」がある県内の高校を聞き出そうとして職員と口論になった。それが学校側に知られたのだ。

外山は制服を着ていたため、県教委職員は「学校の許可をもらって、学校を通して質問してください」と諭した。ところが、外山は「高校生であってもまず先に県民でしょう」と反論し、押し問答となってしまう。そして最終的に「帰れ！」と怒鳴られ、学校に通報された。

翌日、担任に呼び出され教頭とふたりがかりで説教された。それでも懲りない外山は、校長の前に引き立てられる。

校長　おまえひとりの軽率な行動によって、学校全体のイメージが悪くなる。

外山　僕は、学校外においては、まったく学校の干渉を受けることのない個人でしょう。僕は筑紫丘の生徒である前に、まずひとりの個人です。

水掛け論が続き、たまりかねた校長は、その日のうちに両親を呼び出す。さらに、校長は両親との面談前に加治木高に問い合わせ、かつての「問題行動」を把握すると、親の面前で外山をこき下ろした。

「わがまま」

「身勝手」

「しつけがなってない」

校長はさらに、外山の母校西南学院中まで罵り始めた。

「あの中学校から来た生徒は態度が悪いとは前々から思っていた。自分の権利ばかり主張して、師を師とも思わず、自分の身勝手な意見をすぐ言う」

西南学院中を嫌い外部進学した外山だが、このころには授業内容やクラスメイトの個性が素晴らしかったと思い至り、西南学院中への愛校心を抱いていた。外出の際は、西南学院中のサブバッグを愛用していた。

筑紫丘高の校長は続ける。

「あそこの校長は、前々から良くないと思っていた。電話を入れ、校長を呼び出して、おたくではいったいどういった教育をしているんですか、と言ってやった」

怒りと悔しさで、外山の目から涙がこぼれ落ちた。それはやがて嗚咽となり、顔は涙と鼻水でボロボロになった。校長の説教が終わると、外山は隣に座っていた母親からティッシュをもらい、鼻をかんだ。その様子を見ながら、校長は追い打ちをかける。

「こんなところで鼻をかむときは、もっとていねいにかむものだ。そういう次元から礼儀がなってないな」

7 高校退学宣言

外山は転入からわずか1か月後の10月1日に、親を交えた面談で戒告処分を受けた。校長はこのとき、両親に、外山を三重県の全寮制高校「日生学園」へ転校させることを勧めた。お笑いコンビ・ダウンタウンの浜田雅功が通った日生学園は、現在は校名が変わったが、かつては「陸の戸塚ヨットスクール」とも呼ばれた超スパルタ教育で知られた。両親も、外山はもう手に負えないと、「それで恒一が素直になってくれるのなら……」と同調したようだった。

外山は、そんな校長との対決を決意する。

だが、学内での友人は数少なく、教師や同級生は腫れ物に触れるように外山と距離を置いた。校長シンパの学年主任による古典の授業のとき。苦しさと疎外感による被害者意識が極限に達した外山は、無意識に机を思い切り拳で叩いた。ドン、という大きな音に、周囲から冷ややかな視線が注がれる。このころから、週に1、2日、学校をさぼるようになった。

家では、学校を辞めろという母親と、辞めるなという父親が日常的に揉めていた。自然と、外山は学外での「ほんとの自民党」の活動に力を注ぐようになる。

外山は、まだ見ぬ仲間たちと出会うため、冬休みに2週間かけて九州と山口、広島を自転車で遊説する計画を立てる。

出発の1987年12月24日。クリスマス・イブにちなみ、ラジカセからジョン・レノンとオノ・ヨーコの『ハッピー・クリスマス（戦争は終った）』を流しながら、自宅近くの西鉄白木原駅を旅立つ計画だった。

結局、遊説に出たのは党総裁の外山ただひとりで、他の党員や元党員らは見送りに留まった。駅に集まった数人の輪の中に、大人がひとりまざっていた。西日本新聞社の記者だった山下宣之（1955年生）である。

山下は外山から事前に売り込みを受け、高校生の新党結成という話題を半信半疑で取材に訪れていた。

「可愛らしくて優しそうで、とても政治活動をしているようには思えなかった」

外山の第一印象をこう振り返る山下も西南学院中出身だったため、すぐにふたりは打ち解けた。インタビューでは、同席していた党員にこう質して外山をドキリとさせる。

「きみは外山くんの友だちだからこの党に参加してるの？　それとも、趣旨に共鳴して？」

後に外山は振り返る。

〈さすが新聞記者、するどいところを突きます〉

党員はきっぱりと答えた。

「趣旨に共鳴して」

自転車にまたがった外山は、仲間たちに万歳三唱で見送られた。

山下は翌25日の朝刊に記事を載せた。

〈大人に任せられん　高校生が〝新政党〟遊説へ〉

書き出しはこうだ。

〈「現代の政治を、大人に任せちゃおれんバイ」と、二十四日、〝新政党〟結成に乗り出した福岡市内の高校生が、〝政策〟宣伝のために、九州・山口県を自転車で回る〝千二百キロの遊説〟の旅に出た〉

大人に任せられん
高校生が〝新政党〟遊説へ

「現代の政治を、大人に任せちゃおれんバイ」と、二十四日、〝新政党〟結成に乗り出した福岡市内の高校生が、〝政策〟宣伝のために、九州・山口県を自転車で回る〝千二百キロの遊説〟の旅に出た。大野城市瓦田、筑紫丘高校二年、外山恒一君(一七)＝写真＝。外山君は「反戦平和や教育問題を考える時、既存の政治に飽き足りない」と、中学時代の同級生に呼びかけ、八人の高校生で政党名「ほんとの自民党」を結成、自ら総裁に就任。すでに党綱領やシンボルマークのほか、「副総裁」など党の主要ポストも決めている。来月には、政治活動団体として県選管に届け出るとか。

この日、同市白木原、西鉄白木原駅前には仲間の〝党員〟や〝支持者〟が集合、外山総裁を万歳三唱で送り出した。


[図版6]「ほんとの自民党」総裁として自転車で九州一周遊説への出発を報じる西日本新聞紙面（1987年12月25日）

24行の短い原稿は、政治的な単語がことごとく〝　〟で括られ、山下は新党結成をある種のパロディ、またはパフォーマンスとして受け止めていたことが窺える。仲間への質問も、新党結成の本心を見極めるためだったのかもしれない。
以降、何度も新聞紙上を賑わせていく外山が、初めて取材された記念碑的な記事だった。[図版6]
ところが、これにより政党を結成したこ

とがついに学校に知られ、大騒動に発展する。

怒り狂った学校に呼び出された外山は、親を通じて27日に鹿児島から福岡に引き返させられ、翌日両親と出頭する。学校から連絡を受けた母親は、驚くよりも呆れ果ててしまった。外山はさらに、会談内容の録音を要求して学校側の神経を逆なでするが、「録音か、黙秘か」と迫って学校側は渋々録音を許可した。テープに残された計4時間にわたる応酬の概要はこうだ。

生活指導主任（以下、主任）　高校生は政治活動をしてはいけない。

外山　誰が決めたんですか？　なんで決まっているんですか？

主任　教育基本法。学校の生徒にはこういう生活をさせて、こういうことを勉強させましょうってのが決まってるわけだよ。

外山　それは、学校が政治的に偏った教育をしてはいけませんよってのが決まってるんであって、高校生の政治活動の禁止が決められてるわけじゃないでしょう。

主任　政治活動をやるなと言うことが、学校の役割なんだよ。

外山　やるな、と言ったら基本的人権の侵害ですよ。

主任　いや、そうじゃない。やってはいけないんだよ。

外山　憲法上は政治活動の自由は保障されてるんですよ（引用者注：憲法第十九条「思想の自由」、第二十一条「集会・結社・表現の自由」）。ぼくは一公民ですから。

主任　高校生の政治活動の禁止は国が決めてる。我々は、きみにまともな高校生になってもらいたいと思って……。

外山　〝まともな高校生〟というのはどういう高校生なんですか？

主任　そりゃ、校則を守って、ちゃんと勉強してくれる生徒だよ。

外山　その校則が憲法をおかしている場合はどうなんですか？

＊

主任　禁止されている政治活動をやめないで学校を続けていくつもりか。

外山　どうして禁止されているのか納得しない限りは。

主任　となると、何か外的な力を加えなければならんということですな。

＊

後日このテープを聞き、校長へも取材した山下は振り返る。

「学校が政党結成をまともに受け止めるとは思っていなかったので、過剰反応だと驚いた。校長も杓子定規で管理的な人物だと感じた。

それにしても、外山くんは、普通ならどこかで妥協するところを、自分の主張を曲げずに最後まで貫いた。当時好きだった石井聰亙（岳龍）監督の映画『狂い咲きサンダーロード』の主人公のようでした」

職員会議では外山の退学処分が決まるが、直後に山下が校長を直撃取材し、「退学処分ということになれば、記事にせざるを得ませんね」と伝える。さらに、地元テレビ局も取材に訪れると、これらにたじろいだのか、学校は緊急会議を召集する。

そして翌日、無期停学という「減刑」処分を言い渡した。

結局、外山は処分から3か月後に自主退学の道を選ぶ。山下は当時、「俺が書いた記事のせいで大変なことになってしまった」と自責の念に苛まれた。だが、新聞社のデスクは一風変わった言葉で慰める。

「山下、気にするな。そういう人物は、おまえが関わろうが関わるまいが、そうなるんだから」

西日本新聞社の後輩記者である私は、この言葉に、良く言えばおおらか、悪く言えばいい加減な社風がにじみ出ていると膝を打った。もちろん、現在の社の名誉のため、「社風」の上には「当時の」という言葉をつけ加えておくことにするが。

「ほんとの自民党」は、停学中の1988年2月11日、「そろそろ、潮時だね」と外山が副総裁に漏らした一言をとば口に、解散へと至る。結党からわずか5か月での終焉に、外山は敗因をこう述べている。

「でかい夢ばかり追いかけすぎたような気がする。ちょっと身の程知らずだったかなって」

ただ、同時にこうも誓っていた。

また別の形で、何かを始める――。

外山は停学中、校長の指示で毎日反省文を書かされた。毛筆で、しかも墨を水で磨ってしたためよ、との要求には、墨汁を水で薄めて密かに抵抗した。もちろん内容も、「反省文」という額面通りには到底受け止められない代物だった。【図版7】

〈今日だけは、停学中で良かったと思う。

それは、今日がバレンタインデーという、しょうもない日だからである。もし停学中でなければたくさんもらいすぎて困るというのではなく、まったくその逆である。

例年なら、学校へ行っていて、みんな男子はソワソワしているはずであるし、私はみじめな思いをしているはずなのだが、今日は、日曜日である上に、私は停学中なので、苦しい云いわけも、通るというものだ。（中略）

不幸中の幸い〉

以下は翌日の反省文だ。

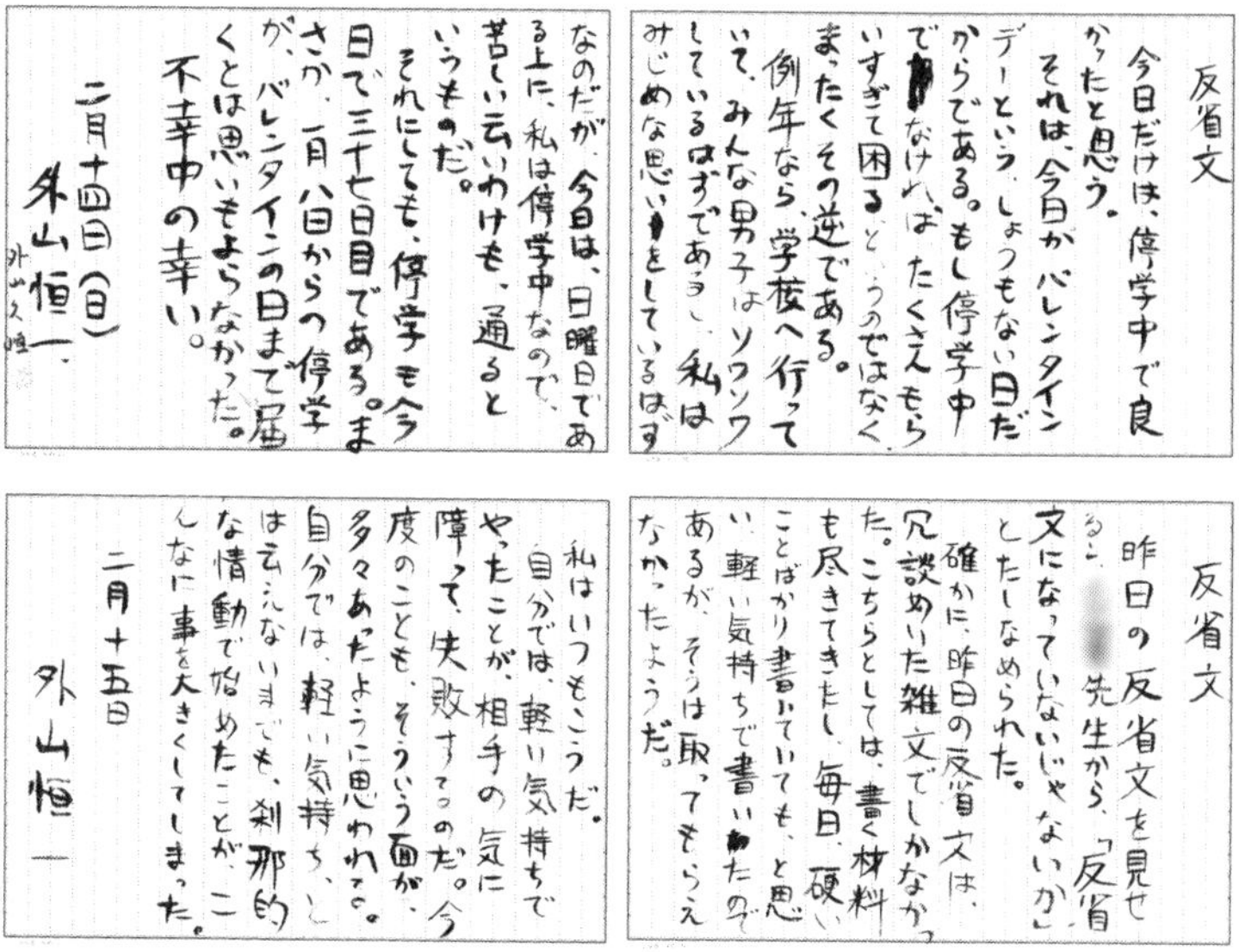
反省文

今日だけは、停学中で良かったと思う。

それは、今日がバレンタインデーという、しょうもない日だからである。もし停学中でなければ、たくさんもらいすぎて困るというのではなく、まったくその逆である。

例年なら学校へ行って、みんな男子はソワソワしているはずであるし、私はみじめな思いをしているはずなのだが、今日は、日曜日である上に、私は停学中なので、苦しい云いわけも、通るというものだ。

それにしても、停学も今日で三十七日目である。まさか、一月八日からの停学が、バレンタインこの日まで届くとは思いもよらなかった。不幸中の幸い。

二月十四日(日)
外山恒一

反省文

昨日の反省文を見せると、[illegible]先生から、「反省文になっていないじゃないか」とたしなめられた。

確かに、昨日の反省文は、冗談めいた雑文でしかなかった。こちらとしては、書く材料も尽きてきたし、毎日、硬いことばかり書いていても、と思い、軽い気持ちで書いたのであるが、そうは取ってもらえなかったようだ。

私はいつもこうだ。

自分では、軽い気持ちでやったことが、相手の気に障って、失敗するのだ。今度のことも、そういう面が、多々あったように思われる。自分では、軽い気持ち、とは云えないまでも、刹那的な情動で始めたことが、こんなに事を大きくしてしまった。

二月十五日
外山恒一

［図版7］筑紫丘高校停学中の反省文（1988年）

〈昨日の反省文を見せると、〇〇先生（引用者注：原文実名）から、「反省文になっていないじゃないか」とたしなめられた。

確かに、昨日の反省文は、冗談めいた雑文でしかなかった。こちらとしては、書く材料も尽きてきたし、毎日、硬いことばかり書いていても、と思い、軽い気持ちで書いたのであるが、そうは取ってもらえなかったようだ。

私はいつもこうだ。

自分では、軽い気持ちでやったことが、相手の気に障って、失敗するのだ。今度のことも、そういう面が、多々あったように思われる。自分では、軽い気持ち、とは云えないまでも、刹那的な情動で始

めたことが、こんなに事を大きくしてしまった〉

筑紫丘高の教師は全員が敵だったわけではない。外山を擁護する者も少なくなく、彼らは外山問題に関心を示さない教師への説得を続け、停学開始から1か月も過ぎると解除を求める声が過半数を占めた。さらに、将来への影響を考慮して外山に退学を思い留まるように諭す教師らも多かった。両親の懇願を受けた山下も、退学を回避するよう外山に訴えた。

外山自身、受験を突破して私立の西南学院中を卒業し、紆余曲折はあったものの福岡県有数の進学校である筑紫丘高に籍を置いていた。そのため、基本的なマインドは優等生のままだった。外山は、退学＝ドロップアウトだと考えて、もし本当にそうなってしまったら……と内心穏やかではなかった。

外山の停学は、スタートから50日後の2月26日に明ける。

ただ、その日までの数日間に、学校側から立て続けに注意事項を突きつけられてしまう。

●政治活動は一切禁止。外部団体との連絡にも学校の許可を得ること。

●誓約書とともに「日付なしの退学届」を提出すること。

●「君が代」をちゃんと歌うこと。（筆者注：外山は学校の創立記念式典で「君が代」斉唱を拒否して着席している）

●（母親への注意）教師と対応するときに、子どもに茶を出すものではない。
●マスコミと連絡を取らないこと。

誓約書には、保護者として父親の久恒の名でこう記された。

〈今後このような不祥事を起こしました際には保護者の立場より退学届けを申請致しますことを誓います〉

これらによってがんじがらめにされてしまい、外山の学校への思いはぷっつりと断たれてしまう。


もう学校にはいられない。

学校にいる限り、何もできない――。


外山は高校3年4月の始業式の日、ついに退学届を出す。

新たな担任に退学理由としてこう宣言した。

「この学校で学ぶべきことはもう何もない」

それと同時に、心の奥底に学校へ一矢報いる秘策を忍ばせていた。

学校と闘う高校生をテーマとした作品として、１９８７年に村上龍の小説『69 sixty nine』が刊行され、外山が退学した88年には宮沢りえの女優デビュー作となる映画『ぼくらの七日間戦争』（宗田理原作）が公開されている。

89年度から2年連続で全国の高校中退者数は12万人を超え、ピークを迎えた。

外山はまさに、管理教育が産み落とした鬼子だったのだ。

8 作家デビュー

筑紫丘高校時代、外山はその後の人生に大きな影響を与えるふたつの出会いに恵まれている。

1987年秋のある日。

外山が校長に罵られ、クラスで孤立し、両親への反抗も極限に達していたころのことだ。

「だまされたと思って聴いてみろ」

と、1本のカセットテープを受け取った。

カセットテープの持ち主は、外山の西南学院中時代の同級生。外山が会長を務めていた登山研究同好会の副会長でもあった。

彼と再会したのは、学校でも家庭でもどん底の生活を送っていた外山が、学外に活路を求めた「ほんとの自民党」での活動がきっかけだった。党員を増やすために、中学時代の友人に片っ端から電話をかけた先のひとりが、彼だった。

丸顔で無邪気な小柄だった少年は、施と同じ修猷館高校に入ると、面長で茶髪の後ろを伸ばしギターを弾くロック青年になっていた。

ふたりはファストフード店で再会する。外山の主張に賛同し10人目の党員となったロック青年は、当時の社会に無性に腹を立てていた。「大学に行ったら、中核派にでも入って、皇居にロケット弾でもぶち込んでやろうかとも思っていた」

こんな物騒なことさえ口にした。

話がロックに及ぶと、さだまさしと中島みゆきを愛聴していた外山は、「やかましい不良の音楽」だとバカにするような顔を見せた。それを察知した彼は、今度何とかというロックバンドのテープを持ってきてやると予告する。

説明が長くなったが、1987年秋のある日に外山の手に渡ったテープには、こんないきさつがあった。

外山はその夜、どうせ大したものではないだろうと高をくくって寝床でカセットを再生する。ところが……。

明快なリズム、そしてメロディー。

めちゃくちゃ格好いいじゃないか——。

それに、まるで僕のことを歌っているような歌詞だ——。

あっという間に心をつかまれ、どんどん興奮して眠ろうにも眠れない。むしろ目は冴えていくばかりだ。

30数分のテープを聞き終えると、巻き戻して最初から再生ボタンを押す。それが、87年5月に発売されたTHE BLUE HEARTS（ザ・ブルーハーツ）のファーストアルバムだった。

〈くだらない世の中だ
ションベンかけてやろう
打ちのめされる前に
僕等打ちのめしてやろう
未来は僕等の手の中!!〉（収録曲『未来は僕等の手の中』）

外山は一晩でロックに目覚める。

そして後に、反原発運動や反管理社会運動など、1985年から90年にかけてピークに達する新たな社会運動を「青いムーブメント」と命名する。さらに、この運動を中心的に担った外山たちの世代を「ブルーハーツ世代」と呼んだ。現在、外山と同世代の活動家は「ドブネズミ世代」とも言われる。「ドブネズミ」は外山が聴いたテープに収められたブルーハーツの代表曲『リンダリンダ』に登場する。

外山の著作『青いムーブメント』の表紙デザインは彼らのファーストアルバムのジャケットデザインそのままだし、『見えない銃』という別の外山の著作タイトルもブルーハーツの歌詞に由来する。外山はそれほど、自らの苛立ちや青臭い正義感をストレートに歌ったブルーハーツに感化された。

外山はこの2年後、ストリート・ミュージシャンとして福岡市の繁華街で弾き語りを始める。当初のレパートリーとしても、また、外山のオリジナル曲の音楽性やメッセージ性にも、ブルーハーツの影響は色濃かった。さらに、後述するが外山は後年彼らのコンサートで大立ち回りさえ演じる（137P参照）。

もうひとつは、初期の外山の思想や活動に新たな道を示した赤井登呂吉（仮名、1971年生）との出会いだった。【図版8】

外山の1学年下で、広島市の私立進学校・修道高校に通っていた赤井は、早くから社会への疑問を抱いていた。「ベトナムに平和を！　市民文化団体連合」（ベ平連）を発足させ「九条の会」呼びかけ人ともなる小田実《まこと》の紀行文『何でも見てやろう』などを読み漁り、中学生で革命を志向するほど早熟だった。

高校の新聞部員だった赤井は、外山が仲間をつくろうと全国の高校の社会研究部に送った手紙を偶然読んで電話した。新党結成や自転車遊説旅行という外山の計画を知ると、宿を提供してくれそうな九州各地の市民運動家を紹介する。赤井は当時、ジャーナリスト筑紫哲也が編集長を務めていた週刊誌「朝日ジャーナル」を毎号チェックし、掲載されていた全国の集会の連

［図版8］北海道の宗谷岬からヒッチハイクで鹿児島の佐多岬まで旅をした赤井登呂吉（右）と外山恒一（左）（1991年1月）

絡先を控えていた。

　赤井は振り返る。

「そうやって、『いざ鎌倉』ならぬ『いざ革命』のときに備えていました。ちょうど僕も全国の高校生のネットワークをつくりたいと思っていたので、僕から連絡したんです」

　さらに赤井は、広島の市民活動家たちが集まるフリースペースに出入りし、幅広い運動に触れていた。一方の外山は、思想的な知識は共産党のパンフレット程度にとどまっていた。そのため、赤井を「天才少年」と称え、舌を巻く。

〈年下ながら、情報量も経験も、私をはるかに凌駕していた〉

　外山は自転車遊説計画が発覚し、学校からの処分を待つ冬休みに、赤井に会うため自転車とフェリーで2日かけて広島を訪れる。1988年1月3日のことだった。2日後には、フリースペースで外山を囲む交流会が開かれた。集まったフリーライターや外国人の大学教授など多彩な市民運動家に「ほんとの自民党」結成のビラを見せると、彼らは外山の行動の核心を繰り返し質した。

外山くんは何を言いたくて行動しているの――？

しかし、外山は彼らが納得する回答を示すことができなかった。その上、「造反有理」という言葉も「三里塚闘争」についても、広島に行くまで知らなかった。前者は「謀反には道理がある」という意味の毛沢東の言葉で、後者は成田空港建設への大規模な反対運動だ。これらが重なり、外山は自らの未熟さを痛感する。

広島で見聞きしたあらゆることが新鮮で、外山は赤井への敬意を深め、「ほんとの自民党」結成を取るに足らないことのように感じ始めていた。赤井は振り返る。

「当時の外山くんは消耗し、疲れ果てていた。思想的にも、本当にこれが正しい、これをすれば世界が開けるという確信を持てていなかった」

外山が友人を集めた「ほんとの自民党」は尻すぼみになり、学校との対立は後戻りできないほど激化していた。そんな外山の眼前に現れた赤井は、学校の外に広がる可能性を教え、さらには全国の同世代活動家との交流のきっかけも与える。ふたりはそれから数年間、数多くの活動をともにし、辛酸を舐め合っていく。

外山にとって赤井は、初めて「同志」と呼べる存在だった。ただ、一方の赤井は当時の外山を、自転車遊説旅行を親に呼び戻され途中で断念し、社会問題への知識も覚束ない「甘ちゃん」だと見下していた。

ところで、その赤井は、私の記者歴でも指折りの不思議な取材相手だった。赤井は事前に電話でインタビューを快諾してくれたものの、取材時間は夜遅ければ遅いほど都合がいいという。むしろ未明だとありがたい、と。

コロナ禍でもあったため、電話インタビューが実現したのは、ある寒い冬の日の午前2時半。取材の最後に肩書をたずねると、赤井は「無職」だと答えた。仕事の都合でその時間帯を希望したのだと思い込んでいた私は動揺した。外山に肩書をたずねたときと同質の驚きだった。

話を戻そう。高校退学前にふたつの大きな出会いを果たした外山は、同時期、東京のいくつかの大手出版社に自伝刊行を持ちかけていた。

中学2年から始まった反抗期での親や教師との衝突の記録を、原稿用紙に箇条書きにして送ると、徳間書店から書籍化を打診する返信が届いた。退学を決意していた88年3月の春休みのことだ。小説家を目指していた外山は、活動家としてではあるが本が出版できることを小躍りして喜んだ。

〈「タダで退学する」のはどうにもシャクにさわった。これではただの負け犬ではないか。もちろんこの上さらに何をやっても負け犬の遠吠えにしかならないのだが、どうせ負け犬になるのならせめて遠吠えくらいはしておきたい〉

当時すでに、管理教育は社会問題化していた。最初の反管理教育本とされる1981年刊行の『いこうぜ元気印！学校地獄からの脱出』（保坂展人・編）や、前述の『オイこら！学校』（藤井誠二・編著）など関連本が立て続けに出され、出版界でもムーブメントとなっていた。

この系譜に連なる外山のデビュー作『ぼくの高校退学宣言』は、89年1月に刊行されると、たちまち話題となった。［図版9］著者インタビューや書評が、新聞はもちろんタウン誌、雑誌、

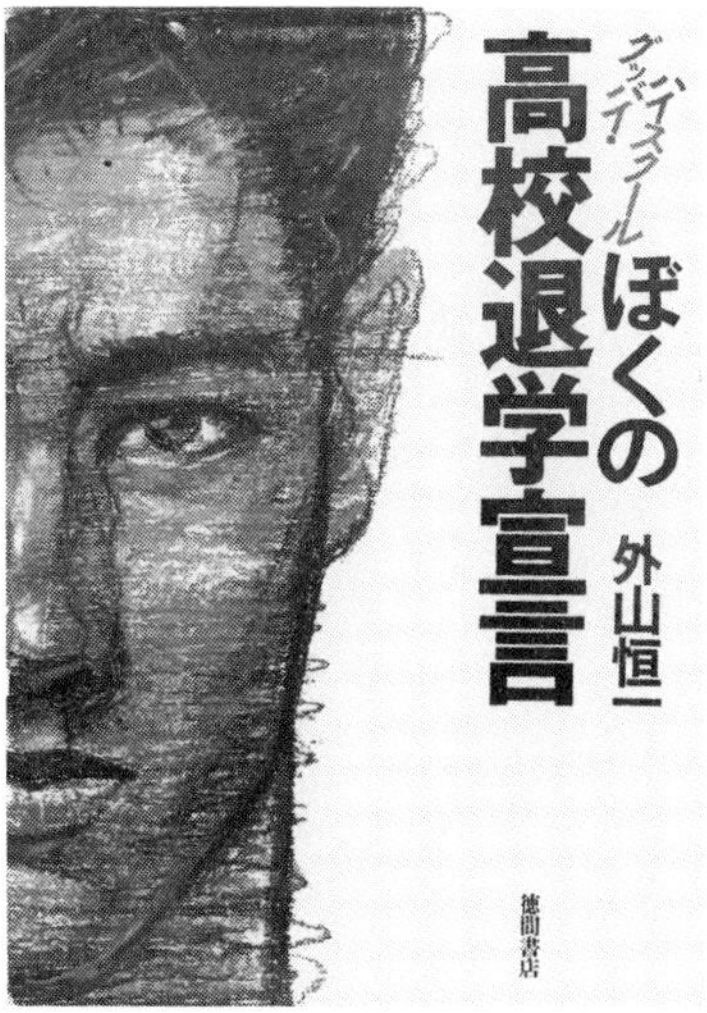

［図版9-1］『ぼくの高校退学宣言』（1989年、徳間書店）

［図版9-2］『ぼくの高校退学宣言』の新聞広告（1989年ごろ）

果ては社会党の機関誌にまで掲載される。地元福岡市の書店では局所的にベストセラーとなり、その後数々の著作を上梓していく外山にとっても最多の8千部が刊行された。

この本の巻末で、外山は学校生活に悩む全国の高校生に呼びかける。

〈云いたいことならたくさんあるけど、云ってしまったら学校にいられなくなってしまう、という人もあるでしょう。だったらまず、学校の外、学校の目の届かないところで、話の合う仲間を見つけて、本音をぶつけ合おう〉

デビュー作刊行と同時期に立ち上げた「ＤＰクラブ」の活動スペースの住所を記し、校則と体罰を主なテーマに学校変革を目指す仲間を発掘しようとした。

DPクラブ 9

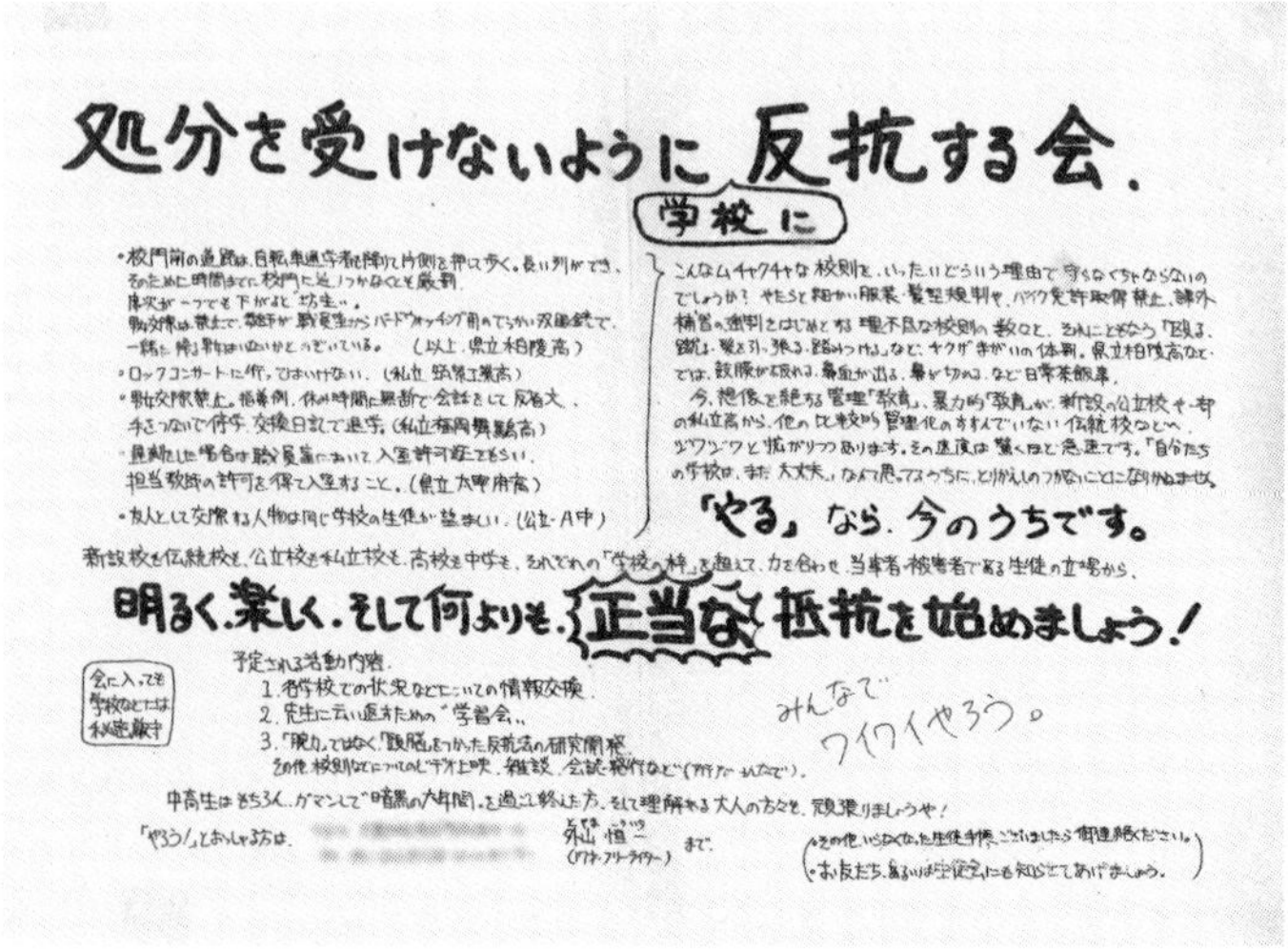

[図版 10-1] 活動最初期の「処分を受けないように学校に反抗する会」時代のビラ(1988年)

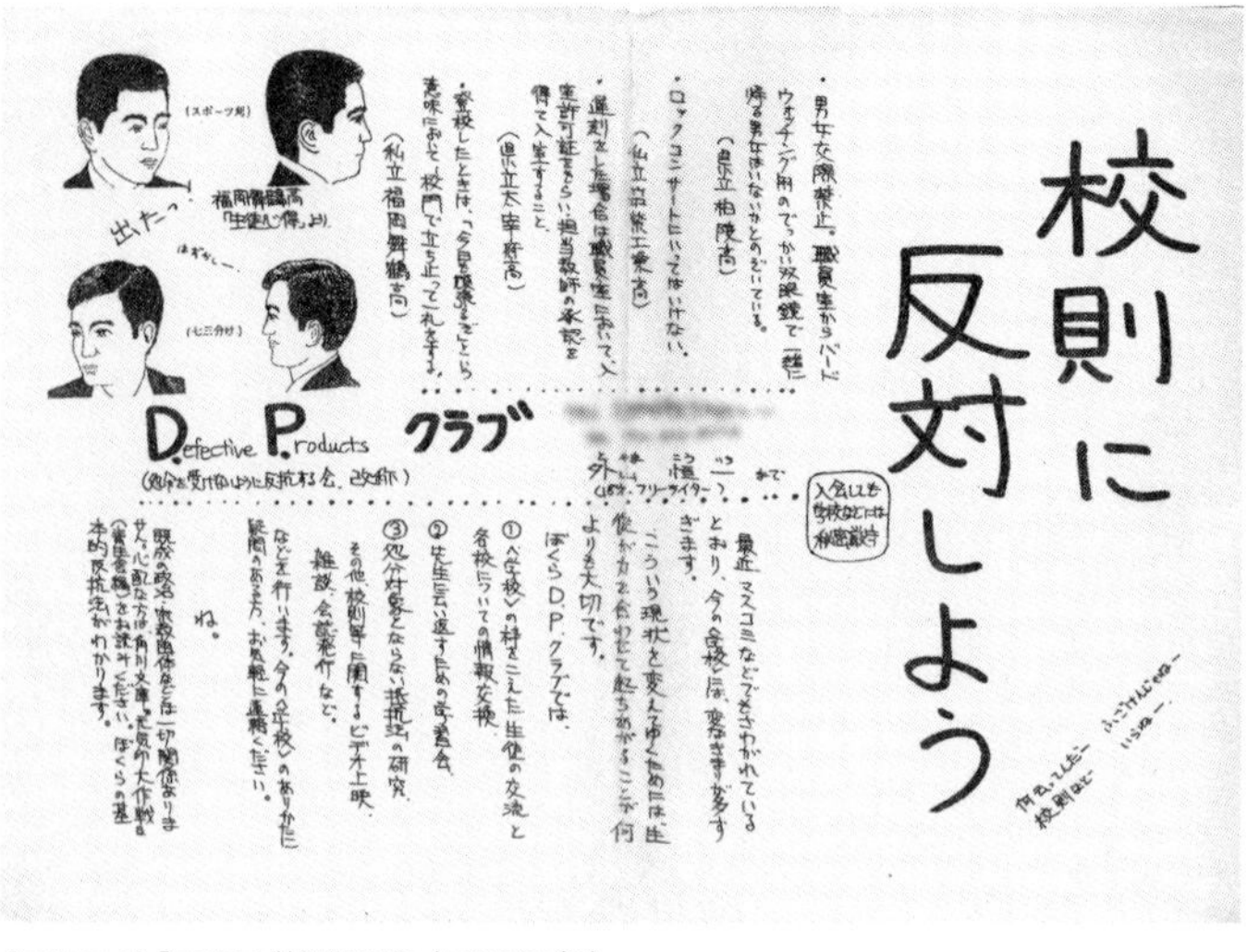

[図版 10-2] 「DPクラブ」初期のビラ(1988年ごろ)

高校退学翌月の1988年5月、外山は単身「処分を受けないように学校に反抗する会」を設立し、仲間集めのビラをまき始める。【図版10】

「明るく、楽しく、そして何よりも、正当な抵抗を始めましょう！」

こんな内容の手書きビラを、校則が厳しいと噂される学校の生徒たちに配った。最初は大野城市の実家に近い西鉄下大利駅前で、福岡県立筑紫中央高校を下校する生徒たちに手渡した。50枚ほど配ったビラには、気恥ずかしさがあったのか「森村弘」という偽名を記した。

当初のグループ名は仰々しすぎると考え、8月には「反管理教育中高生ネットワーク・DPクラブ」と改称する。DPはDefective Products（不良品）の略で、学校を「規格品」を生産する工場に見立て、あえて自立した「不良品」になろうと呼びかけた。

外山をグループ設立へと駆り立てたのは、映画『ぼくらの七日間戦争』の原作となった宗田理の同名小説や、学校への具体的な抵抗手段を解説した『元気印大作戦』だった。『元気印大作戦』は1970年代に「麹町中学全共闘」を名乗り、校内でベトナム反戦運動に身を投じた保坂展人が運営した「青生舎」が編纂している。保坂は学校側と裁判闘争を繰り広げ、後に世田谷区長となる。「青生舎」の機関誌『学校解放新聞』は、1980年代半ばに1万部発行されるなど、反管理教育運動の枢要に位置していた。

11月には朝日新聞の地元版に、自らの活動を紹介する外山の投書が掲載された。それによると、外山は筑紫中央高を皮切りに半年ほどで「後悔しない高校選び」「文化祭の陰でこんな事

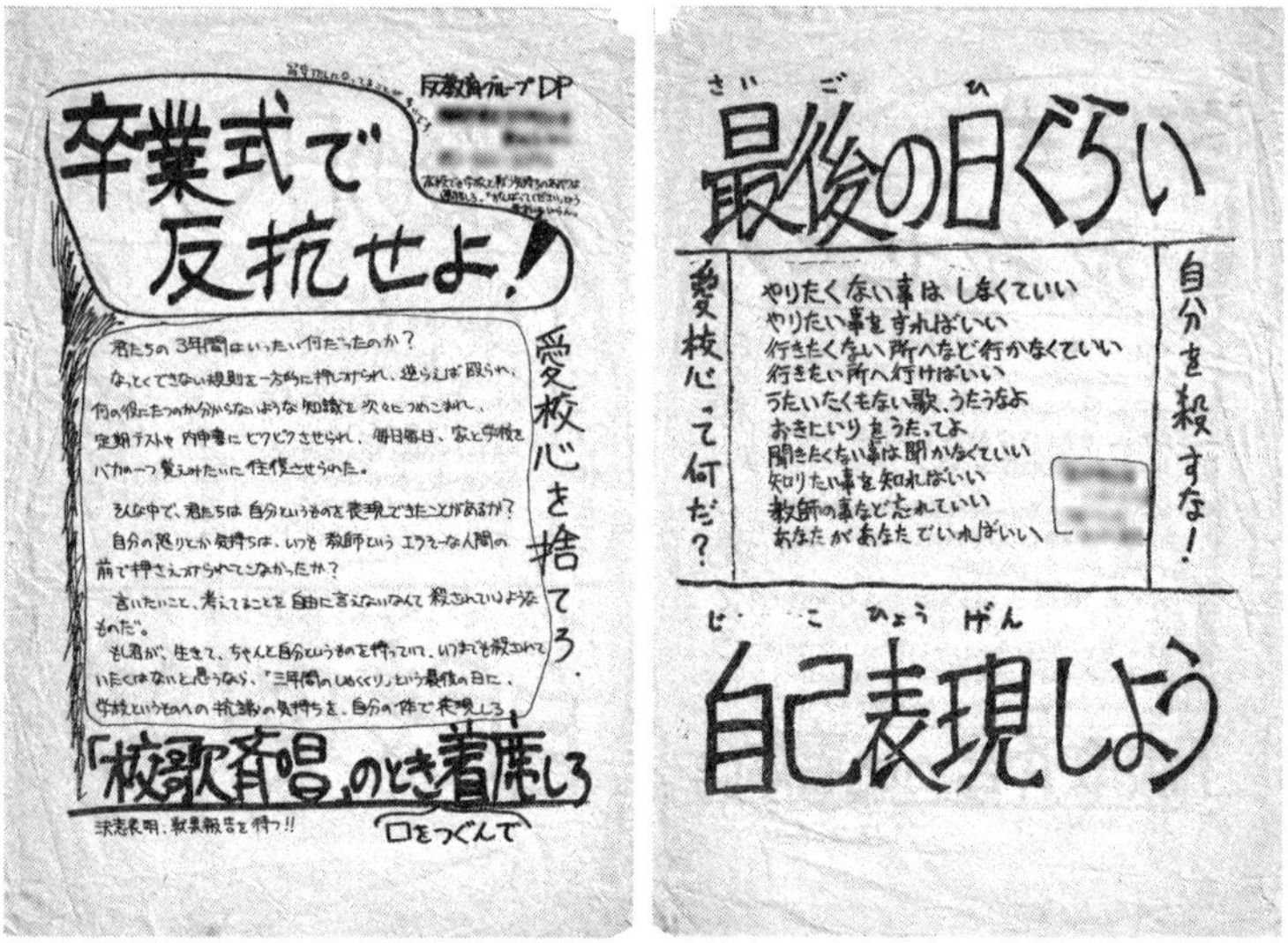

［図版11］「反教育」を掲げ、中学生に校歌斉唱のボイコットを呼びかけたビラ（左:表、右:裏、1991年）

件が」など7種類、計約4千枚のビラをまいたという。【図版11】1枚2円の印刷代は、アルバイトで稼いだ。

この時期、福岡市周辺の高校や駅前でビラをまき、電柱に貼り、ブルーハーツのファンクラブ会報にも案内文を載せてもらった。さらに、外山自身が受験し合格する大学入学資格検定（大検）の試験会場でも配った。ほどなく高校中退者や現役の女子高生、西南学院中時代のクラスメイトなど、二十数人の仲間が集まった。

広島に住んでいた「同志」赤井は「DPクラブ」に参加していないが、外山はビラまきを通じて地元に大切な仲間を得る。

タクロー（愛称、1969年生）だ。

彼は朝日新聞の記事を読み、「何か面白そうなことをやっている」と外山に興味を抱き手紙を送る。

福岡市の私立高校を卒業し、自宅で浪人生活を送っていたタクローは、過去の学校に不満はなく、反管理教育運動への興味も薄かった。だが、初対面の外山とすぐに意気投合する。福岡市・天神のマクドナルドで何時間も語り合った。

「若いのにしっかりしていて頭がいいと感じた。外山先生と一緒にいたら、お祭り騒ぎになるんじゃないか。自分もそのどさくさで大騒ぎしてやろうと思ったんです。

当時は仕事を転々としていたので出会いは多く、みんな気さくでいいやつばかりだったんだけれど、話が合わずに面白いとは感じなかった」

外山の目には、タクローは理屈こそないが抜群にセンスがいいと映った。セックス・ピストルズなど洋楽や映画に明るく、垢抜けない外山に文化面での刺激を与えた。「DPクラブ」では年長であるため兄貴分的な存在で、外山のビラまきには冷静な視線を保ちながら、そのほとんどに付き合った。

そんなタクローは、私の取材が始まった直後は「外山先生」とあえて大仰に呼んでいた。しかし、場が和んでくると「とやピー」とあのころの愛称を口にした。タクローは、冗談めかして外山をこう評した。

「嫌なやつだけれど面白い。これからの日本がどうなるんだろうと疑問を抱いたときには、教えを請いに行きました」。当時の外山は、マルクス主義に目覚め、過激な左翼となりつつあった。タクローは、そんな外山独特の社会時評に耳を傾けた。「そして、ますます混迷を深めたんです」

外山はタクローに社会問題や思想、哲学を紹介し、互いの知識を補完し合った。何より、ふたりで無駄話に花を咲かせることが楽しく、外山は自らの活動にいち早く共鳴してくれたタクローを大切にした。外山が間もなく始めるストリート・ミュージシャンとしての活動にも、タクローは「相棒」のように伴走する。

[図版12]「DPクラブ」スペースの表札（1989年）

好調に滑り出した「ＤＰクラブ」は、89年１月に外山のデビュー作『ぼくの高校退学宣言』が出版されると、さらに波に乗る。４月の朝日新聞によると、福岡市の紀伊國屋書店では週に50冊以上売り上げ、ノンフィクション部門で１位を含め７週ベストテンに入った。

著作刊行に合わせ、実家から近い福岡市南区のビルの一室に「ＤＰクラブ」の事務所を兼ねたフリースペースを構えた。[図版12] 印税は、月３万数千円の家賃に注ぎ込んだ。

本を読んだ全国の悩める中高生たちが、外山に手紙をしたためた。その数は、１年ほどで２００通に上った。「ＤＰクラブ」のメンバーは加速度的に増えていく。１９９０年１月の毎日新聞には、集まった彼らの

優しい世代の"反乱"
高校中退者ら中心にネットワーク「DPクラブ」
反管理教育めざす
全国から寄せられた手紙を前に立つ外山さん
「モノの言える学校に」

[図版13]「DPクラブ」の活動を紹介する西日本新聞記事
(1989年5月23日)

横顔が紹介されている。

ある中学校に通う3年の女子生徒は、学校が制服のスカート丈を決め、リボンを禁止したことに疑問を抱いた。しかし、友人も生徒会も関心を示さず孤立感を募らせた。別の中学生は、学校への不満を書道の授業で大書した。体育の授業中、誰もいない教室で所持品検査があることに激怒した高校生もいた。

89年5月の西日本新聞には、関東、関西に支部ができ、メンバー総数は約70人と記されている。[図版13]

外山は管理教育に疑問を抱く中高生のネットワークをつくり、同時に、それと闘う運動体の組織化を目指していた。

事実、外山自身は反管理教育運動を絶やさなかった。福岡県立春日高校で風紀検査があると聞きつけると、外山はハンドマイクを片手に駆けつけ、敷地外から叫んだ。

「服装検査は教師による一方的な価値観の押しつけです。すぐに中止してください」

校庭で所持品まで検査されていた生徒から「わぁ！」と歓声が上がる。慌てた教師に「部外者が、どうして学校のことに口を出すか」と詰問されると、外山は「目の前で人権侵害があるのを見て黙っていられますか」と応酬した。

教師　うちの学校には、うちの学校のやり方がある。

外山　人権はだれにでも平等にあるのに、学校によって差をつけられてたまりますか。

そして外山は、ダメ押しのように下校する生徒たちにビラ500枚を配った。その夜、保護者とおぼしき男性から外山に電話がかかる。

「どういうつもりで、人の学校のことに口を出すのか。日本の将来のことを考えとるのか。またこんなことをやると、ぶっ殺されるぞ。分かったか」

男性は一方的にまくし立てて電話を切った。

［図版14］福岡中央高校でビラをまき、教師と口論になる外山恒一（左）（1990年ごろ）

外山は、このような活動を月に何度も繰り返した。母校の西南学院中でも、弟が通っていた大野東中学でもビラをまいた。［図版14］外山は「DPクラブ」メンバーにも同じような「行動」を望んだが、もちろん、誰もが外山なのではない。学校に不満がある、だけど学校と揉めるのは怖い——。そんな生徒たちは、外山のスペースを、愚痴を言い合える学校でも家でもない新たな居場所だと捉えるようになった。そんな生徒たちが、多数派になったのだ。

放課後になると、スペースには毎日入れ代わり立ち代わり、多くの中高生たちが集まった。彼らのほとんどが、お菓子とジュースで雑談を楽しみ、後片付けもせずに帰ってしまう。「居心地がいい」「楽しいもん」と悪びれもしない。「そんなに飲み食いして、いったい誰が後始末をするの？」と外山が問うと、「外山に決まってるじゃない」と笑いながら返した。食器を洗い掃除する外山に、「外山さん、ちゃんと掃除をしなくちゃいけませんよ」と軽口を叩く女子生徒もいた。

政治や社会の話をすれば、「そんな暗い話やめて、もっと明るい話しようよ」と露骨に嫌がるメンバーもいた。外山の著作や毎月の会報さえろくに読みもせず、会報への原稿を依頼すると「書くことないもん」。ビラまきを提案するのも外山ばかりだった。

外山は、自ら設立したグループ内で浮いていく。メンバーたちの視線が、外山を「危険人物」として孤立させた筑紫丘高時代の同級生たちのそれと重なって見えた。

スペースの家賃、ビラ印刷代、用紙代など、活動費用のほとんどを負担していた外山は、怒りを爆発させた。89年7月、共有の落書き帳にこう殴り書きする。

〈今日はモーレツに腹が立っている。

なんだお前ら、何しにここへ来てんだ！（中略）

『まい・たうん』から原稿料の5000円が送られていた。オレはそれをすべて紙代につぎこんだ。タクローくんが紙運びを手伝ってくれた。（中略）

刷ったのは表裏、実質的に10000枚だ。くたくただった。DPのまえまでくるとHがおりてきた。運ぶのをてつだってくれというと、「オレ、ジュース買いに出たんだ」という。頭

に来て、「手伝え!」と云った。(中略)
郵便代6000円も自腹を切った。
オレはいったい何をしてるんだ。
オマエラいったいどーゆーつもりだ!
ここに遊びに来てんのか!(中略)
このままじゃ潰れる。
オマエラがつぶすんだ〉

タクローは振り返る。

「外山先生は真面目に革命を考えていたけれど、他の人はそこまではなかった。みんなは集まって和気あいあいと楽しくやりたいと思っていた。

正直、自分はビラ配りするのも嫌だったんですが、外山先生のご意志を理解していたので、楽しくやりながらも、いつかこういうときが来るのではないかと思っていました。正直、(外山は)嫌われていましたからね」

1989年10月1日昼、外山に反旗が翻される。外出からスペースに戻った外山を待ち構えていた10人ほどが、罵詈雑言を並べ立てた色紙と模造紙4枚を突きつけた。

〈自分の意見を言うのは勝手だ、俺もそれは認めるよ。けど人の意見を聞こうともしねーくせ

して何だのかんだの言うな！ 今までがまんしてきたけどもう限界だぜ!!!〉

〈あまえんな！ 手前だけで苦しんでると思うなよ。他人まで苦しめるな、ちったあ人のことも考えろ〉

〈人にいろんなことを求めすぎじゃないですか？ 自分を人におしつけてるような気がする。自分のことより人のことを先に考えれるような人になりましょうと小学校でならいました〉

〈「てめーら愛が何かわかってんのか、あほ」なんていわれるすじあいない。私はわかってないけど、そんなこといわれたらむかっとくる。かんけーないじゃん。特にはっきし言って、外山さんに言われたらむかつく。です。人のことを理解しようとしなさい〉【図版15】

悲しさと屈辱に打ちのめされながらも、外山は屈しない。

「じゃあ、ここに書いてあることを、ひとつひとつ論破してやろうか？」

火に油を注ぐ挑発によって、スペースは修羅場と化した。

「何も分かっていない！」

その場にいた全員が反発する。興奮した西南学院中の元同級生が、外山に二度ほど殴りかかる。女子中学生が泣きだした。大声でわめく者、外山に罵声を浴びせる者……。地獄絵図は3時間にわたって繰り広げられ、殴りかかった元同級生は「(もう)来ない！」と叫んで出て行った。

90年1月の毎日新聞で、その場で涙を流した中学3年の女子生徒が回想する。

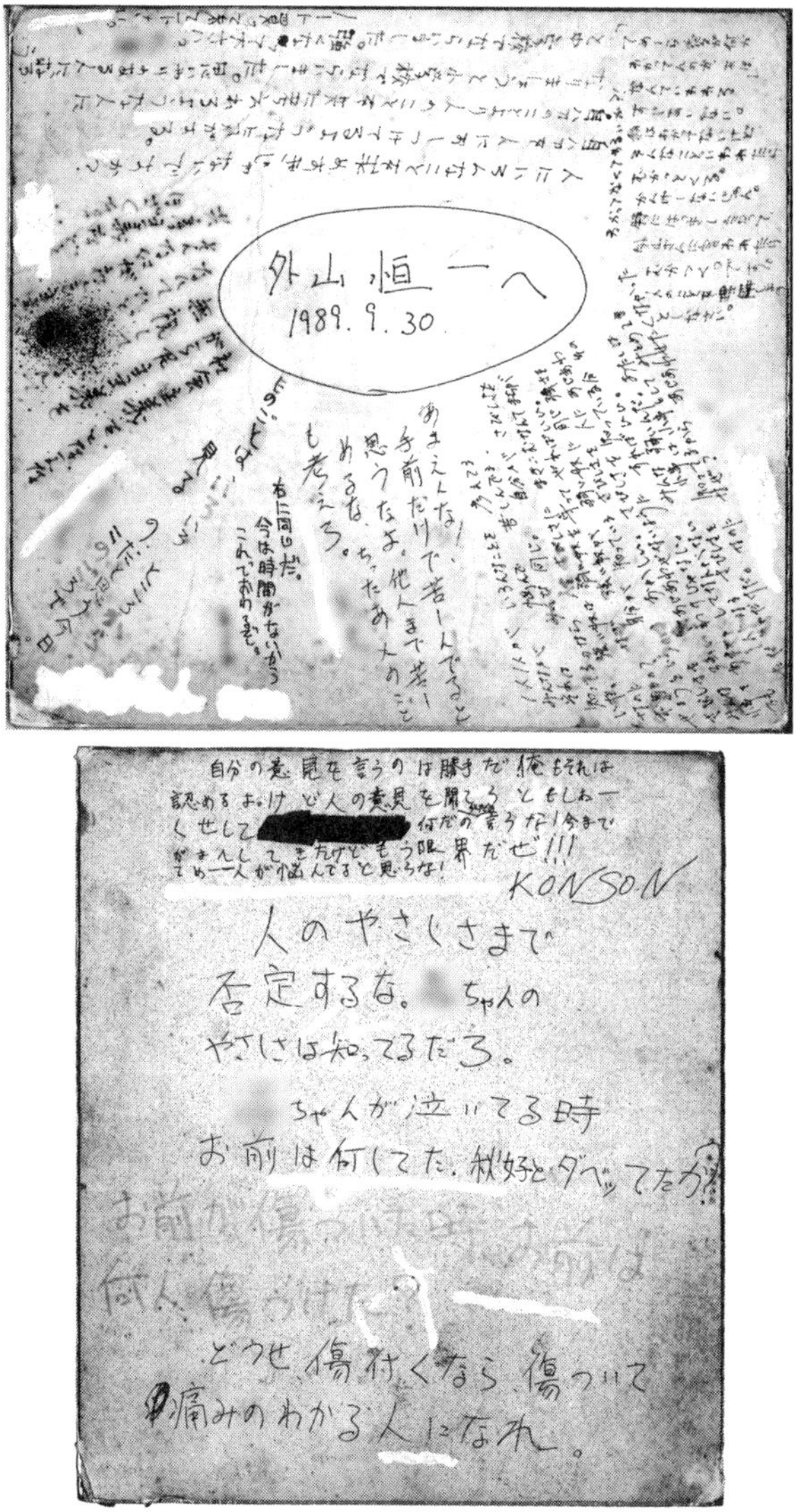

［図版15］「DPクラブ」メンバーが突きつけた外山恒一糾弾色紙（上:表、下:裏、1989年）

〈「恒一さんの言うように行動したら、学校からにらまれてしまう」。ＤＰクラブへの所属が分かったら内申書にひびいて、高校受験で不利になる。「仲間に出会えてうれしかった。でも、私は処分されるほど学校に反乱はできない」〉【図版16】

新時代のわかもの

ふれあい迷学 ◇10◇

〝管理〟から脱出

反乱か逃げ場か

窓のすぐ外の高架上を、西鉄電車が音を立てて通り過ぎていく。福岡市南区玉川町、商店街から少し離れた鉄筋アパート三階の1DK。冬の日差しがようやく入りこんだ昼すぎ、外山恒一(19)は押し入れの布団の中から、目をこすりながら起きてきた。「反管理教育中高生ネットワーク、いつでもおいで」。雑然とした部屋の窓にテープでかたどった文字は、電車に手招きしていようでもあり、挑戦しているようでもある。

ネットワークをDPクラブと名付けた。福岡市の高校を中退した恒一が一昨年八月結成。DPとは、英語のDefective Products（不良品、欠陥品）から取った。「今の学校は、同じ品質の従順な羊みたいな生徒を大量生産する工場だ。その中で、僕らは〝不良品〟でありたい」。昨年一月、拠点としてこの部屋を借りた。

不良品

中学三年のトモコ(15)はそれから間もなく飛びこんできた。学校で制服のスカートの長さが決まり、リボンが禁止された。おかしい、と思った。けれど、友だちは関心を示さないし、生徒会も動かない。孤立。寂しかった。そんな時、恒一の著書『ぼくの高校退学宣言』を親が買ってきてくれた。

トモコと同じような思いの中高生たちが次々に足を運んできた。体育の授業時間中に留守の教室で所持品検査があることに頭に来た高校生、書道の時間に学校への不満を大書した中学生……。

夏。仲間は三十人にものぼった。メンバーが学校の情報を流し、恒一らが学校の服装検査に合わせて校舎わきで「教師の一方的な価値観の押し付けです。中止してください」とハンドマイクで訴える。学校内で問題が起きれば「おかしい」と校門でビラを配った。会報も作った。ゲリラ戦ではあったが、〝不良品〟たちの反乱は広がりつつあるかのように見えた。

ところが、空中分解は早かった。

九月。活動がやや停滞し、部屋で真剣な議論が始まると台所に逃げてしまうメンバーが出てきた。「別に学校に不満はない」と言い出す高校生さえ。

恒一は高校を三回変わった。両親は心配して自重を求めたが、「管理教育」に黙っていられなかった。教師ににらまれ、最後は高校生だけの政党「ほんとに自由と民主主義を守る党」を作ろうとして停学処分。二カ月後、中退した。「調べたら、どこもひどい校則と体罰。生徒は異を唱えない。生徒が本音を言える学校にしないと、世の中変わらない」。すべての情熱を活動に注ぎこんだ。著書の印税は月額三万円余の家賃に。不足分はアルバイトで補った。

「いったい君たちはここに何をしに来てるの」。恒一のいらだちはつのった。

十月一日、決定的破局――。外出から戻ってきた恒一に、二枚の色紙と模造紙六枚が差し出された。トモコをはじめメンバーのほとんどが書き込んでいた。「強制するなんておかしい」「人の意見を聞こうともしねーくせに」。恒一への批判ばかりだった。

「一つ一つ反論してやろうか」と恒一。しかし一斉に反発の声があがった。「何も分かっていない」。興奮した男子が恒一につかみかかった。トモコは泣き出した。

トモコは悩んでいた。「恒一さんの言うように行動したら、学校からにらまれてしまう」。DPクラブへの所属が分かったら内申書にひびいて、高校受験で不利になる。「仲間に出会えてうれしかった。でも、私は処分されるほど学校に反乱はできない」

恒一は振り返る。「クラブは管理教育に不満を持つ生徒が集まり、学校を変えていく拠点になるはずだった。けれども、彼らはここに安住してしまった。学校と家からの逃げ場になってしまった」

新しい年が明けた七日、恒一は、仲間四人とともに再出発した。新「DPクラブ」の規約は、会員バッジの着用。校則違反となるが、「処分をおそれない」意思表示でもある。行く手が厳しいことは恒一自身、この一年の経験で身にしみている。ちょっと疲れた気もするが、ここでやめるわけにはいかない。

トモコら〝脱退組〟約十五人は、規約のない緩やかな組織を作って、教育問題を考えていくという。（つづく）

この企画や若者についてのご意見、ご感想やご体験などをお寄せ下さい。封書かはがきで〒802 北九州市小倉北区紺屋町一三の一、毎日新聞報道部、若者取材班まで。

[図版16] 毎日新聞紙面（1990年1月12日）

「DPクラブ」はスペース開設から8か月で割れて大半が離脱し、造反組は有志で新たなグループを立ち上げる。

残ったのはタクローを含む2、3人だけだった。

外山はまた、「外山糾弾集会」を詳報した会報と同じ号に、このような文章を寄せている。

〈よくよく考えると、ぼくは「反管理教育」を叫びながら、管理教育をやめさせようとする現役生の主体的なエネルギーを吸い取っていたかにさえ思えてくる〉

〈ぼくのやったことは、現役生に「逃げ場」をあたえたことにすぎない〉

〈ぼくが今やろうとしていることは、彼らを学校と戦う気にさせることであり、スペースを単なる「仲良しクラブ」にさせないことであり、スペースを「ゴール」から「スタート」に転換することである〉

「そろそろ、潮時だね」。この文章に掲げたタイトルは、高校時代、「ほんとの自民党」を断念した際に漏らした一言と同じだった。

2020年9月、私は福岡市の外山宅で「DPクラブ」メンバーが突きつけた「外山糾弾色紙」を初めて見た。当時はまだ色紙のいきさつを知らなかったが、10人ほどが外山にあらん限りの怨嗟の声を浴びせていた。裏面には白い修正液で、でかでかと「まぬけ」と殴り書きされていた。

よくこれを残していたな――。

私はまず、そのことに驚いた。普通なら瞬時に打ち捨てる黒歴史中の黒歴史ではないか。実は外山は、異常なほどに物持ちがいい。これまでの活動で配ったあらゆるビラ、ポスター、写真、名刺、機関誌、手紙と、自らの活動に、いや人生に関わるほとんどの資料を保存している。さらにいえば、この保存癖は外山の母・恵子に由来する。恵子も、中学時代に初めて家出した外山の書き置きを保管していた。そして、外山が「DPクラブ」スペースの家賃を滞納した際に大家から送られた苦情の手紙も残している。

重ねて驚いたのが、この、誰がどう見ても恥ずかしい過去を、外山はわずか四度目の面会だった私に何の躊躇もなく見せたことだ。私は後に、「見た人の外山への心証を悪化させるしかない」物証をいくつも見せてほしいと願い出たが、拒まれることはなかった。これほどNGのない取材相手は初めてだ。

「DPクラブ」を諦めきれなかった外山は、組織の刷新に乗り出す。

そのため、グループの方針を示す「DP宣言」と「規約」を新たに定めることにした。

外山は「DP宣言」の前文で、〈ぼくらはもっと自由になりたい〉と訴えた。さらに、生徒が規定など、当時の管理教育の実例を列挙し、そこに至る歴史的背景も論じた。髪形や服装の学校に反発するようになった過程や、「DPクラブ」の具体的方策まで長文で述べている。

「規約」では、会費を納入することの他、「DPバッジ」なるものを左胸に着用して登校すること、自らの連絡先を公表し学校や駅周辺にポスターを貼ることも求めた。

瓦解した組織を立て直そうと勢いあまったのかもしれない。外山があれほど嫌った管理側の手法を取り入れたのは、私には皮肉な結果だと感じられた。

「DPクラブ」が分裂する以前にも、外山はクラブ内に「メンバー登録証制度」を導入しようとして、仲間から「参加にハードルを感じさせる」「管理主義」「悪しきセクト主義」と猛反対され廃止した過去があった。

この新たな「規約」も結果的に空文化する。固い決意が前提の組織が拡大するはずはなく、後期はほとんど外山の個人活動に終始し、「DPクラブ」は1991年5月に幕を下ろす。

終盤のビラを読むと、〈学校なんかくるな〉と殴り書きされており、外山の主張が「生徒を学校教育から遮断すること」を訴えるほど先鋭化していたことがわかる。

実は「DP宣言」には、それから数年の外山の活動を予見させる主張も展開されていた。要約すればこうだ。

ある運動論が一定の成果を挙げると、時代が移り変わり古びた運動論となっても、それに気づかずいつまでも固執してしまう。そして新しい運動を、既存の古い運動を破壊するものと決めつけ、排除する場合が多い。その結果、古い運動に関わる彼らだけの閉鎖的な居場所が形成されてしまう。運動を閉鎖的なもの、古くさいものにしてしまわないために――。

そして外山は、次の結論に辿り着く。

〈型のできた運動は、自ら進んで破壊すること〉

全国高校生会議

10

1989年――。

中国の民主化を求める学生たちが、人民解放軍に弾圧された天安門事件。ソ連の影響下にあったポーランドやチェコスロバキアが、民主政権へと雪崩を打った東欧革命。東西の分断を象徴したベルリンの壁の崩壊。そして、米ソ冷戦の終結。

世界史に太字で記されるこれらの一大事は、すべて、この年に起きた。

国内に目を転じれば、昭和天皇が死去して平成が幕を開ける。社会党党首となった土井たか子旋風が巻き起こり、参院選で自民党に圧勝した。東京、埼玉の連続幼女誘拐殺人事件で逮捕された容疑者が、アニメを偏愛するロリコンの「オタク」だとされたことから、「オタクバッシング」も吹き荒れた。

世界が、日本が大きな曲がり角を迎えた1989年。この年、19歳となる外山恒一は、いくつもの転機を迎えた。

まず、元号が改まった1月。前年秋からの昭和天皇の容体悪化と死去に伴う自粛ムードを引きずるなか、外山初の著作『ぼくの高校退学宣言』が刊行される。そして、福岡市の街頭でギターを弾き語り、ストリート・ミュージシャンとしても始動した。

さらに、外山が同世代の活動家と濃密に交流し、初期の活動スタイルを確立させる「第1回全国高校生会議」が開かれた。

外山を全国の「猛者」と引き合わせたのは、1歳年少で修道高校新聞部員の赤井だった。赤井は1988年3月に「高校生新聞編集者全国会議」に参加した。

「レベルの高い優秀な人たちが集まった」

赤井がこう振り返る会議の様子は、参加していない外山にも伝えられた。外山の回想によれば、この時、早熟で自信家だった赤井は、「俺が主導権を握り教育してやろう」と勇んで会議に乗り込んだ。ところが、当時の赤井は社会問題への知識は豊富でも、活動実績がなかった。そのために「何もやっていない」ことを他の参加者に見透かされ、コテンパンに打ちのめされた。

「井の中の蛙」ともいえた当時の赤井は、この会議を通し、規律の厳しい東京の私立女子高校に通う反管理教育急進派の女子生徒Mに心酔していく。Mは天性のアジテーター（扇動者）だった。

1978年に始まったとされる高校生新聞編集者全国会議は、当初こそ「高校生の言論の自由を守り発展させる」ことを目指した硬派な集会だった。ところが、歳月を重ねると参加者の交流や新聞の編集技術向上を図るというサロン的な穏健路線へシフトしていく。

Mは、会議を原点に立ち返らせ、管理教育と闘う高校生を組織化しようと目論んでいた。そのために、会議に参加する穏健派との対立を深めていく。赤井は、孤軍奮闘する彼女を援護しようと、1988年8月に開かれた「高校生新聞編集者関東会議」に外山を誘う。

赤井も外山も地方在住者で、まして外山は高校3年にあたる年齢であるが退学していた。実は「関東会議」と銘打たれているが、これは案内状送付先を関東地方の高校に限るというだけで、地方在住者や退学者だからといって門戸は閉ざされなかった。このときの会議には、福島や新潟からも参加者が駆けつけ、中学生さえ数人交じっていた。

夏休みに2泊3日で開かれた「高校生新聞編集者関東会議」の会場となった東京の早稲田大学高等学院には、50人ほどの若者が集まった。

昼過ぎに集合した初日は、数人のグループで各学校の新聞を2時間かけて合評した。翌日も4、5人のグループに分かれ「原発は何をもたらしたか?」「本当のマスコミとは?」「校則の必要性、必要最小限の校則とは?」などとテーマを自由に設定しながら議論した。宿舎では、多くの参加者が気の合う者と夜を徹して語り合った。

当時の外山は「DPクラブ」を立ち上げたばかりで、教育や社会問題を真剣に分かち合える仲間はまだいなかった。地元福岡でタクローと出会うのも、この少し後のことだ。

〈こんなに大勢の同世代と、さまざまの問題について、真剣に語り合うという経験は、初めてのことだったから、ただただ興奮して、3日間夢中で喋りつづけた〉

ちょうど持病の喘息の発作が起きて、ゼーゼーと呼吸していた外山だが、後にこう述懐している。

さらにこのとき、外山の1学年下で東京都心の私立関東国際高校に通う笘米地《とまべち》真理《まさと》と出会った。生徒会長の彼は仲間と協力して学校と渡り合い、文化祭改革を実現した。中学時代から青生舎に出入りしていた笘米地は、1990年に自らの高校生活を振り返る著書『熱烈的日本少年』を出版する。

学校と衝突しては転校を繰り返し、「ほんとの自民党」を結党しても仲間のほとんどが脱落した外山とは対照的だった。

ただ、笘米地は日本の片隅でがむしゃらに突き進む外山に興味を抱いたのだろう。ふたりは宿舎外の階段に腰を下ろし、語り明かした。

「こんなふうに、全国から問題意識を持った同世代が集まる機会って、本当に重要だね」

「探せば他にも俺たちみたいなのはまだいるはずだよ」

「そういうやつをどんどん発掘して、全国的なネットワークができればいいんだけどなあ」

「全国的なネットワークか……」

外山と笘米地は互いを「同志」と呼び合い、合い言葉のように「全国的なネットワーク、全国的なネットワーク」と繰り返した。

外山は後に、短期間東京にアパートを借りたこともあるが、活動の拠点はいまも福岡に置き続けている。外山は、九州を離れ上京してしまえば、このときに笘米地と描いた「全国的なネットワーク」という夢が実現できなくなると考えたのかもしれない。

「高校生新聞編集者関東会議」は、最終日に「学校新聞は学校（教師と生徒）のものなのか、生徒のものなのか」という議題を巡って、分裂の構図が浮き彫りになる。学校と良好な関係を築いていた参加者は、前者を支持した。しかし、管理教育と闘い、この時点で女子高を退学していたMを筆頭に、外山や赤井、笘米地は後者を主張した。この3か月後、福岡の外山は会議分裂を知らされる。

前述の4人などが実行委員となり、「全国高校生会議」と名付けられた新たな会議が企画された。約1千校の生徒会に、こんな文言のパンフレットを送り参加を呼びかけた。

〈受験・エリート教育による偏差値選別、校則による管理教育、それによっておこる、登校拒否、自殺ｅｔｃ〉〈学校は今や、もう互いと互いを学力での優劣でしか見られなくなっている場となっています〉〈高校生同士が、横のつながりを確立し、互いの考えていることや、悩み、様々な自分の身の周りの現状を打破することができないか……私達が本気で話せる場を私達の手で持とうと思ったのです〉

会議の趣旨は、①あらゆる既成の枠を取り払い、本当に話し合いたいことを話し合う②あらゆる圧力に屈しない③会議から何かを生み出す会議にする——の3点だった。

準備期間わずか3か月という新たな会議を成功に導くため、外山と赤井は参加者を探す「西日本行脚」に乗り出した。すでに全国の市民活動家とネットワークを築いていた赤井の情報を頼りに、西は長崎から東海地方まで赴いた。１９８８年12月、福岡からＪＲのキセル乗車を企図していたが、赤井がふと思いつく。

「ヒッチハイクに挑戦してみないか？」

12月22日のことだった。そういえば、外山は前年のクリスマス・イブに「ほんとの自民党」総裁として自転車で九州遊説のひとり旅に出ている。私は、わずか1年で同志を得て全国規模の集会開催を目指せるようになり、外山はさぞ充実感を噛みしめていたことだろうと推し量る。

当日、ふたりは午前10時に福岡県の太宰府インターチェンジ近くの道路に立った。外山が折り込みチラシの裏に大きく「長崎」と書いて掲げ、赤井は親指を突き立て通りかかる車に呼びかけた。

「へーイ、長崎」

「すみませーん。乗せてくださいましー」

ふたりは無銭旅行をするヒッピーのように映ったのだろう。20分ほど誰にも相手にされず、諦めて鉄路に変更しようとしたそのとき。赤い車がさーっと現れ、外山たちの前に停車した。「乗せてあげよう」。仕事中のサラリーマンだった。さらに、長崎県大村市のパーキングエリアで、うどんを食べていたトラックドライバーの男性に頼み込み長崎市へたどり着いた。

この成功体験に気をよくしたふたりは、下関、広島、大阪、京都、名古屋などと立て続けにヒッチハイクで移動していく。不登校の生徒が出入りする大阪のフリースペース、京都の反原発高校生グループ、名古屋の非公然高校生徒会連合——。

ふたりが訪れることで、それまで交流のなかった各地の若き活動家たちが結ばれていく。ヒッチハイクという、金銭のかからない合法的な移動手段が実現可能なのだと知れ渡り、活動家たちの行き来が盛んになった。サービスエリアで乗り継ぎの車がうまく見つかれば、九州から東京へ鈍行列車よりも2時間早い20時間ほどでたどり着けた。外山はヒッチハイクで北海道に行ったことがあるし、赤井も広島から東京の目的地までたった1台の車で乗りつけた。

「第1回全国高校生会議」は、1989年3月、東京大学駒場寮を会場に3泊4日で開かれた。外山と赤井が仲間集めに奔走した甲斐もあり、3か月の準備期間で北海道から沖縄まで80人超が集まった。

多くは反原発や反管理教育の運動に参加する社会派の高校生だった。少数派ではあったが、民青や中核派のメンバー、山口の謎の党派の二世がいた。変わり種では、1974年に三菱重工爆破事件などを起こした「東アジア反日武装戦線」の裁判を一家で支援しているという「N家の三姉妹」も参加していた。高校生、中学生、そして小学生という三姉妹で、この末娘が最年少参加者だった。

会議では学校問題はもちろん、天皇制や差別、沖縄問題も話し合われた。成田空港に反対する三里塚闘争のような、継続中のホットな話題や、革命、愛についても議論された。ギターの伴奏で合唱する人たちがいた。会場は、日常に鬱屈していた若者たちにとって祭りのような高揚感で包まれた。

ただ、「納得いくまで徹底的に話し合う」という方針は、会議のルールや秩序など運営の根本も射程となった。「酒・タバコを禁止するか」についても長時間議論された。参加者は全員未成年なので「違法だから話し合う必要はない」という立場も、会場でのみ通用するルールを「納得のいくまで話し合おう」という考えも認められた。

「禁止というお仕着せはダメだと思うけれど、タバコを吸う人がいればムカつくので隣でワーワー叫び続ける」

当時こう宣言したという赤井は、会場で共有されていた議論の作法を振り返る。

「あのころは『思いやり白色テロ（筆者注：思いやりは運営側の弾圧）』という言葉が仲間内ではやっていました。ミーティングや議論で相手を思いやることは醜悪で、真の思いやりではない。弱肉強食の世界なんだから、発言の場を与えられなければ出てこない意見なんて、そもそも本当に言いたいことではない。必死になって、しがみついてでも発言したいというやつ以外に意見を述べる権利なんてないというノリでした」

外山はすぐに高校生会議の流儀に染まっていく。そして、どんな集会でもルールや暗黙の了解に納得できなければ、衝突を辞さず自らの主張を貫くようになった。

先鋭化した外山や赤井たちは、管理教育の歪みを象徴する一大事件で周囲と大きな衝突を引き起こす。

1990年7月6日午前8時半ごろ、神戸市の兵庫県立神戸高塚高校で、教師の閉めた校門に1年生の女子生徒が挟まれ、約2時間後に死亡した。「校門圧死事件」だ。

当時の報道などによれば、この日は期末試験の初日で、女子生徒が正門にさしかかったのは登校時間の8時半間際だった。校門前では教師3人が指導に立ち、遅刻しそうな生徒をハンドマイクで急き立てた。時計を見ながら、門限まで「3分前」「2分前」とカウントダウンしていく。遅刻すればグラウンド2周のペナルティが待っていた。スライド式の鉄製門扉は高さ約1・5メートル、幅6メートル、重さは230キロあった。

「5秒前、閉めるぞー」

8時半のチャイムと同時に男性教師が勢いよく押した門扉とコンクリートの柱に、女子生徒は挟まれた。耳や口から血を流して倒れ、司法解剖の結果、死因は頭蓋底粉砕骨折による脳挫傷と判明した。

外山は、この事件を遊びに訪れていた埼玉県入間市で知る。そこは、高校を卒業した赤井やMらが日雇い労働をしながら気ままな共同生活を送るスペースだった。

倒れた生徒を飛び越えて登校した生徒が数人いたという報道にも接した外山は、高校生会議の仲間たちに独自の立場での活動を提案する。ただこのとき、外山は被害生徒に同情できなかった。「DPクラブ」での経験もあり、管理する学校と盲従する生徒は共犯関係になりながら、理不尽な管理教育を成立させているとの「仮説」を立てていたからだ。同じような理由で外山の提案に乗らなかった仲間もいる。ただ、赤井は違った。

「この事件を、反管理教育運動の羽田闘争にしなければならない」

ベトナム戦争時の1967年、佐藤栄作首相の東南アジア歴訪を羽田空港で阻止しようとした、新左翼の武装闘争になぞらえた。

外山と赤井、もうひとりの仲間の3人は、ビラを携えて神戸に向かう。手段はもちろん、ヒッチハイクだ。そして、事件発生から10日後の7月16日午前8時前に校門に立った。


〈次はオマエの番だ‼〉

〈校門が猛烈な勢いで閉まってくると分かっていながらたかがテストのために突進していく。そこまでロボット化したオマエたち。オマエらを気付かないうちにそこまで追いやっているのは誰だ?〉

〈教師を、今までどおり「センセイ」と呼びつづけるオマエらが（中略）学校のしくみを支えている一人なんだ〉

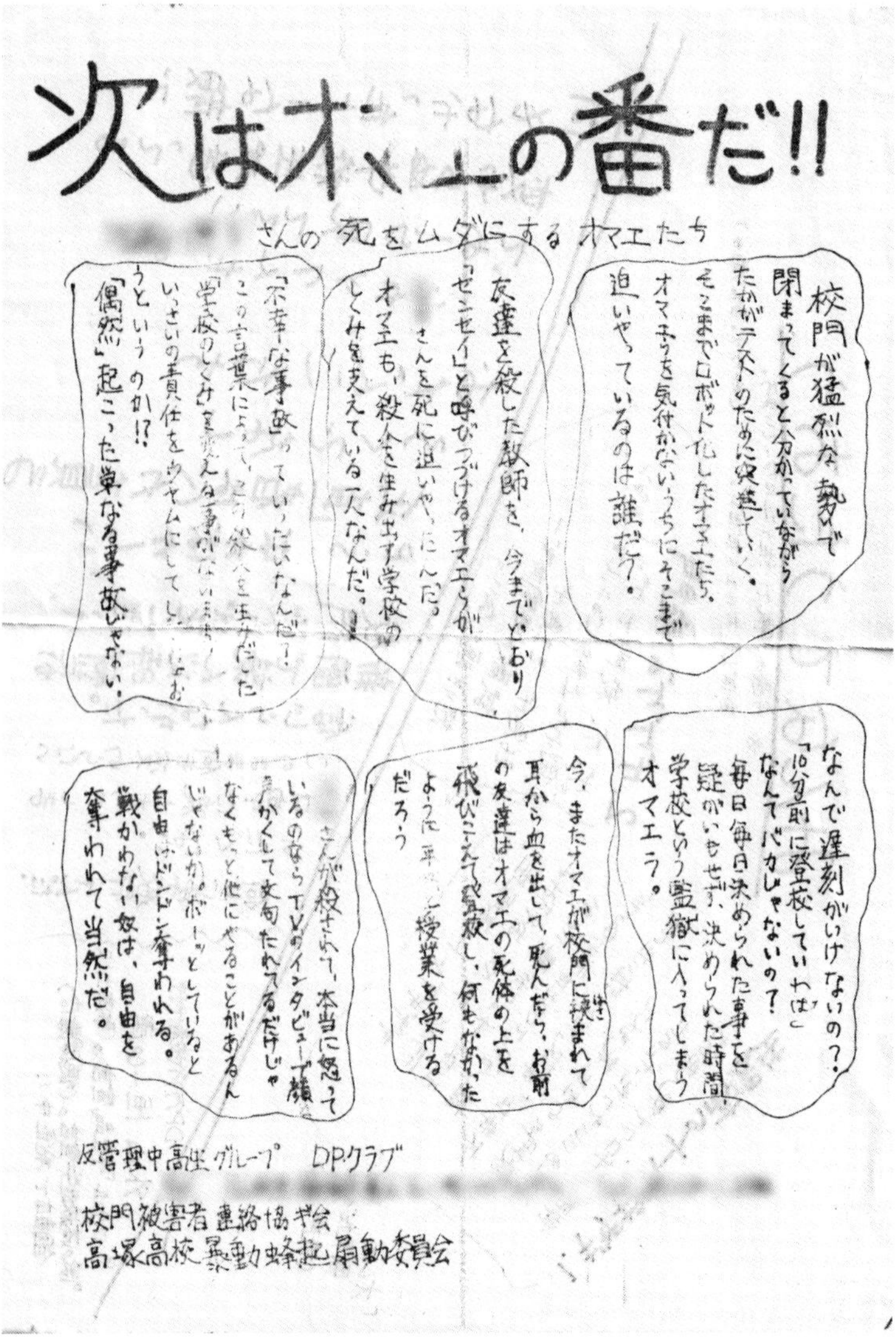
次は才マエの番だ!!

[redacted]さんの死をムダにするオマエたち

校門が猛烈な勢いで
閉まってくると分かっていながら
たかがテストのために突進していく。
そこまでロボット化したオマエたち。
オマエらさ気付かないうちにそこまで
追いやっているのは誰だ?。

友達を殺した教師を、今までどおり
「ゼンセイ」と呼びつづけるオマエらが
[redacted]さんを死に追いやったんだ。
オマエも、殺人を生み出す学校の
しくみを支えている一人なんだ。

「不幸な事故」っていったいなんだ?!
この言葉によって、この殺人を生みだした
「学校のしくみ」を変える事がないまま、
いっさいの責任をウヤムヤにしてしまお
うというのか!?
「偶然」起こった単なる事故じゃない。

なんで遅刻がいけないの?。
「10分前に登校していれば」
なんてバカじゃないの?
毎日毎日決められた、決められた事を
疑いもせず、決められた時間、
学校という監獄に入ってしまう
オマエラ。

今、またオマエが校門に挟《はさ》まれて
耳から血を出して、死んだら、お前
の友達はオマエの死体の上を
飛びこえて登校し、何もなかった
ように平常の授業を受ける
だろう

[redacted]さんが殺されて、本当に怒って
いるのならTVのインタビューで顔
をかくして文句たれてるだけじゃ
なくもっと他にやることがあるん
じゃないか。ボヤーッとしていると
自由はドンドン奪われる。
戦かわない奴は、自由を
奪われて当然だ。

反管理中高生グループ　DPクラブ
[redacted]
校門被害者連絡協ギ会
高塚高校暴動蜂起扇動委員会

［図版17-1］校門圧死事件の10日後に神戸高塚高校校門前でまいたビラ（表、1990年）

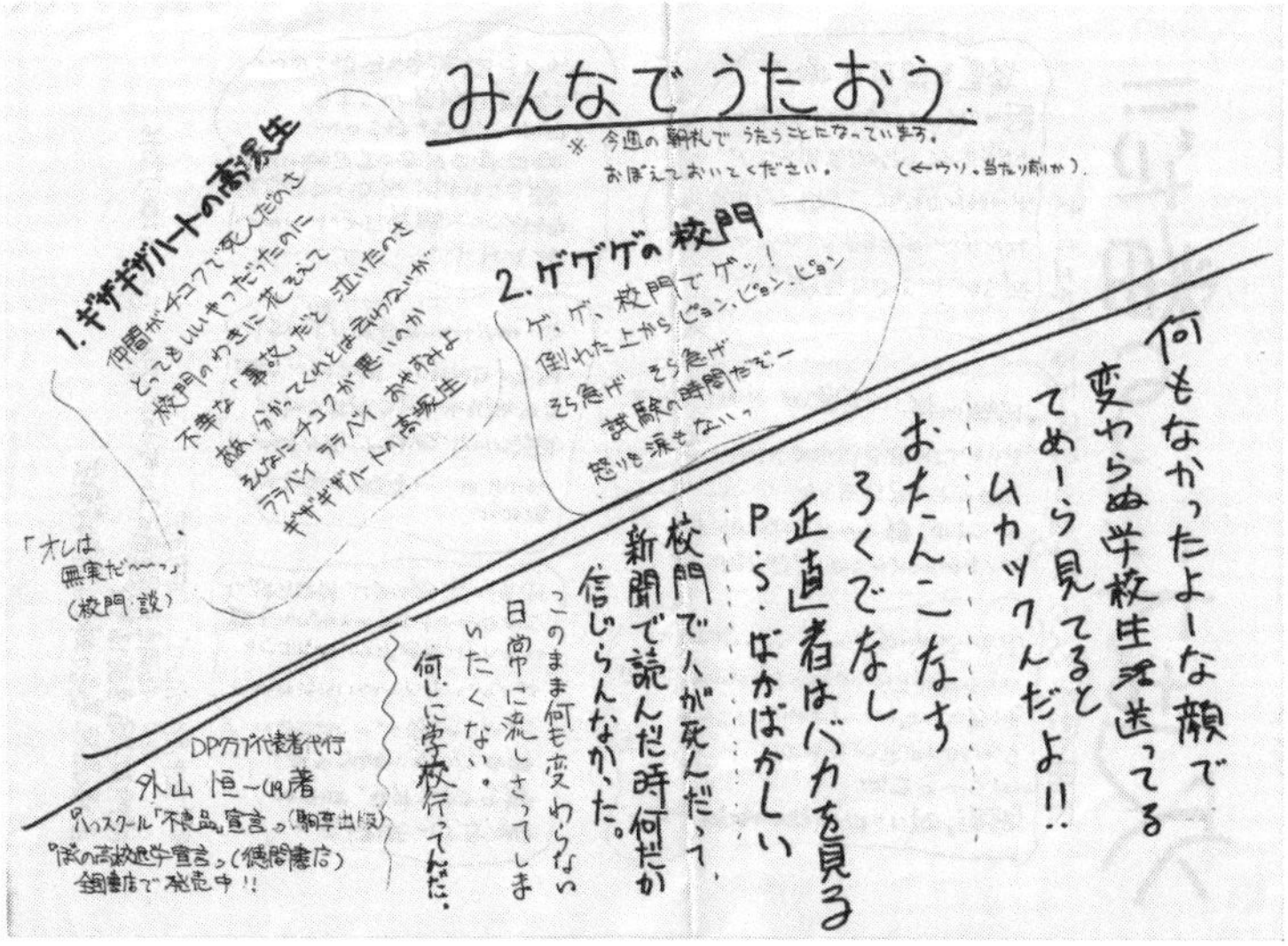

［図版17-2］校門圧死事件の10日後に神戸高塚高校校門前でまいたビラ（裏、1990年）

〈なんで遅刻がいけないの？「10分前に登校していれば」なんてバカじゃないの？毎日毎日決められた事を疑いもせず、決められた時間学校という監獄に入ってしまうオマエラ〉［図版17］

刺激的な文言を連ねたビラを登校する生徒たちに黙々と手渡した。外山たちは、遅刻で生徒の命が奪われても、在校生による抗議集会も授業のボイコットも起きなかったと聞き、苛立っていた。学校には秩序が保たれていると感じ、あえて不謹慎な言葉を投げかけ生徒を怒らせ、本音を引き出そうとしたのだ。

しかし、外山たちは本音を引き出すどころか、返り討ちに遭う。腹を立てた生徒30〜40人に取り囲まれた。［図版18］

［図版18］外山恒一や赤井登呂吉に「帰れ」コールを投げつける神戸高塚高校の生徒たち（1990年）
『校門を閉めたのは教師か』（外山 恒一、はやし たけし・著／駒草出版）より

「なんなんですか、このビラ」

「バカにしてるんですか？」

「なんでアタシたちが学校に対して怒らなあかんの？」

仕舞いには、憤る生徒を教師がなだめて校門へ押し込めていった。

絶望的な構図だ――。

外山は目の前の光景に愕然とする。

「そんな風に学校を守って、オマエら楽しいか？」

叫ぶ赤井に、生徒のひとりが「帰れ！」と迫る。たちまち他の生徒も続く。

「帰れ！」

「帰れ！」

声は唱和となり、「帰れコール」が巻き起こった。

もうひとりの仲間が追いすがる。

「オマエら、何も学校に不満ないのかよ」

校舎の窓から男子生徒が顔を出して言い返した。

「楽しい学校や！」

外山の「仮説」は、確信に変わっていった。


赤井は30年以上過ぎても、あの朝の出来事を鮮明に覚えていた。

「それまでの活動だったら、無視されて白けた笑いを向けられて終わっていた。ところが、あのような愛校心で反撃されたのは初めてでした。『ジッパチ』（筆者注：羽田闘争初日の１９６７年10月８日にちなむ）をやろうというノリでした。反撃されるという覚悟もなかったので、正直オロオロしてしまった。反撃されたことだけでなく、何もできずにオロオロしてしまった自分の無責任さにもショックだったんです」


福岡に帰った外山に、高塚高の女子生徒数人から抗議の電話があった。

「あなた方がビラに書くほど、ウチの学校は悪い学校じゃない」

「遅刻ばかりしていては、社会に出てから通用しない」

「私たちは卒業してから進路のことがあるから、あまり騒がれると迷惑だ」

外山は翌月、Mや3人の仲間と再び神戸を訪れた。事件について考える地元高校生主催の集会に参加するためだった。高校生と大人の計約100人が参加した集会の後半で、2時間ほどフリーディスカッションが行われた。

「学校は生徒のためにあるものだ」「生徒ががんばらなくては」「最低限のルールは守ったうえで変えるべきところを変えよう」

4、5人の高校生が意見を述べた議論の冒頭は順調だった。ところが、会場後方で挙手して指名されたMが発言すると、空気が一変する。まず、司会者に所属をたずねられると、「所属？　そんなもの別にないですけど。学校やめたんです」。Mは発言を続けた。

「校則を守る守らないとか、遅刻するのがいいか悪いかとか、そういう問題じゃなく、学校のシステム自体を問題にするべきだ」

しかし、司会の高校生は「話が広がりすぎてきたので、元に戻したい」とMの提案を取り合わなかった。彼女は司会者に自らの発言への回答を求めて反発した。だが、司会者は「後で」と制して軌道修正を図った。そこに、外山の別の仲間が「そんなの学校と同じじゃないか」と割って入る。

一方、外山たちに反感を抱くようになった参加者たちは、司会者を支持する声を上げた。

「そんなんだったら会は進まない」「集団社会にはルールというものがある」「ルールに従うのは当然」

会場の大多数からヤジや冷たい視線を浴びせられる劣勢のなか、マイクを握った外山は、ここぞとばかりに訴えた。

「討論というものはこうでなければならないとか、発言のマナーはこうだとか、進行の段取りだとか、そういうものは、たとえば学校に入学すると、生徒はこうあらねばならない、というような〝前提〟が勝手につくられているのと同じだと思います。

僕らみたいに、その〝前提〟に納得していない人間がいくらかいるのに、そういうのは話し合う余地のない絶対的なものだと決めつけられているみたいです」

「話し合いが混乱すると、すぐ司会者に何とかしてもらおうとするのも、学校で何かあるとすぐに教師に頼るのと同じです」

外山の発言に拍手したのはごく少数だった。司会者は外山たちに言い放つ。

「自由とわがままをはき違えているのではないか」

「言いたいことを言ってくれるのはいいが、他人のことを考えてますか？」

高校生会議で鍛えられた外山たちは、自らの意見を数で制されようと、退席まで促されようとも最後まで集会に噛りつくガッツがあった。ただ、校門圧死事件での一連の活動によって、反管理教育運動の主流派から大顰蹙を買う。赤井らと配ったビラは「ひどいビラ」「異様なビラ」と酷評された。

このころの外山が各地で繰り広げた「集会荒らし」の一部を列挙する。

●三重大学で開かれた共産党系の集会で、面白そうな分科会がないと、勝手に「青空分会」を開くというビラを配り「集会の破壊者」と指弾される。さらに、「うたごえ運動」では参加者たちとは別の歌を大声で歌った。

●福岡教育大学の学園祭に、校則問題を考えるシンポジウムのパネラーとして招かれた。しかし、将来教員になるはずの学生が誰ひとりとして来場しなかったことに激怒。仲間と「打倒、福教大生！」「おまえら教師になるな」「教師はみんな敵だ」などと挑発するビラをまき、学生数十人と口論になる。

●「子どもの権利条約」などについて話し合う北九州市での集会で、外山は「条約という形でこの国の〃子ども〃全体の上にその理念を押しつけようとするのは、それこそ条約の基本的なキーワードである〃子どもの自己決定権〃を無視していることになる」などと根本から否定した。外山ひとりで大人と子ども計60人ほどの全来場者を向こうに回したが、子どもたちはなかなか外山に反論できなかった。「大人」側が声を発するよう水を向けても子どもたちの沈黙は続き、外山は「自由に発言してもいい場で何も言えない生徒が、いったい管理派教師の支配している学校のなかで何ができるのか」と追い打ちをかけた。やがて、ひとりの生徒が「初めは与えられた場で自分の意見を言うことに慣れるようにし、いずれは学校でも積極的に発言できるようになるんだ。自分もそうだった」と反論すると、黙っていた子どもたちが一斉に拍手した。自らが圧倒的少数派だと思い知らされる「一斉の拍手」に耐えながら、外山は彼らに、「こんな意見に拍手するくらいなら、何か自分から意見を言ってみたらどうなんだ」と訴えると、再び一同静まり返った。

こんな外山に、「同志」笘米地は「道場破り」の異名を贈る。外山が思いを寄せていた女子高校生は、「外山くんは、運動を破壊する」と見限った。

共産党も機関誌「赤旗・評論特集版」（1991年5月）で外山を名指しして糾弾した。

〈意見のことなる運動は、すべて認めないという、セクト的でファッショ的な本質をしめす〉

〈きわめてセクト的で狭い運動〉

〈なんの展望もない、深い敗北主義だけが目につく〉

〈自分たちの特異な見解を一方的におしつけたり、いわば脅迫するという運動では、高校生の支持がえられないのは明らかでしょう〉

11

ストリート・ミュージシャン

福岡市の天神や中洲の路上では、いまでこそ楽器を手に歌う若者の姿が当たり前のように見られる。しかし、外山が青春時代を過ごした1980年代後半は、まったくと言っていいほど存在しなかった。60~70年代に大都市の路上や広場で若者がフォークソングを歌い、ベトナム戦争反対などを訴えた文化は途絶えていたという。外山が89年からギターを携え路上で歌い始めると、仲間たちが続き、見知らぬ若者も集まり現在の光景につながる。そのため、外山は「福岡のストリート・ミュージシャン第1号」とも呼ばれる。

外山が最初に路上で歌ったのは89年8月のことだ。当時の外山は、その年の1月に刊行されたデビュー作が評価され、反管理教育を掲げる市民運動家たちにもてはやされていた。シンポジウムのパネラーや学習会の講師として招かれることも多かった。外山は、彼らが8月末に開くイベント「アジアンフェスティバル」の宣伝チラシを配る際に、賑やかしとしてギターの弾き語りを依頼された。場所は、イベント会場に近い天神の路上だった。天神は当時もいまも九州最大の繁華街で、外山が立った西鉄福岡（天神）駅北口前は、メインストリートの渡辺通りに面するもっとも人通りの多いエリアだ。

外山は中学から独学でピアノを習得し、筑紫丘高時代はクラシックギター部に入っていたため、楽器は演奏できた。しかし、それよりも、外山は歌がうまい。ハイトーンで甘みのある響きは美声の部類に入るだろう。全盛期のジュリーこと沢田研二に似た、と譬えても過言ではないと私は思う。これを読んで外山の歌声が気になった読者は、YouTubeで検索してほしい。お勧めしたいのは『賛美歌第13番』だ。外山が「アナキスト（無政府主義者）の理想形」と評する漫画『ゴルゴ13』の主題歌として、無許可でつくったオリジナルソングだ。

路上デビューの日、外山は暗譜で演奏できるブルーハーツ10曲ほどを、恥ずかしさもあり半ばやけくそで繰り返し歌った。イベントのチラシ配りは1週間ほど続き、外山も「ステージ」に立ち続けた。すると、ブルーハーツに反応し、外山とセンスの近い若者が立ち止まる。話しかけてくる人もいた。

これだ――。

外山の脳裏に閃光が走った。

外山は89年の暮れから本格的に路上で歌い始める。当初は同志発掘を目的としていたが、ふとした思いつきで目の前に空き缶や帽子を置くと、そこにお金を入れる人が現れた。

これだ――。

外山はこうも思ったのかもしれない。デビュー作の印税はとっくに底を突き、市民活動家からは前章で述べたような揉め事により疎まれ、講演の依頼も来なくなり、ほぼ無収入の状態だったからだ。実入りのいい場所を探し、ほどなく天神の中心部から200メートルほど北の親不孝通り入り口にたどり着く。当時から飲み屋が密集していたこのエリアで、酔客を相手に弾き語りを始めた。やがて、金曜と土曜を中心に、夜8時ごろから数時間歌うようになる。バブル景気や物珍しさもあり、一晩で2万円稼ぐことも珍しくなかった。5万円集まったこともある。以後、外山は40代半ばで喉の調子を崩し長時間歌えなくなるまでの四半世紀にわたり、ストリート・ミュージシャンによって主な生活の糧を得る。外山はこれを「街頭ライブ」と呼んだ。

街頭ライブを始めたころ。まだブルーハーツと忌野清志郎、ジョン・レノンくらいしかレパートリーがなかったころのことだ。通行人に長渕剛をリクエストされた。「できません」。外山が返すと、怒られた。

「剛も知らんで路上でやる資格はない！」

長渕ファンは敵だ――。

外山はこう胸に刻んだが、根は真面目でサービス精神も旺盛だ。やがて、長渕はもちろん、セックス・ピストルズやボブ・マーリーなど5、600曲に上るレパートリーを体得する。

その精華は2007年ごろにも発揮された。東京の銀座で歌っていると、大柄な男性が立ち止まった。外山を囲んで演奏を聴いていた人たちがざわつく。

「……キヨハラ？」「キヨハラだ」

スポーツに疎い外山は誰だか分からなかったが、男性は、プロ野球を引退間際だった清原和博だった。当時、彼は最後の球団となるオリックス・バファローズに所属していた。

清原は、大阪のＰＬ学園高校で1年から4番打者を務め、同級生のエース桑田真澄と「ＫＫコンビ」と呼ばれ甲子園を沸かせた。憧れの巨人入りを熱望していたが、高校卒業時のドラフト会議で、意中の巨人は大学進学を表明していた桑田を指名する。彼は、西武ライオンズからの移籍によって巨人軍入団という夢を叶えた。長渕剛に心酔し、打席に向かう清原を鼓舞するように東京ドームに鳴り響いた『とんぼ』は、彼の代名詞でもあった。

清原の外山へのリクエストは、案の定『とんぼ』だった。さらに、サビの〈とんぼ〉を〈清原〉に、〈東京〉を〈巨人軍〉に替えてほしいとも求めた。清原がオリックスに移籍したのは、巨人から戦力外通告を受けたからだった。外山は歌い上げる。

〈死にたいくらいに憧れた　花の都　巨人軍〉
〈ああ　しあわせの清原よ　どこへ　お前はどこへ飛んで行く〉
〈死にたいくらいに憧れた　巨人軍のバカヤローが〉

気を良くしたのか、清原は1万円ものチップを弾んでくれた。

当時、外山のもっとも良き理解者だったタクローは、「ＤＰクラブ」での反管理教育運動だけでなく、街頭ライブでも外山の相棒だった。楽器が演奏できなかった当初のタクローは、外山の隣でギターに見立てたほうきをかき鳴らした。超絶技巧のタンバリン演奏や、灯油を口に含んで火を噴くパフォーマンスも披露した。タクローは語る。

「とやピーは下手だったけれど、勢いがあった。福岡のストリート・ミュージシャンのパイオニアという大御所感があって、ちょっと疎まれながらも、ヤンチャなミュージシャンでさえリスペクトしていました。

いつだったたか、酔っ払ったオヤジが殴り掛かってきて、(中洲を流れる)那珂川にギターを投げ捨てられたこともある。いま思えば、投げ捨てられる前にあのギターで反撃しておけばよかった」


さて、このころの外山は、貧しいながらも多くの音楽仲間に囲まれ、充実した青春時代を過ごしていたかに見える。ところが、内心は焦りと葛藤で占められていた。

順を追って紐解いていこう。

実は外山は、「校門圧死事件」が起きる3か月前の1990年4月に、19歳にして福岡県の久留米市立南筑高校へ入学している。「DPクラブ」に集まる高校生たちが、学校への不満をこぼしながら行動を起こさないことに腹を立て、自ら範を示そうとしたのだ。外山は88年に大検に合格していたから、本来であれば高校に入学する動機はない。純粋に、運動のための高校入学だった。

が、案の定、同級生と4歳も離れていたため打ち解けられず、アパートから学校へもヒッチハイクで1時間ほどかかったので足は遠のいた。入学間もなく週2、3日しか通わなくなる。

休部状態だった新聞部に入り、文化祭でブルーハーツをゲリラライブで歌い、「反天皇制」ビラを校内でまくなどの活動をした。しかし、学校側との大きな衝突も生徒の賛同もなく、手応えを得られないまま翌年4月にフェードアウトするように退学する。

思想的な変節もあった。勤勉な外山は、赤井や笘米地などとの交流で自らの無知を痛感すると、社会問題や思想に関する読書の幅を広げる。89年、現代書館刊行のイラストをふんだんに使った入門書「フォー・ビギナーズ」シリーズの、『マルクス』と『毛沢東』を読み、一気に感化された。2年間マルクス主義者だったが、91年に毎日新聞社が出していた「知における冒険シリーズ」の竹田青嗣著『現代思想の冒険』や反マルクス主義者の笠井潔著『ユートピアの冒険』に衝撃を受ける。これらのポストモダン思想によってマルクス主義が相対化されると、マルクス主義からアナキズムに近い思想に変節した。議会制民主主義や選挙制度の否定など、外山が現在も掲げるラジカルな主張はこのころに芽生えた。

さらに、ここが一番大きかったのだろうと私は推察するのだが、外山はこの時期、運動の方向性を完全に見失っていた。ポストモダン思想に目覚めた91年、外山は「90年安保」なる自説に思い至る。戦後日本の社会運動は10年周期で高揚と衰退を繰り返すという説で、「60年安保」なら55年から高揚が始まり60年を頂点に衰退し、65年から「70年安保」に移行していったと考えた。

「90年安保」は、反天皇制を掲げ、89年1月の昭和天皇死去前後に、東京・原宿の歩行者天国で警察と攻防を繰り広げた若者グループ「秋の嵐」が最先端部だったと外山は評する。それ以外にも、過激な反原発運動を展開した集団や、外山や赤井ら全国高校生会議の一派などがいた。90年10月の「釜ヶ崎暴動」などの高揚も、「90年安保」の文脈にあるという。

原宿では91年にかけて逮捕者も出す複数の事件が続発した。大阪・西成の日雇い労働者たちが起こした釜ヶ崎暴動には、赤井ら全国高校生会議の仲間も加わっていた。

だが外山は、これらの決定的な現場に立ち会っていない。そしてその後、同世代の活動家たちは海外留学や仕事などに追われ運動から離れていく。外山の「DPクラブ」も、同時期に解散する。この退潮期に外山が踏みとどまれたのは、街頭ライブでの収入が大きかった。週に何日か数時間、夜の街頭で歌えば月20万円ほど得られたため、仕事に追われず運動を継続できた。ただ、同世代の運動の後退局面で新たな展望は描けなかった。そして、音楽仲間とは大切な部分で価値観を共有できなかった。彼らには全国高校生会議の仲間たちほどの知識や社会への問題意識はなく、平気で差別的な言葉を投げつける者さえいた。

これらのことから、表面上は楽しそうに歌っていた外山だが、心の奥底では焦りと葛藤に苛まれていた。

12
ブルーハーツ・コンサート爆砕計画

『さよなら、ブルーハーツ』という外山の著作がある。１９９２年４月から8月までの外山の日記という体裁で、93年に宝島社から出版された。２０２１年刊行の『政治活動入門』まで、共著を含め十数冊を上梓する外山だが、本書は唯一、政治活動や思想、社会、自伝ではなく、当時の日常や音楽活動に焦点が当てられている。自著で初めて肩書を「革命家」と記したこの本は、外山の著作群でもっとも「恥ずかしい」内容だと私は断言したい。

複数の女性との同時進行の交際が、包み隠さず詳述されている。東京からヒッチハイクで福岡に戻る途中に乗せてくれた男性トラック運転手から、互いの性器を握り合って自慰行為をさせられるという性的いたずらを受けた。それが、さらりと告白されている。コンニャクを使った自慰行為、そして、その感想も記されている。

若気の至りだと信じたい。だが、どうして書いたんですか？　こう問い詰めたくなるエピソードがぎっしり詰まった1冊だ。

この本のハイライトは、音楽活動と密接に関わった「ブルーハーツ・コンサート爆砕計画」だ。

そこへ至る外山の歩みを辿ろう。

本書の元となる日記は、92年4月25日から始まる。この日、若者の代弁者と呼ばれた尾崎豊が26歳の若さで亡くなった。外山は尾崎の音楽やメッセージに惹かれなかったが、街頭ライブの最中にその死を知ると、衝撃のあまり尾崎の代表曲『卒業』と『15の夜』を歌った。

展望のないまま街頭ライブを続けていた21歳の外山は、尾崎の享年までの5年間を全力で走り抜けようと決意する。その軌跡を残すために、日記をつけはじめた。

政治活動に行き詰まっていたので、パンクバンドを結成しデビューを目論んだ。まずは形から入ろうと、パンク・ファッションで身を固める。5月6日、近所の作業服店で安全靴を購入する。続けて天神に出て真っ赤な細いジーンズと、ブルーハーツメンバーが着ていたボブ・マーリーのTシャツを買う。帰りがけにペットショップに立ち寄った。

外山　犬の首輪置いてますか？

店員　どんな犬ですか？

「こんな犬です」と自らを指すわけにもいかず、「柴犬です」と外山は答えた。店員は小さな首輪を差し出す。困った外山は「あの……大っきい柴犬なんです」。

翌日の昼過ぎ、首から下までパンクの恰好で床屋に向かう。髪を真っ赤に染め上げ、サングラスも買った。

その4日後、半年滞納した家賃の2か月分を支払うために会った大家は、こう言った。

「変われば変わるもんやね、あの真面目人間が……」【図版19】

［図版19］音楽仲間の部屋でパンクファッションに身を包みギターをつま弾く外山恒一（1992年）

5月20日、福岡の市民活動家の女性が外山のアパートに電話をかけてきた。8月に福岡でブルーハーツのコンサートを開く計画があり、チケット販売などへの協力を求められた。この女性は、福岡の市民運動シーンから疎遠になった外山に、集会参加を呼びかけるなど連絡を取り続けていた。

学校に抑圧され、苦しい思いをしている子どもたちをブルーハーツの歌で元気づけたい――。

女性は開催意図を説明し、こう言った。

「外山くんは、親が子どもを温かく見守る、という構図が引っかかるかもしれないけど」

ただ外山は、「90年安保」は過去のものとなり、通常よりも安いチケット代でブルーハーツが観られるのならいいんじゃないか――と自らに言い聞かせ、快諾した。

「周りにも宣伝しておきますよ」

この女性は、福岡の教育界でつとに知られる「ゲルニカ事件」にまつわる市民運動に深く関わっていた。

１９８８年３月、福岡市立長尾小学校の卒業式で事件は起きた。

この年に卒業する６年生の児童たちが、卒業式に向けてピカソの反戦画『ゲルニカ』を模写した旗を制作していた。制作背景には、前年度からのいじめ問題や児童の家出問題があった。旗は、それらを乗り越えるための教育活動として計画されたのだ。「私たちは、『ゲルニカ』のある卒業式を望み、強く願っています」。児童たちは、旗をステージ正面に掲げてほしいと熱望していた。卒業式前の総合練習では児童の要望通りに「ゲルニカ」が掲げられていた。ところが、直前に校長の判断で方針が変わり、正面には「日の丸」がかけられ「ゲルニカ」は隅に追いやられた。

これに反発した卒業生数十人が「君が代」斉唱を拒み着席する。ある女子児童は「歌えません」と二度叫んだ。さらに、この女子児童は卒業生の決意表明で校長に激しく抗議した。

「私は、ゲルニカをステージに張ってくれなかったことについて、深く怒り、そして侮辱を感じています」

「ゲルニカには、平和への願いや私たちの人生への希望をも託していたというのに、張ってくださいませんでした。

私は、怒りや屈辱をもって卒業します。私は、絶対校長先生のような人間にはなりたくないと思います」

これに来賓席から「なんごと言うかね、一体」「帰んなさい」「とぼくるな！（筆者注：とぼけるな！）」と野次が飛ぶ。6年の担任は持っていたマイクで反論した。「子どもが発言中、黙って聞いてやってください」。混乱した卒業式は、後の福岡市議会でも問題視された。

1980年代半ばから、「日の丸」「君が代」は教育現場で軋轢を生み出していた。昭和天皇の即位60年となった1985年には、首相の中曽根康弘が「戦後政治の総決算」を掲げ、自民党は「国旗掲揚並びに国歌斉唱の徹底」を求める。文部省も式典での掲揚と斉唱を「徹底通知」した。これらに反発する教職員、保護者は少なくなかった。

外山に電話をかけた女性は、先の女子児童の母親だった。彼女は、「ゲルニカ事件」を契機に保護者の立場から教育問題を考えるようになっていた。

さて、ここからしばらく外山は街頭ライブを中心とした日常を過ごす。外山の心境が一変するのは、8月2日に収容人数2千人超の福岡サンパレスで開かれるというコンサートのチラシを、女性から受け取ってからだ。

7月16日午前、前夜の深酒を引きずった曖昧な頭で次の文言が連なるチラシを眺めていると、唐突に怒りに襲われ、涙を流す。

〈OYAKO DE ROCK!〉

〈'92年夏ザ・ブルーハーツとともに!――終わらない歌を……――〉

〈主催/ブルーハーツを福岡によぶ親と子の実行委員会〉

[図版20] 外山恒一たちが大量のビラをまいたブルーハーツコンサートのパンフレット(1992年)

何だ、この見事にダサいチラシ[図版20]は。親子でロック? ふざけるな! 親子は秩序側の言葉だ。ブルーハーツは高校時代、世界と孤独に闘ってきた僕に、新しい世界を教えてくれた。親や教師には決して分かってもらえない「何か」。それがブルーハーツの「ロック」だった――。

外山は、「釜ヶ崎暴動」や「秋の嵐」が原宿で起こしたいくつかの決定的な事件の現場に居合わせなかったことで負い目を感じていた。そして、「DPクラブ」や「校門圧死事件」など、自身の運動は敗北の連続だったと総括した。外山が「90年安保」の「同志」だと信頼していたブルーハーツが、管理側に取り込まれてしまったようで悔しくて仕方なかった。

外山は、「90年安保」最後の闘いを決意する。

やつらは革命の敵だ。革命的表現の敵だ！

断固妨害だ――！

外山の計画はこうだ。会場に外山とタクロー、そして音楽仲間Tの3人が客として入場する。ブルーハーツの登場直後に3階席からTが、2階席から外山が、それぞれ1階席を中心に会場全体にビラを撒く。ビラには、主催者への怒りを込め〈ブルーハーツ・ファンの嫌いなブルーハーツ・ファンの君へ〉と大書し、会場のキャパシティをはるかに超える3千枚を用意する――。【図版21】

このとき、タクローはノリで行動をともにした付き添いのような立ち位置だった。

コンサート当日。ステージ正面には件の「ゲルニカ」が掲げられた。開演前のスピーチに立ったのは、卒業式で校長に抗議し、福岡市の私立高校生となった女子生徒だった。

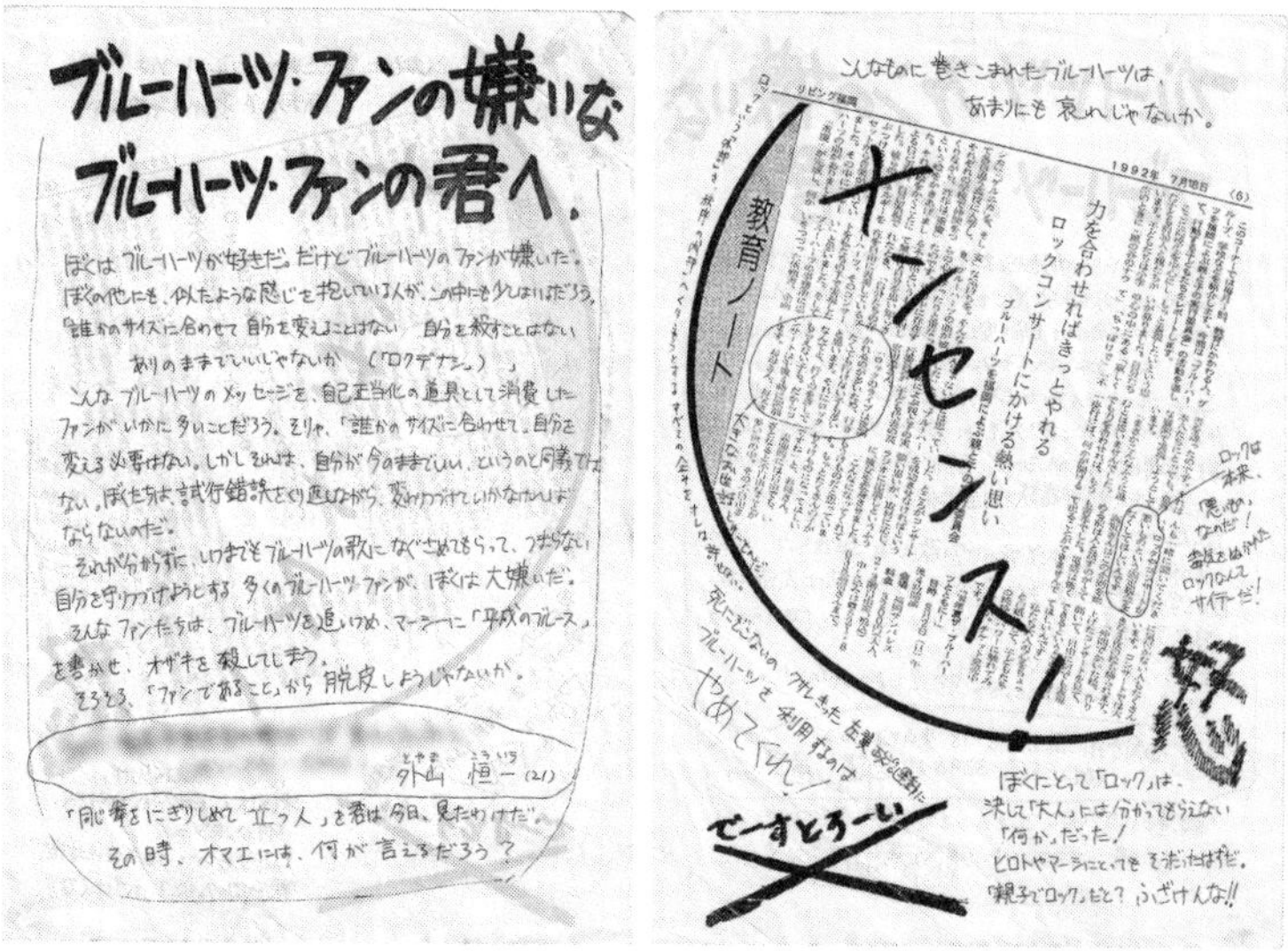

［図版21］ブルーハーツのコンサート会場でまいたビラ（左:表、右:裏、1992年）

2021年3月のある夜。私は、外山の活動の初期クライマックスとなるこの運動を、観客がどう受け止めたのかずっと気になっていた。仮にコンサート会場に2千人集まったとしても、30年ほど前の出来事だ。当時の来場者を探そうにも雲をつかむような話で、探す手段さえ思い浮かばず、ほとんど諦めていた。

当時私は、「自称革命家　外山恒一の闘い」と題する外山の評伝を、西日本新聞文化面に全7回連載した。それを書き終え、ふと一息ついた、そんな3月のある夜のことだ。

旧知の美術関係者に、見てほしいと勧められていた展覧会があった。時間にゆとりができた私は、福岡市の現代美術ギャラリー「IAF SHOP」に足を運んだ。そこは、09年から3年間美術担当記者だった私が、最初期からお世話になっているギャラリーだ。代表の佐藤恵一（1967年生）は、取材はもちろん、折に触れ福岡アートシーンの最新動向を教えてくれる情報通だった。

展示を見終え、佐藤と雑談していると、すぐに私が書いた外山の連載に話が及んだ。私が、連載に目を留めた編集者から書籍化を打診されていると打ち明けると、佐藤は言った。

「そういえば俺、外山恒一がブルーハーツのコンサートでビラをまいたときに、サンパレスにいたんですよ」

え？　佐藤さんいたんですか！　ずっと探してたんですよ！

コンサート当日、佐藤はひとりで会場を訪れ1階席の中程に陣取っていた。冒頭の女子生徒のスピーチなどから、このコンサートが子どもに安心してロックを楽しんでもらいたいという保護者たちの思いで実現したのだと思い至る。佐藤は、大人が子どもを利用していると受け止め、無性に腹を立てていた。

前座バンドが演奏を終え、ブルーハーツの準備が整い会場が暗転する。1曲目は『ブルーハーツのテーマ』。3階の外山の仲間Tがよろよろと立ち上がり、手すりからビラ数百枚を1階に向けてひょいと投げた。彼は、外山宅で観た映画『華の乱』で、明治・大正期を代表するアナキスト大杉栄がビラをまくシーンに自らを重ねていた。

このとき、ブルーハーツ・ファンの佐藤は怒りさえ募らせていた。

「右とか左とかの思想は関係なく、組織が何者かを利用するというコンサートの構図が嫌だった。ただ、俺はブルーハーツを信頼していたから、彼らが利用されているとまでは思わなかった」

ふと見上げると、紙吹雪のようにビラが舞ってきた。

佐藤はそれを、「美しい」と感じた。

ここから佐藤の記憶は曖昧になる。それぞれの行動には「〜だった気がする」「〜だったと思う」との語尾がつけられたため、そのまま書き残す。

「ビラを手にしたとき、席をすぐに立ち上がり、踊り場まで駆け上がった気がする」

「外山恒一たちが追いかけられているのを見たような気もする」

「ただ、まいたのはひとりじゃないということは分かった」

「ビラを手に取り、これは俺も行かねばと思ったのではないか」

「いや、ブルーハーツはこんなことに利用されるやつらじゃないと知らせに行こうと思ったのかもしれない」

「外山恒一のことはデビュー作を手に取っていたので知っていたし、面白いやつだとすでに認めていたと思う」

そんな佐藤だが、ブルーハーツがその後のステージで繰り広げた光景は、はっきりと記憶している。

外山たちの妨害をものともせずに、コンサートは続く。代表曲『リンダリンダ』で何度も飛び跳ねていたボーカル甲本ヒロトのズボンがだんだんずり下がっていき、下腹部まで露になった。「学校に抑圧され、苦しい思いをしている」生徒たちが1階の最前列で見詰めるなか、ヒロトは前をぶらぶらさせながら熱唱していた。佐藤は振り返る。

「いつも通りだなと思った。女子生徒や社会運動の人たちがいるからといって、ブルーハーツはちゃんとした道徳的なことをしなければならないという気持ちをまったく持っていなかった。俺が思っていたとおりのヒロトで、よけいに信頼感が増しました」

外山たちはビラをまき始めて間もなく取り押さえられ、主催者側の大人たちと大乱闘を演じる。外山は眼鏡を紛失し、着ていた自作の大杉栄Tシャツはびりびりに破れてしまった。そして、会場に語りかけられたヒロトのMCを聴くと、涙が溢れてしょうがなかった。

「ロックのコンサートにも、ウソはいっぱいあるぞ」

外山に衝撃を受けた佐藤の長い1日はまだ終わらない。その夜、ビラに書かれていた外山の自宅番号に電話をかけた。このときの会話は、『さよなら、ブルーハーツ』にも記されている。〈頭脳警察やスターリンを聴いているという人。（中略）スピーチなんかを聴いていて、なんだこのコンサートとムカついているところに、天からビラが降ってきた〉

外山に感化されかけていた佐藤は回想する。

「ただ、そのときに外山恒一が『止めておけ』と言った気がするんです。『俺らと関わるな』と」

佐藤は、左翼団体・左翼運動が嫌いな左翼だった。

「俺はすでに社会派パンクだったから、外山恒一に共感する気持ちはあったんだと思う」

「俺が外山恒一を信頼したのは、そのときに『こういう世界は覚悟が必要で、足を踏み入れないほうがいい』と言ってくれた気がするからなんです」

「仲間が増えた、利用できるやつが増えたという感じにはならなかった」

「電話を切ってから、外山恒一とこれからも関わっていこうとは思っていない。それぞれの道で生きていくべきだと思ったはずなんです」

「いま思えば、若かったから外山恒一に取り込まれていてもおかしくないのに、そうはなっていない。衝撃的だったけれど、青春の1ページで終わっている」

「俺が活動家になり、革命家になり、ファシストになる、という人生もあり得たかもしれない」

「でも選ばなかったのは、俺の判断だったからなのか、外山恒一がそう言ってくれたからなのかは定かではない」

「俺のなかではなんとなく、外山恒一が『こいつは違う』と審判を下したような気がする」

「そしてそれは、俺にとっては本当に良かったと思うんです。ちょっとしたさざ波で終わってくれたので」

「その日の記憶があるから、外山恒一への信頼はずっと続いています」


この活動には後日談がある。

翌月の9月25日夜。街頭ライブで酔客のリクエストに応え、ボブ・マーリーを歌い始めた外山に男性の影が忍び寄る。コンサート主催者のひとりで、「ゲルニカ事件」時の6年生の担任だ。酔った彼は、握りしめたビール瓶を外山に振り下ろす。間一髪、外山はよけて難を逃れたが、ビール瓶は勢いあまって落下し、
ガッシャーン!!

と大きな音をたてて路上で砕け散った。

「本気だ!」。すぐ隣で目撃したタクローは驚愕した。

男性と数分間無言で乱闘した外山は、復讐されるのは仕方がないと受けとめつつ、自らをリ

ハーサル中に銃撃された経験があるボブ・マーリーに重ねた。そして、安全靴で男性の足を蹴った自身の反撃を後悔した。

向こうがビール瓶で殴ってきたのだから、こっちはギターで思いっきりぶん殴ってやればよかった――。

日本破壊党

13

1992年8月の福岡サンパレスで、外山の「90年安保」は露と消えた。

次なる運動の展望はない。それでも、日常は続く。ここで外山が活動家から足を洗うことも、あり得た過去かもしれない。しかし、外山はしがみついた。現場で得られる高揚感、解放感が忘れがたかったからだ。笠井潔の著作群の影響から、外山はそれこそが「革命」の本質なのだと考えるようになっていた。

外山の数ある文章のうち、私がもっとも好きなもののひとつが『いじめられたらチャンス』だ。94年に愛知県の中学校で起きたいじめ自殺事件を契機に執筆されたこの文章を、外山は冊子にして悩める若者に送付している。[図版22]

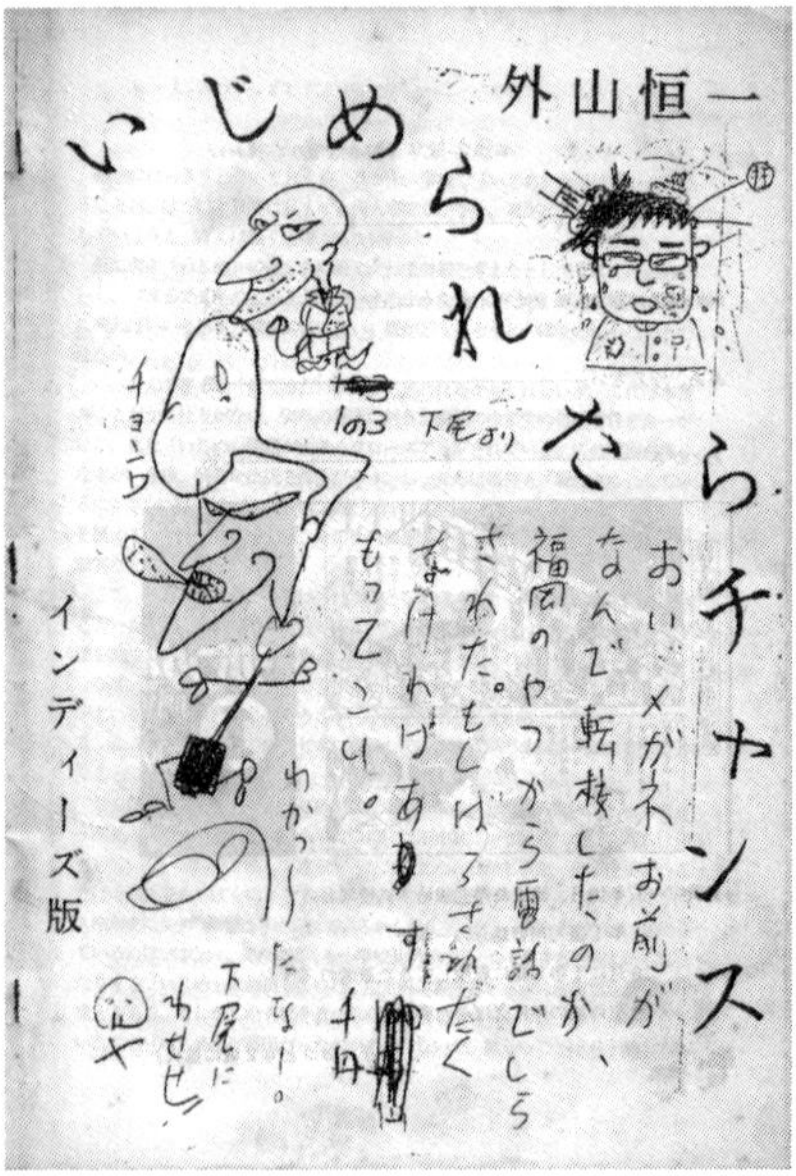

[図版22]『いじめられたらチャンス』冊子（1994年ごろ）

自らが受けたいじめを詳細に明かし、いじめられる側には何ら落ち度がないと諭す。いっそ、いじめを機に「学校」という制度からの逃亡を勧めた。親から独立し、具体的な生計の立て方を指南しながら自立を促した。

そして、この文章の末尾には、当時24歳の外山の革命観が記されている。

〈ぼくは福岡にアパートを借りて、革命運動をやっている。

革命などと聞くと、なんだかブッソウなものを想像する人が多いだろうが、もし君もそうだとすれば、それは君の想像力の貧困だ。

ぼくの理想は、遊んで暮らすことだ。キャンプみたいな生活が、ずっと続くことだ。ところがそれを邪魔しようとするつまらない連中がいっぱいいる。そういう連中と闘争しつつ、キャンプの仲間を増やすこと。

世の中ってのは、キャンプを続けようとする人間と、それを潰そうとする人間との戦いの場だ。キャンプ派の人間は、現在、圧倒的に少ない。学校制度がうまく機能して、人々の想像力が貧困になっているからだ。キャンプ派の人間をできるだけ増やして、キャンプ地帯をできるだけ拡大すること。それがぼくの考える革命運動だ〉

若い世代を意識した砕けた表現だが、ここで述べられる「キャンプ」とは「自由な暮らし」あるいは「抑圧されない暮らし」を指すのだろうと私は推察する。

外山が高校在学中から20歳前後までは、「管理教育」という現実的な「敵」が目の前に立ちはだかった。だが、年齢を重ねていくうちに、その切実さは色褪せていく。91年5月の「ＤＰクラブ」解散以降、外山は「息苦しい社会」全般を敵視していったように受け止められる。そしてそれは、具体的な対抗手段を描きづらい広範な課題だった。足掻き続けた90年代初頭、ブルーハーツのコンサート会場で大量のビラをまいた高揚をピークに、外山は日常に倦んでいく。

そんな93年8月の4日間、全国高校生会議時代の仲間たちと合宿形式のイベントを開催する。「退屈お手あげ会議」というイベントの名称は、まさに当時の外山の気分そのものだった。

会場は東京大学駒場キャンパスの一高同窓会館だった。ここに、全国から100人超の10代、20代が集う。全国高校生会議時代の仲間や同時期の活動を担った友人も多数参加した。福岡からはタクローも駆けつけている。

ただ、外山が当時頻繁に登場していた「週刊SPA!」や連載していた音楽雑誌「BANDやろうぜ」を読んで訪れたような、いわゆる「普通の若者」が大半だった。外山にとってこの会議は、社会への問題意識も知識も圧倒的だった全国高校生会議に比べて物足りないものに終わる。

議論が白熱しても、言葉が上滑りしている印象を受けた。アカペラ・パンクバンドのライブ、ジンギスカン・パーティ、肝試し……。実施されたイベントはそれなりに盛り上がったが、運動の停滞感を払拭できるような活路は見いだせなかった。【図版23】

「退屈お手あげ会議」が開かれる数か月前。福岡県内の私立大学生だったアカシ（愛称、1971年生）は、大学へはほとんど通わず、社会に漠然とした不満を抱いていた。アカシは振り返る。

「当時は言語化できていなかったのですが、すでに世の中は現在のようなポリコレ（ポリティカル・コレクトネス＝政治的妥当性、ＰＣ）が進んでしまう予感があった。何か不安で、正体不明の焦燥感があった」

アルバイト先への行き帰りに、中洲を流れる那珂川に架かる「福博であい橋」を渡った。そこで、パンク・ファッションに身を包みブルーハーツを歌う外山と出会う。当時、外山を契機に親不孝通り周辺にストリート・ミュージシャンが激増し、投げ銭は分散していた。路上で生活費を得ていた外山は、競合を避けるため中洲の橋にメインの「ステージ」を移していた。［図版24］ブルーハーツ・ファンだったアカシは、何度か見かけた外山に興味を抱いていた。二、三度目に話した際、外山から「退屈お手あげ会議」のチラシを受け取り、参加を決意す

［図版23］「退屈お手あげ会議」に合わせて製作された冊子（1993年）

る。

政治活動の現場をいくつも踏んでいた外山にとっては期待外れに終わった「退屈お手あげ会議」だったが、アカシは大きな刺激を受ける。

「みんな何かをしたい、誰かと巡り会いたい、漠然とした不安を共有したいと考えていたのではないか。アーティストとして自分をアピールしたいという向上心を持つ人もいた。こんなに凄い人が同世代にいっぱいいいるんだと感心しました」

福岡に戻ったアカシの周辺には、会議で出会った参加者と同じような価値観を分かち合える友人は見当たらなかった。

何か行動を起こさなければならない——。

［図版24］ 福岡市の中洲に架かる橋で「生活費」と大書したトランクを前に歌う外山恒一（1994年）

こんな苛立ちに突き動かされ、アカシは福博であい橋で歌う外山のもとに通う。そして、20代半ばにさしかかり仕事が忙しくなったタクローからバトンを受け継ぐように、外山と活動をともにしていく。

93年10月、彼らは外山を総裁に据えた新たな組織を立ち上げる。

「反共左翼革命結社・日本破壊党」というおどろおどろしい名称で、党綱領には次のような文言を掲げた。

〈日本破壊党の云う「革命」とは、既成の価値観の圧倒的な崩壊あるいは変容をもたらすような衝撃的な出来事を集団で体験することである〉

〈日本破壊党は、革命が起きた時に活躍するための訓練機関である〉【図版25】

アナキズムに傾倒していた外山の主張が並び、ご丁寧に自らを「過激派」と謳った。まさに革命を志向する危険な結社のようだが、党員は外山と当時の交際女性、アカシ、「退屈お手あげ会議」に参加していたもうひとりの男性と、4人しかいなかった。外山の活動歴でも最小規模の集団だ。

「過激派になろう」と外山がビラに大きく走り書きしたその文字は、丸みを帯びてちっとも迫力がない。その上、本文にはこうしたためられていた。

〈革命とは、みんなで暴れることです。

かつて過激派イエス・キリストは言いました。

「明日のことを思いわずらうな」

後先考えず、無責任にみんなで暴れましょう。

「日本を印度にしてしまえ！」

過激派になろう

ぼくたちは過激派です。
最近、過激なんが少ないと思います。

やっぱ革命をやるには少々過激じゃなきゃいかんと思います。
このままでは革命ができません。

革命とは、みんなで暴れることです。

かつて過激派イエス・キリストは言いました。
「明日のことを思いわずらうな」

後先考えず、無責任にみんなで暴れましょう。

「日本を印度にしてしまえ！」
そう大槻ケンジも叫んでいるのです。

反共左翼革命結社　日本破壊党（過激派）
[redacted]

日本破壊党　綱領

・日本破壊党は、反共左翼である

日本破壊党の云う「共産主義」とは、社会を抑圧する階層と抑圧される階層から成り立つものととらえ、後者の解放をめざす運動のことである。これまで「共産主義」とされてきた「ブルジョアジー（資本家階級）対プロレタリアート（労働者階級）」という構図を元にした労働者階級解放運動は、日本破壊党の云う「共産主義」の一例である。従来云われてきた「共産主義」以外に、社会を「男性対女性」の構図で把握するフエミニズムや、さまざまの反差別運動なども、日本破壊党の云う「共産主義」に含まれ、日本破壊党は「共産主義」ではない解放のビジョンを模索する。

日本破壊党の云う「左翼」とは、既成の共同性に対して帰属意識を持てず、既成の共同性からの抑圧と戦う立場、あるいは自己の内面に巣食う既成の共同性への帰属意識から自己を解放しようと模索する立場である。

日本破壊党の云う「右翼」とは、既成の共同性への帰属意識を前提にして行動・主張する立場である。「既成の共同性」とは、たとえば国家・民族・家族・学校・企業・地域共同体・宗教共同体などである。また、「階級」や「階層」などの発想も、既成の共同性への帰属意識の一種であり、だから「被抑圧階層」の解放を旗印にして活動し、これまで「左翼」と呼ばれてきたものの大部分は、日本破壊党の云う「右翼」の一種である。

・日本破壊党は実存左翼である

前項で「右翼の一種」とした既成の大部分の「左翼」を、「大状況左翼」と呼び換えることもできる。「大状況左翼」は、社会をシステム的に把握し、そこから社会システムを変革するための個人の活動方針を導き出すという発想を持っている。それに対して「実存左翼」は、世界の不条理を前提として認め、その中で個人は自己をどのように投企するかを模索する。「大状況左翼」と「実存左翼」とでは、問題の立て方が逆なのである。自分とはどういう存在なのか、という「実存論」の視点を含まない運動はダメだとするのが日本破壊党の立場である。

・日本破壊党は反学校左翼である

日本破壊党のいう「学校」とは狭義の学校制度のことではない。狭義の学校の中で、生徒は教師から与えられた選択肢の中から自分の道を「選ぶ自由」しか持っていないのと同じように、社会全体の中でも、個人はＴＶコマーシャルなどでさまざまに提出される快適さの選択肢の中からどれかを「選ぶ自由」しか持っていない。また、反体制運動の世界でも、既成の反体制用語や方法を「選ぶ自由」しか持てない。日本破壊党の云う「学校」とは、このように個人が「消費者」として存在するしかない現状のことであり、それを拒否する生き方の模索と、「消費者」として存在せざるを得ない現状への苛立ちの表現とが日本破壊党の主要な活動となる。日本破壊党は現在の社会状況を「学校化社会」と捉えるが、これは60年代フランスの「シチュエイショナリスト（状況派）」の云う「スペクタクルの社会」とほぼ重なる概念であり、日本破壊党の云う「反学校」と彼らの云う「反スペクタクル」の立場もほぼ共通している。

・日本破壊党は非学生運動である

日本破壊党は若い世代による運動であるが、学生運動ではない。学生という立場の持つ特権性を「自己否定」し、学校と社会とを地続きにしてしまった全共闘以降、「学生運動」をすることはギマン的であり、不可能であり、だから昨今の学生運動の低迷も歴史的必然である。日本破壊党は、学生ではない若者、あるいは「学生」という立場に自己同一化できない学生による運動である。

・日本破壊党は革命結社である

日本破壊党の云う「革命」とは、既成の価値観の圧倒的な崩壊あるいは変容をもたらすような衝撃的な出来事を集団で体験することである。その結果として社会システムが変革される場合もあるが、それは革命の結果あるいは副産物にすぎない。革命とは、社会システムの変革のことではなく、出来事である。

・日本破壊党は、革命を起こさない

革命は、起こすものではなく、起きるものである。革命は、人間が起こすものではなく、人間の卑小な努力や意志や責任や主体性を超えて彼方から襲来し、嵐の中に多くの人間を巻き込み、また何処かへ去っていくものである。自分たちの力で革命を起こそうなどというのは、身の程をわきまえない思いあがった考えである。

・日本破壊党は、革命が起きた時に活躍するための訓練機関である

日本破壊党メンバーは、革命が起きた時に英雄的に活躍するためにさまざまな修業を積む。一人で演説も、ビラの作成や配布も、印刷機の操作も、車の運転もでき、またさまざまなコツも掴んでおくことが必要である。格闘技・護身術の修得や、楽器の演奏技術、思想レベルの向上、アート的感性のトレーニングなども必要である。日本破壊党は、メンバーの革命戦士への自己変革を助けるために、街頭演説、ビラまき、バンド活動、武闘訓練、学習会、研究発表会、集会、デモなどを企画・実践していく。

・日本破壊党は、世紀末に革命の到来を想定する

敗戦、革命あるいは流産に終わった不発の革命といった事態は、ほぼ十年周期で起きている。60年安保、全共闘、サブカルチャー、80年代末反乱などがそれである。確率的な予測に過ぎないが、次の革命気運の盛り上がりは、90年代末の数年間にやってくる。世紀末気分も加速するから、ともすれば全共闘以来の高揚となる可能性もある。確実視はできないが、無根拠の希望的観測でもない。いずれにせよ革命は数十年単位のスパンで見ればたまに起きることである。

・日本破壊党は96年に解散する

94年１月に正式結成される日本破壊党は、３年後の96年12月に解散する。世紀末革命の到来を前提に活動する日本破壊党は、97,8年ごろからの革命へ向かう情勢の流動が始まると予測している。日本破壊党で長い者で３年間の修業を積んだメンバーは、情勢の中へそれぞれ飛び込んで、存分に英雄的活躍をしてもらいたい。

・日本破壊党は、政治活動と芸術活動を同列視する

政治と芸術とは、同一のものの別の側面にすぎない。だが、これまでの大部分の政治運動は芸術的視点を持たず、またたいていの芸術は自身の政治性に無自覚であった。日本破壊党の活動は政治運動であると同時に芸術運動でもある。

・日本破壊党は吉本隆明の問題意識を継承し、笠井潔・小阪修平の革命論を活動の基盤とする

戦後唯一「実存左翼」の立場を一貫している吉本隆明の思索を、日本破壊党は継承する。また、吉本隆明の問題意識を前提として「実存左翼」の革命論を提示している数少ない例であるが、未だ理論段階である笠井潔の「線香花火革命論」と小阪修平の「主体性革命論」の実践への結びつけが日本破壊党の路線である。

［図版25］「反共左翼革命結社・日本破壊党」のビラ（上:表、下:裏、1993年ごろ）

そう、大槻ケンヂも叫んでいるのです〉

「日本を印度にしてしまえ!」とは、大槻ケンヂがボーカルを務めていた「筋肉少女帯」の代表曲『日本印度化計画』の一節だ。

もうお気づきだろうが、「日本破壊党」は、そもそも党名から日本社会党をもじっている。過激派のパロディのようなこの結社は、外山のユーモアセンスが前景に現れた最初の組織として特筆したい。

西南学院中で同級生だった施が「外山はみんなをよく笑わせていた」と振り返るように、外山は元来、独特のセンスで周囲を楽しませることが好きだった。初期の活動は親や学校への怒りがモチベーションとなっていたため、ストレートな主張に軸足が置かれていた。「ほんとの自民党」の名称などに若干のユーモアは垣間見えるが、「笑い」にも重きを置くようになるのが「日本破壊党」からだ。

八方塞がりの現状突破のために破れかぶれになったのか? それとも、それが外山の活動の本当の姿なのか?

いずれにせよ、これ以降、外山の活動で「笑い」は必須の要素となる。外山自身は、やや自虐を込め「面白主義」とも呼ぶ運動スタイルだ。これに磨きをかけるあまり、外山は後に「サブカル(サブカルチャー)」だとの批判を受ける。しかし、外山の運動の目的は明確な思想や信

[図版26]「反共左翼革命結社・日本破壊党」時代の若葉マークをつけた街宣(1993年)

念を訴えることで、「笑い」はその硬質な芯を一般に面白く伝えるための潤滑油に過ぎない。

外山への「サブカル」という批判は、外山の活動の上澄みを舐めているだけなのではないかと私は考える。

さて、外山とアカシは、例えばこんな活動をした。天神最大の渡辺通りで互いにハンドマイクを握り、片側4車線の広い車道を挟んだ歩道にそれぞれが立つ。通行人に向けて演説するのかと思わせながら、ふたりは「いま通ったコ可愛い」「お姉さん、ちょっと演説聞いてかない?」などとナンパまがいの取るに足らない会話を大声で繰り広げる。しかも、「演説初心者だから」と自作の大きな若葉マークをズボンにつけていた。[図版26]

つい先ほど、「明確な思想や信念を訴える」と書いたばかりだが、このころはまだ手探りだった——としておきたい。アカシは語る。

「ぼくたちは世間を舐めきっていて、外山のユーモアは活動の突破口になると思っていたんです」

「日本破壊党」は、大きな成果を生み出せないまま幕を下ろす。94年8月、運動を牽引した外山が交際していた党員女性と別れたことで、活動が停滞しあっけなく自然消滅する。

ただ、この集団、奇妙な騒動に巻き込まれている。

事の発端は、1994年7月7日に起きる。

天神の渡辺通りに面した繁華街で、新左翼系市民団体が街宣していた。当時、朝鮮学校の女子生徒を狙ったチマチョゴリの制服切り裂き事件が連日のように報道された。彼らは、それが重大な民族差別だと糾弾した。

この街宣に外山とアカシは偶然通りかかった。外山は飛び入り演説を申し出て、マイクを渡される。演説初心者だったため、ボソボソと聞き取りづらい声で、こんなことを話し始めた。

「この世には、正しい差別と間違った差別がある」

いきなり、市民団体のひとりが「ナンセンス！」との声を上げる。外山は構わず続けた。

「間違った差別というのは、自分の意思で決められないことを根拠にした差別だ」

「朝鮮出身だという理由で差別するのは間違っている」

「他人のスカートを切りつけること自体が悪いと言っているわけではない。スケベ心でスカートを切るなら、福岡女学院でも筑紫女学園でもいいはずだ。福女も筑女も朝鮮人学校も、というならスジは通っている。

しかし、朝鮮人学校の生徒だけを選んでスカートを切るというのはスケベ心ではなく明らかに差別であり、許されてはならない」

ここで「ナンセンス！」「ナンセンス！」との野次が連発し、外山はマイクを奪われ放逐される。ただ、外山は次のように続けるつもりだった。

「正しい差別というのは、自分で決められることを根拠にした差別だ。間違った差別は、自分の意思でやめることができる。間違った差別をする人間を差別するのは正しい。間違った差別をする人間を軽蔑してやろう。

長渕剛のファンをやめることはできる。

大学生もやめることはできる。

しかし、在日朝鮮人であることをやめることはできないのだ。在日朝鮮人に対する差別はやめろ！」

アカシは回想する。

「当時の外山は、ストリート・ミュージシャンたちからは『オルグされるんじゃないか』と煙たがられていた。左翼の市民活動家からもすごく疎外されていて、嫌われているんだなあと感じていました」

朝鮮人差別糾弾街宣をつまみ出された外山は、3日後の7月10日午後、同じ団体が天神の公園で集会を開くと聞きつけ、飛び入り演説時の悶着を詳報した抗議ビラをまく。そして、主催者側のひとりと怒鳴り合いを演じた。配ったビラにはもちろん、「反共左翼革命結社・日本破壊党」と記していた。

このビラが、ある政府機関の手に渡ったとみられ、外山のアパートに怪しい影が迫る。

4日後の7月14日夕刻。

福岡は連日のように猛暑に襲われていた。近くの弁当屋に向かおうとアパートの階段を下りた外山が郵便受けをのぞくと、1枚の紙が折りたたまれて入っていた。

何だろう――?

取り出し広げると、まず、〈住民票写しの交付請求について〉という一文が目に入る。紙には、次の文言が連なっていた。

〈九公調一発第３６４号
平成６年７月14日
福岡市南区長殿
九州公安調査局調査第一部長
住民票写しの交付請求について
執務上、必要につき、下記住所地に住民登録している者全員の住民票の写し（転出の場合は除票）１通の交付方お願いします〉

その下に、当時の外山の住所が記されていた。さらに、〈九州公安調査局部長印〉という印鑑まで捺されている。

「ＤＰクラブ」初期の89年にアパートを借りて以降、外山は著作やビラにこの住所を載せ続けていた。嫌がらせや脅迫の手紙は頻繁に届き、「ＤＰクラブ解散勧告書」などという怪文書が投げ込まれたこともあった。

一瞬、それらの類いかと疑ったが、念のために反管理教育運動を通じて知り合った近所の女性市議に相談に行く。書類を見た市議は断言した。

「これ本物よ」【図版27】

九州公安調査局は、法務省外局の公安調査庁の出先機関だ。破壊活動防止法に基づき、破壊団体の規制に関する調査をしている。

そんな組織の公文書が、なぜ郵便受けに――？

外山は弁当を買うのも忘れ、何かの陰謀かと焦りながら思案を巡らせる。そこに突然、誰かがドアをノックした。

外山の胸が波打つ。

恐る恐る扉を開くと、シャツにネクタイ姿の若い男性ふたりが立っていた。より若い20代くらいの男性が、暑さで汗だくになりながら愛想笑いを浮かべてたずねた。

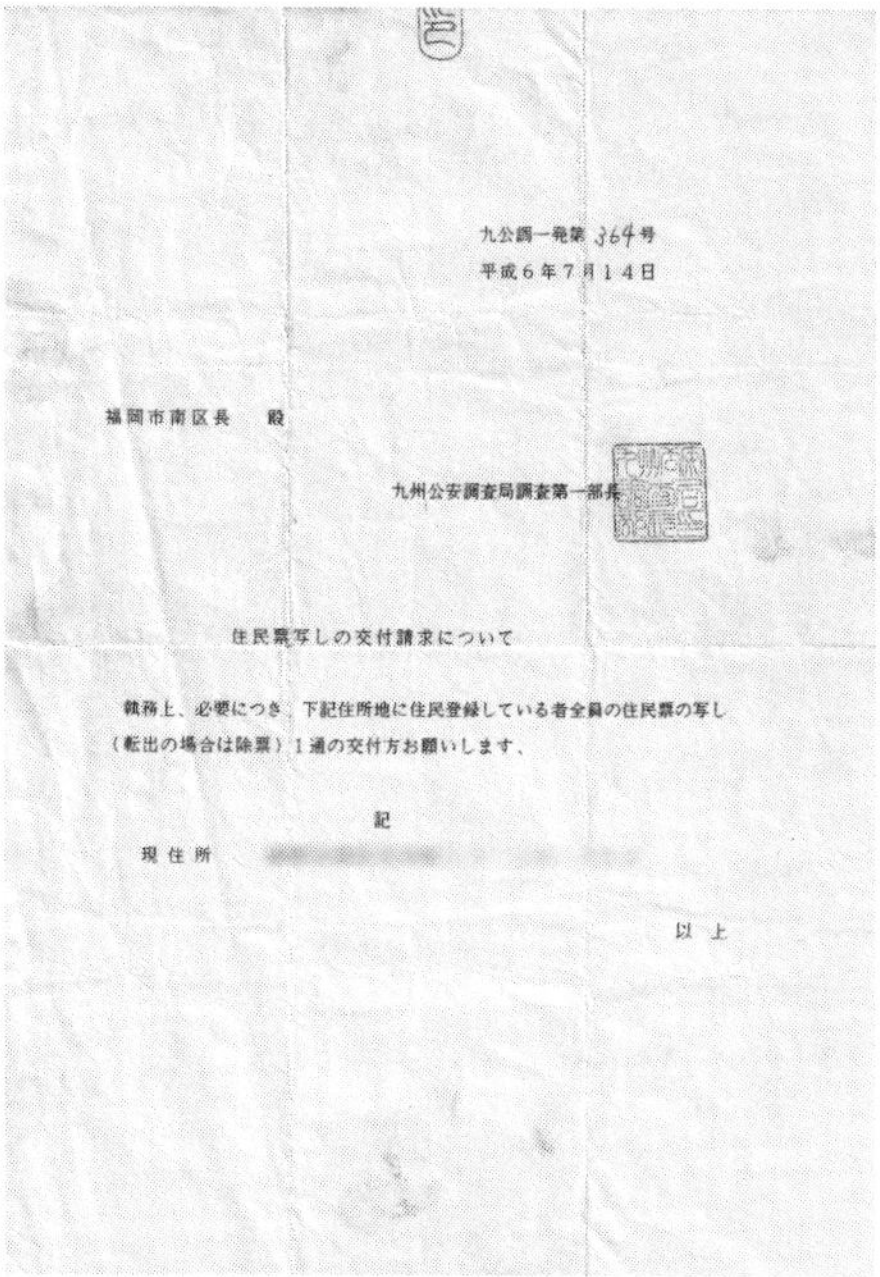
九公調一発第364号
平成6年7月14日

福岡市南区長　殿

九州公安調査局調査第一部長

住民票写しの交付請求について

職務上、必要につき、下記住所地に住民登録している者全員の住民票の写し（転出の場合は除票）1通の交付方お願いします。

記

現住所　[redacted]

以上

［図版27］九州公安調査局が紛失した文書（1994年）

「法務省の者なんですが、このアパートの前で書類を紛失しまして、下の大家さんに聞いたところ、こちらの住所が書いてあったので、おたく宛の郵便物だと思っておたくの郵便受けについさっき入れたところだということなんですよ。

それで下の郵便受けをのぞいたら――あ、無断で開けたりとかそういうことはしてませんから――もう書類はなかったもんですから、もしかしたらもうおたくが郵便受けから取って持っていらっしゃるんじゃないかと思っておうかがいしたんですが」

「公安局の山田」と名乗る男性に、外山はこう言ってごまかした。

「まだ今日は郵便受けを見ていないので分かりません。ついさっき外出から戻ってきたばっかりで……」

これにより、文書が本物で、うっかり落としたものが外山の手に渡ったのだと確信を得る。

外山はふたりの弁護士に相談するが、いずれも「違法ではない」「そんなに心配するほどのことではない」との回答だった。

翌15日、考えあぐねた外山は、その1年ほど前から取材を通して付き合いのあった新聞記者に電話する。

「すぐそっちへ向かいます」

記者はそう言うと、近所のファミリーレストランで外山を取材した。読売新聞西部本社記者の岩永芳人（1962年生）だった。

岩永は文書を一目見て直感した。

「これは記事になる」

1994年7月16日、読売新聞西部本社版に、黒地に白抜きの横見出しで堂々のスクープが放たれた。

〈公安調査局が公文書紛失〉

外山が調査対象になったのは、やはり自ら率いる組織が「反共左翼革命結社・日本破壊党」と名乗ったからだった。岩永の一連の取材で、九州公安調査局職員はこうコメントしている。

「『反共左翼革命結社』という言葉を使っていることなどから、調査の必要があると判断した」

さらに、九州公安調査局総務部長は公文書紛失を認め陳謝した。「公務員として恥ずかしいことで、あってはならない」

岩永の報道によって外山が実は文書を持っていたことも、公安が紛失したことも公になる。外山は、アカシと九州公安調査局に乗り込み、「何を調べていたのか説明すれば文書は返す」と迫った。しかし、調査局側は「調査の具体的なことは説明できない」と拒否したため、外山は文書を持ち帰った。

このとき外山は、イギリスのロックバンド「ピンク・フロイド」のTシャツに大量の洗濯バサミをつけ、赤いボンボンのカツラの上から「調査対象」と大書したヘルメットをかぶっていた。同行したアカシは、裸の上半身にマジックで衣服と腕時計を描き、ベルト代わりに掃除機のホースを腰に巻いた。首には針金を通してピンと立てた青いスカーフ。さらに、赤いサング

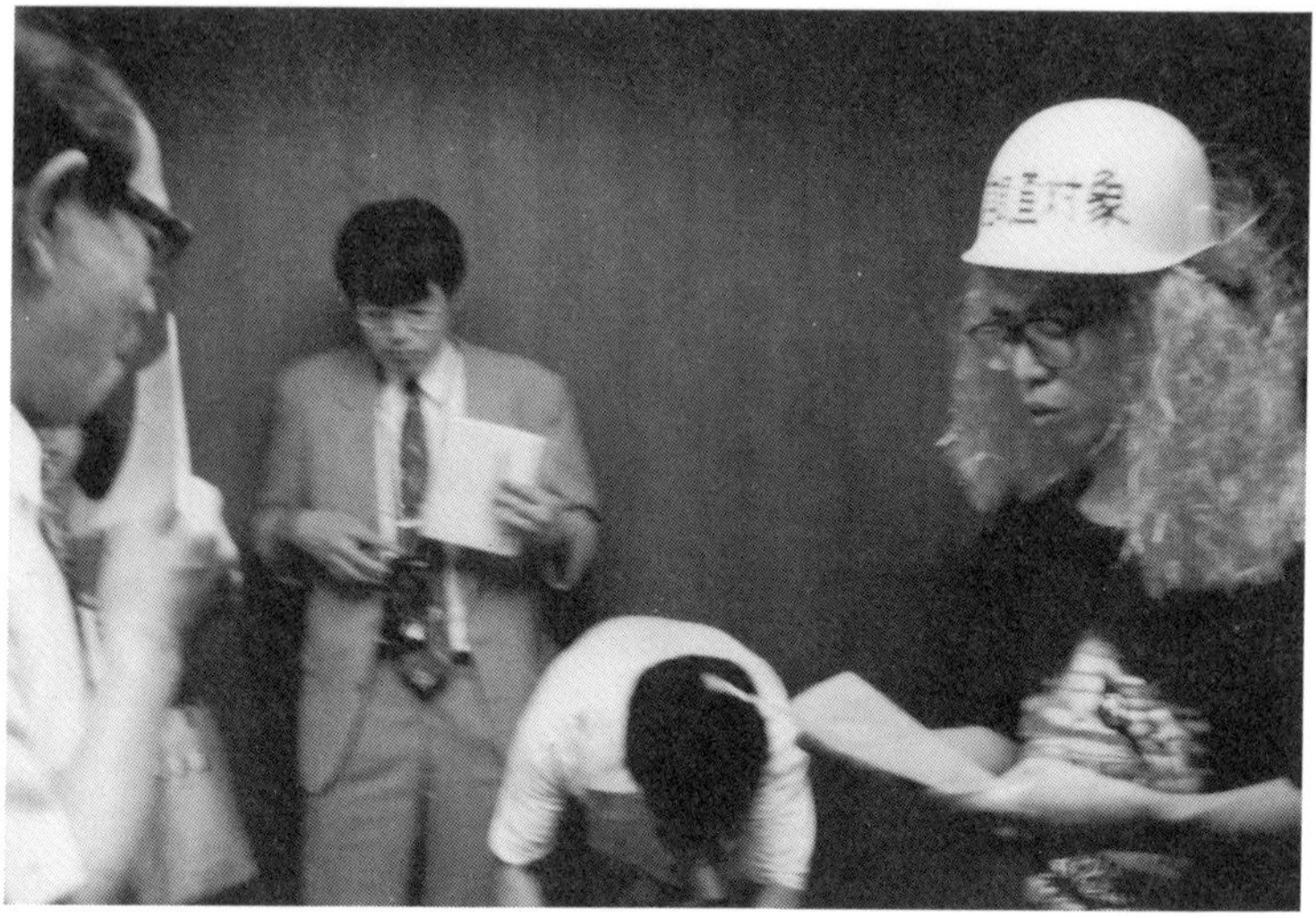

［図版28］九州公安調査局職員（左）に「調査対象」となった理由を問いただす外山恒一（右）（1994年7月）

ラスをかけた。頭の上には「過激派」と書いた洗面器、その上には室内用TVアンテナを立てた。

ふたりは、新聞社やテレビ局の取材陣を引き連れて九州公安調査局に押しかけていた。一連のやり取りを目撃した記者たちは、当時一世を風靡していたバラエティー番組の名を囁き合った。

「これ、『電波少年』じゃないよね？」［図版28］

岩永は93年夏に、管理社会と闘うストリート・ミュージシャンとして外山を初めて取材した。当時の外山は福岡の左翼市民運動シーンから疎まれ、自らの活動も混迷していた。それでも岩永は取材を続け、以後、ジェットコースターのように浮き沈みの激しい半生を送る外山から離れることはなかった。活動初期から現在まで、長期にわたり外山と関係を保ち続ける唯一の報道人だ。私は新聞記者としても外山の取材者としても大先輩の岩永に、どうしても聞きたいことがあった。

なぜ、これほど長く付き合ってきたのですか――？

岩永はニヤリと笑って問い返した。

「それは、あなたも一緒でしょう？」

「面白いからですよ。取材対象として本当に面白い。日刊紙の表現の幅を広げられるのではないかと思いました。

会えば勉強になる。理屈だけではない、根源的な異議申し立てをしていた。政治などの問題をいろんな形で人に届くように表現している。そんな人は、なかなかいません」

外山を敵視する人は少なくない。

だが、同時に、良き理解者も少なくない。

14
「オウム事件」と「だめ連」

［図版29］「週刊SPA!」（1992年8月23日号）

１９９０年代前半、外山は扶桑社が刊行する「週刊ＳＰＡ！」に繰り返し登場する。［図版29］コラムニストの中森明夫が外山に注目し、連載「中森文化新聞」へ集中的に寄稿させるのだ。

中森が評価したのは、外山が『別冊宝島・子どもが変だ！』（91年2月）に寄せた文章だった。〈子ども自身による「反管理教育」運動なるものは、ほとんどゲロゲロである！〉というタイトルの軽薄さとは裏腹に、本文は重厚だ。結論部を要約する。

教育とは、「不完全な」子どもを「完全な」大人にするためのもので、そもそも管理を必然とし、それが「学校」という制度の下では強化される。「管理ではない教育」など存在し得ず、さらに、大多数の生徒は管理の一方的な被害者ではない。彼らは、管理に異を唱える極少数の

生徒を排除し、管理する側を支えていく――。【図版30】

反「学校」の立場から、「権利条約」批准に反対する意見もある

子ども自身による「反管理教育」運動なるものは、ほとんどゲロゲロである！

▼外山恒一（中高生グループDPクラブ主宰）

一九九〇年十一月三日。この日、福岡県北九州市のある小さな旅館のホールで、「子どものティーチ・イン」と銘打たれた集会が開かれた。案内のチラシには、「主催　北九州人権フォーラム実行委員会」とあり、代表の弁護士の名が添えてある。

予定の午後二時を少し回って、集会は始まった。会場の構図にまず、ゲロゲロ感を覚える。

広い会場の前半分に小学校高学年から高校生、浪人生くらいまでの「子ども」が円卓状に三、四十名並び、後ろ半分に「大人」たちがこれも二、三十名、列を作ってみな「子ども」たちの方を向いて並んでいる。「子ども」たちが自由に話し合うのを、「理解ある大人」が温かい目で見守る、という構図だ。「子ども」を「大人」の「保護対象」としてではなく「権利主体」としてとらえ直そうという条約の批准運動をしている人びとが、こういう差別的構図に鈍感なのだ。

だいたい「子どものティーチ・イン」なんてのを「子ども」自身で創り出すのではなく、「大人」たちの手で用意してやるってのが大きなお世話なんだよな。名称自体、ほらほら「子ども」がやるんですよ、珍しいんですよ、ってのを売り物にしてるのがミエミエで気持ち悪い。理解ある顔をして「子ども」にスリ寄ってる姿勢が露骨だ（そんなのにダマされる「子ども」もバカなんだが）。

181

［図版30］『別冊宝島129・子どもが変だ！ ザ・中学教師』記事

一連の反管理教育運動によって外山がたどり着いた帰結が示されている。この文章を、「週刊ＳＰＡ！」は〈突如現れた21歳の若きイデオローグ。旧来の学校解放運動を徹底批判、痛快無比！〉と持ち上げる。中森も絶賛した。〈外山くんは頭がよくて行動力バツグン。最近こんなに痛快な若い人の文章は読んだことがないね〉

前者は編集部の評とみられ、両者とも外山の言説を〈痛快〉と受け止めた点が興味深い。92年9月、「中森文化新聞」に外山の寄稿が初めて掲載される。「週刊ＳＰＡ！」側は外山を紹介する文章で「校門圧死事件」での生徒批判のビラまきなどを記し、〈今、一番イキのいい若き行動家なのだ！〉と煽った。その後も〈本誌発のカルチャースタア〉という惹句で外山を取り上げていく。保守論客の西部邁と対談し、ブルーハーツのコンサート会場でのビラまきや「退屈お手あげ会議」の報告なども寄稿した。西部は対談で、外山を次のように評した。

〈欺瞞的なものについては、やりきれない、体ごと抵抗せずんばやまないという感じがある。あなたの場合、いわば偏差値教育的なそれに抵抗する。ところが、抵抗したあげく、実は偏差値教育・管理教育に対してヒューマニズムの復権みたいなことを言ってるような人たちのほうが、はるかに隠微な形での抑圧体制を敷いていて、その偽善と欺瞞の化けの皮をはがずんばやまないという感じになりましたでしょう〉

私はこれを読み、当時としてはもっとも正鵠を射た外山評のひとつだと感じた。

ただ、外山は初登場直前の92年8月にブルーハーツのコンサート粉砕活動を行い、「90年安保」に区切りをつけていた。自らは管理教育から管理社会へと問題意識の軸足を移しながらも、展望が描けなかった時期だ。

雑誌の期待と活動の実態が噛み合わなくなったのか。94年10月にセックスフレンドを募集した原稿のタイトルは〈SEXやりたい‼〉。95年3月には、1月17日の阪神・淡路大震災発生翌日に、3人の音楽仲間とヒッチハイクで被災地入りしたレポートを寄せた。

震災直後に全国から若者たちが救援に押し寄せ「ボランティア元年」と呼ばれ、その年、プロ野球オリックス・ブルーウェーブは「がんばろうKOBE」を合い言葉に11年ぶりにパ・リーグを制す。そんな前向きな一体感を求める風潮に苛立ったのか、外山の寄稿は「物見遊山」という体を崩さない。被災直後の神戸をただ興味本位に見て回り、無邪気とも受け止められる感想を記した。露悪的な文章に終始してしまうほど、当時の外山の内心はすさんでいた。

そんな状況が続いたからか、96年1月を最後に、外山は「中森文化新聞」からお呼びがかからなくなる。当時の「週刊SPA!」は、後に保守化する小林よしのりのマンガ『ゴーマニズム宣言』（92年連載スタート）などのヒットで勢いがあった。そこで一時的に脚光を浴び、うまく立ち回れないままフェードアウトしたことで、外山は一般から「キワモノ」「過去の人」だと受けとめられることになる。

外山が被災地を「観光」した阪神・淡路大震災の発生から、わずか2か月後の3月20日。オウム真理教が地下鉄サリン事件を引き起こし、日本社会は決定的に変質していく。

オウム真理教の直接的な源流となるヨガ教室「オウム神仙の会」は、84年に設立された。そして、翌85年にはオカルト雑誌の双璧だった「ムー」と「トワイライトゾーン」に、教祖となる麻原彰晃が空中浮揚する有名な写真が掲載される。メディア戦略にたけた麻原の手腕で会員を激増させると、87年に「オウム真理教」と改称した。

一方、麻原は同時期に終末思想に傾倒していく。89年には「オウム真理教被害者の会」の指導的な立場にいた坂本堤弁護士一家3人を殺害する。90年の衆院選には麻原をはじめ25人が「真理党」から出馬したものの全員落選した。麻原はこれを「国家の陰謀」だと捉え、教団は武装化路線に舵を切る。

85年以降急速に伸張し、変質していくオウムの姿は、外山が唱える「90年安保」の動きと重なって私には見える。思い返せば、オウムの幹部はほとんどが高学歴だった。そしてこの時期、日本はバブル景気を迎え、享楽的な消費社会へと突き進む。外山たちが闘った管理社会への道もひた走っていた。

彼らは、そんな社会にそこはかとない不満を抱いていたのではないか。彼らにとって、その発露の形が、外山たちのような政治活動ではなく、たまたまオウムだったのかもしれない。

94年には松本サリン事件を、そして翌年地下鉄サリン事件にまで手を染めたオウムに対し、大震災の衝撃覚めやらぬ全国の警察は、あらゆる法令を駆使して信者を逮捕していった。カッターナイフの所持で銃刀法違反、ホテルに偽名で泊まり旅館業法違反、マンションにビラをまけば建造物侵入——。

外山は、オウムは確かに悪いと認めつつ、警察の手法は公権力の乱用だと憤った。外山は無許可で街頭ライブをしても道路交通法違反で逮捕されたことなどない。

外山がさらに危機感を募らせたのは、マスコミが強引とも言える警察の捜査を一切批判せず、あまつさえ、警察の広報機関のようにオウムへの締めつけを称揚したことだ。

右も左もマスコミも国民も、挙国一致でオウムは殲滅すべき社会の敵だと糾弾した。警察批判に回った文化人は吉本隆明など極少数に留まり、「おたく評論家」宅八郎はその急先鋒だった。88、89年に起きた連続幼女誘拐殺人事件時の「オタクバッシング」を知る宅は、世間が「キワモノ」と見なした相手に向ける牙の凶暴性に敏感だったのだろう。

外山とアカシも、地下鉄サリン事件直後に鹿児島の路上で歌った際に、オウムではないかと疑われた。アカシは振り返る。

「あのときは（路上ライブが）本当にやりにくかった。もう打つ手がないという感じでした」

外山はこのとき、はっきりと「大衆は敵だ」と認識する。振り返れば、管理教育と闘っていた高校時代の外山に冷ややかな視線を浴びせた大多数のクラスメイト、「DPクラブ」でワンマンの外山を罵倒したメンバー、精神病患者や同性愛者、ホームレスを露骨に差別する一部の音楽仲間――。「人民の敵」という、外山が後に掲げる自己認識に至るには、十分な過去があった。

一方、当時の外山の内面は引き裂かれていた。管理や体制を拒絶し続けてきた外山は、もちろん警察批判の立場だった。だが、同時に、オウムはやはり支持できない。

〈日本政府や警察権力の正義づらした横暴に決して肩入れしたくないが、かといってオウム側に素直についちゃうことにはそれ以上に抵抗がある〉

〈北朝鮮に住むよりはアメリカに住んだ方がマシなように、オウム革命の社会に住むよりは、このひどい抑圧社会の日本に住んでいたい。一体どーすればいいんだ？〉

外山は、オウム事件を機に、日本の公権力は市民監視への歯止めを失ったと考える。それによって、街中に防犯カメラが張り巡らされ、犯罪が厳罰化されたという。そして市民も、「安全・安心」のためなら自らの私権を進んで手放すようになる。コロナ禍で露わになったのは、インターネットでお互いを監視する市民と、SNS世論に引きずられその風潮を煽るメディアが、相乗効果でマス・ヒステリーを起こしているというディストピアだった。外山は、オウム事件以降の日本は、多数派が少数派の排除をためらわない内戦状態だと捉えている。

警察を嫌悪しながらオウムにも味方できない自らに苛立ち、敵視する大衆の同調圧力にも明確な反対運動を示せず、外山は極度のスランプに陥る。政治活動はできず、岩永が読売新聞の地方版に書かせてくれた連載コラムの文章も精彩を欠き、ついには活動家を引退しようと思い詰めた。苦悩は長期にわたり、96年2月には福岡市に構えていた「DPクラブ」以来の活動拠点を引き払い、一時政治活動を放棄して福岡県大野城市の実家で休息する。

そんな外山は、大震災と地下鉄サリン事件の狭間の2月に、東京で「だめ連」と出会っている。外山の活動家仲間が集まった飲み会にいた神長恒一、ぺぺ長谷川と意気投合するのだ。早稲田大学のノンセクト活動家だったぺぺが神長と92年に立ち上げた「だめ連」は、人づきあいがうまくいかない、仕事が長続きしない、恋人ができないなどのさまざまな意味で「だめ」な若者たちの運動だった。自らが「だめ」な原因をひとまず社会のせいにして、資本主義的な競争から降りた、「役立たず」とも言われかねない若者たちの交流圏だ。

神長は早稲田大学を出て東京の大手百貨店に就職するが、サラリーマン社会や配属先で売りたくもない和服を売る日々に疑問を感じ、わずか10か月で退職する。ぺぺも定職に就かずアルバイトで食いつないでいく。ふたりの活動は、92年の反PKOデモに、スポーツ新聞にマジックで「だめ連」と書いて加わったことが皮切りだった。以後、楽器を弾けないのに「わくわくバンド」を結成してライブハウスに立ち、「世界にはこんな歌がたくさんある」という全14曲のテープを自主制作する。「にんげんかいほう」というミニコミも創刊した。パンツ一枚で新宿駅を徘徊して電車に乗り、平日昼間に試合をする草野球チーム「青春ダイナマイツ」も結成する。独特の感性を武器に他者との交流に全精力を注ぎ、ほどなく、首都圏に一大ネットワークを築いていった。

外山は、「だめをこじらせる」「ハク・うだつ問題（「ハクをつける」「うだつが上がらない」という価値観を巡る「問題」）」「熱く交流レボリューション」といった彼らの脱力系言語センスと、面識のない人たちとの飲み会でも二次会、三次会へとしつこくつきまとい、結局相手に受け入れられてしまう交流への情熱に脱帽する。

その夜、ぺぺが共同生活を送っていた高円寺の一軒家に神長と流れ、日が高くなるまで語り明かした。「話の腰を折る」のではなく「話の腰を揉む」とも言われる彼らの話術に、凝り固まった心が解き放たれるように癒やされた。

「日本破壊党」結党以来、活動に独特のユーモアや演劇的な仕掛けを好んで取り入れていた外山は、この日を境に「だめ連」にならった脱力系交流圏の構築を目指すようになる。

1995年3月、外山は「日本破壊党」の後継組織として、アカシらと計4人で「革命結社・ユルサン」を立ち上げる。翌月創刊した機関誌「ミトメン」に、外山は大衆を批判するこんな文章を寄せている。

〈政治だとか思想だとか、あるいは社会問題とかの話となると、もはや話そのものが不可能だ。

そんなことを話題に出そうものなら、とたんに敬遠される。「よく分かんなーい」とか「むずかしーい」とかいう反応ならまだマシな方で、ヘタをすれば「アブない奴」呼ばわりされる。政治がかった、偏った奴だと見なされてしまうのだ。ぼくに言わせればそういう連中の方がよっぽど政治がかっていて偏っていてアブない。なぜならぼくにとっては恋愛の話も音楽の話も政治や思想の話も等価で、どれが特別重要だということはない。しかし連中にとっては、政治や思想の話は「特別なこと」なのだ。偏っているのは連中の方なのだ〉

〈まったりと熱く交流〉というこの文章のタイトルには、「だめ連」の影響がもろに見て取れる。そしてこの時「連中」と指弾した大衆を、外山はやがて「人民」と呼ぶようになる。

外山は、オウム事件を引き金に、大衆は自警団のように同調圧力を強めていると考えた。「だめ連」を福岡に移植し、それに抵抗する自警団をつくろうと試みたのだ。しかし、大衆を蔑視しながら交流圏を広げる目論みには無理があった。「革命結社・ユルサン」は、創刊号の機関誌を出しただけで自然消滅する。

私は、この時期が活動家としての外山のどん底だと捉えている。

心機一転を図るあまり、胸に秘めていた「福岡に留まる」という決意を覆し、96年8月に東京・阿佐ケ谷にアパートを借りて上京する。【図版31】しかし、反管理教育運動時代の仲間などと交流を深めたものの、さまざまな運動が乱立する東京では独自色が見いだせなかった。家賃の高さもあり、97年2月にあっさりと福岡に舞い戻る。

いよいよ行き詰まった外山は、「だめ連」以外に活路が思い浮かばず、あらためて福岡への移植に挑戦する。「ユルサン」時代の反省を踏まえ、とにかく闇雲に仲間を集めていった。当時の若者が、友だち募集のために活用した雑誌「じゃマ～ル」に自己紹介文を投稿する。自筆で「大槻ケンヂ」「渋澤龍彦」などと音楽や本の嗜好を掲げた外山の許に、アートや演劇、サブカルといったさまざまなジャンルに関心を持つ若者が近づいてきた。引きこもり自助グループなどに参加する若者にも声をかけた。福岡市内に新たに借りた6畳2間の風呂なしアパートで、週に何度となく飲み会を開く。家賃3万円以下の部屋に当日告知でも毎回10人以上が集まった。5本連続耐久映画上映会、地獄の10時間カラオケなど思いつくままにイベントを開いた。

98年4月には「自由民権運動・ラジカル九州」を立ち上げた。ただ、政治色を打ち出しながら、政治に関心のない若者も歓迎した。「だめ連福岡」として、外山はこんなビラを配っている。

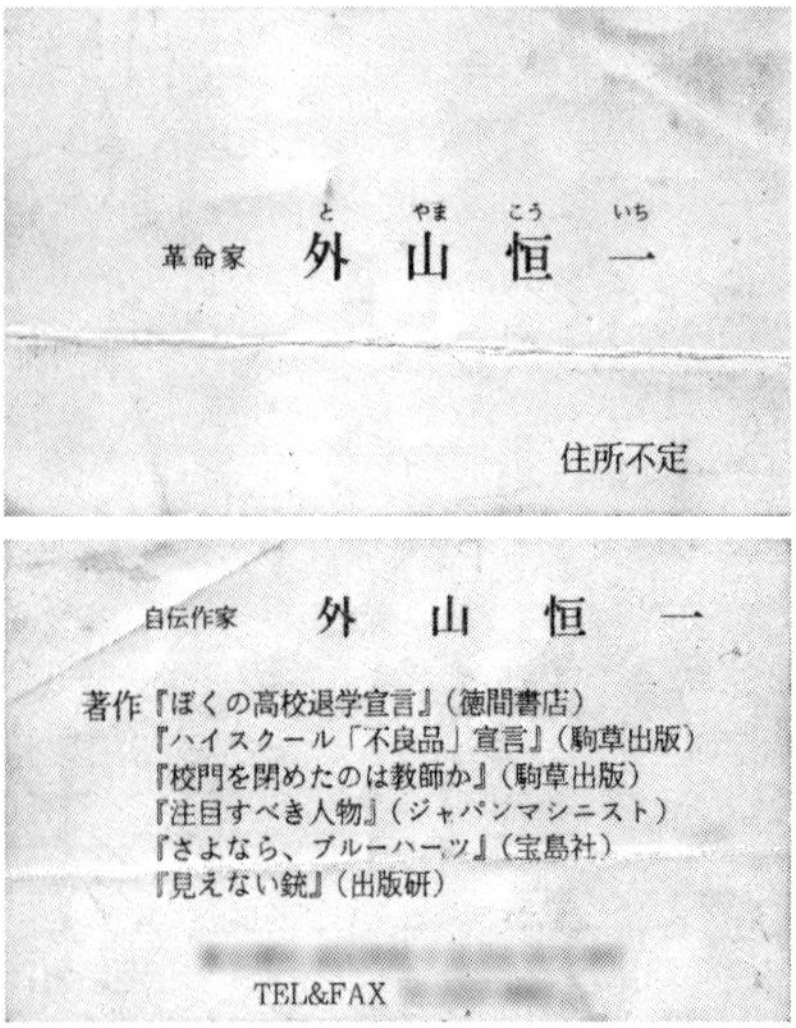

［図版31］東京に進出し「革命家」を名乗ったころの名刺（上:表、下:裏、1996年）

〈「イエス」が3つ以上の方はだめ連へ

●仕事が長続きしない
●周りの人たちみたいに自分は頑張れない
●異性の前でついどぎまぎしてしまう
●恋愛関係がすぐこじれる
●人と話すのが苦手だ
●朝、起きられない
●夜、眠れない
●レンタルビデオを延滞してしまう
●録画予約のしかたが分からない
●公募ガイドを3回以上買ったことがある
●1か月の約束だった新聞をまだとっている
●本棚の「読んでない率」が7割を超えている
●「分かりたいあなたのための××入門」なんて本を読んではみるが、分からない
●悲しさが透明な冷たい水のように喉をうるおす
●空寂閑閑とした曠野にひとり在るような、耐えがたい淋しさがひしひしと身に迫って来る〉

3つくらいなら多くの人が該当しそうな間口の広さで、外山を中心とした交流圏は99年ごろには100人を超えていく。それにしても、最後のふたつの質問は異質だ。ひょっとすると、当時の外山の心境が漏れ出ていたのかもしれない。

オウム事件から数年の外山の交流路線は、それまでの対立路線と比べて格段に柔軟だった。この期間は、新たな展望を切り開くための回復期だったのかもしれない。

後に外山が引き起こす傷害事件の被害者となる女性とも、一連の活動を通して親密になっていく。外山の記憶では、彼女は「じゃマ〜ル」を読んで連絡してきた——。

15

投票率ダウン・キャンペーン

外山の半生を子細に追っている私は、世間が外山をなぜ正面から受け止めず、キワモノ扱いに終始するのかを3つの理由に整理している。そのひとつが、「民主主義を否定するファシスト」である点だ。

外山の場合、民主主義を否定する＝ファシストなのではない。1991年にマルクス主義からアナキズムに近い思想へと転向した時点で、外山は民主主義を見限っている。少数派である自らが多数派に屈し続ける現実に打ちのめされたことも、その考えを後押しした。

「多数決で決めれば多数派が勝つに決まっている」

2007年の東京都知事選政見放送で放ったこの言葉は、思想と経験によって早くから裏打ちされていた。後に詳しく記すが、03年のファシズム転向は、かねてから掲げていた反民主主義よりも、決定的な大衆への諦めが動機だった。ここでは、民主主義を否定する最初の活動に焦点を当てたい。

そしてこちらも後に詳述するが、21年に熊本市現代美術館で開催されたグループ展で、外山は活動映像などの出品を打診されていた。しかし、熊本市や美術館が協議を重ねた結果、外山の展示は見送られる。このとき、演説などで「民主主義、選挙制度を否定している」ことが問題視された。行政は投票率アップを呼びかける側なので、当然と言えば当然の反発ではあった。

一方の外山は、選挙権を得た当初から、そもそも選挙に関心がなかった。自身や友人が立候補した数回を除いてほぼ棄権している。若き日の外山の眼前には、管理教育や同調圧力という具体的な「敵」が立ちはだかっていた。「反民主主義」という思想は抱いていたが、活動テーマとして採用するほど切実なものではなかった。

だが、交流路線にシフトし活動の新機軸を模索していた1999年。仲間たちとの他愛のない談笑から、福岡県知事選を標的に据えることに決める。

そして、当時28歳の外山は、3月24日告示、4月11日投開票の同知事選挙に、「前衛芸術党・棄権分子」という政党の公認候補として出馬した。

いや、正確には、公的には立候補していないにもかかわらず、棄権を呼びかけるビラを貼って回り、大衆を批判する演説を繰り広げたのだ。

「前衛芸術党・棄権分子」は外山のでっち上げた実体のない政党で、立候補も選挙管理委員会に届け出ていないため、すべて「自称」だ。

ここでの最大のポイントは、外山が棄権票をすべて自らへの支持だと見なしたことだ。「投票率ダウン・キャンペーン」と名付けたこの活動で、「外山恒一」に投票した者は、すべて無効票にカウントされる。そして、投票しなかった者は、すべて外山に投票したと（外山からは）みなされる。

反民主主義者・外山恒一という、現在に至るパブリック・イメージを支える活動の火蓋が切られた。

活動の背景には、日本国民の深刻な政治離れがあった。93年、自民党が与党第一党、社会党が野党第一党という55年体制に終止符を打つ細川護熙《もりひろ》連立政権が発足する。この呼び水となったのが、「政治とカネ」に端を発する政治不信だった。そして、新党さきがけ、新生党、日本新党などが次々に乱立する新党ブームが巻き起こる。一連の流れを象徴するかのように、95年には特定の政党を支持しない「無党派」が流行語大賞になった。小選挙区比例代表並立制が導入された96年衆院選の投票率は、戦後初めて60%を下回る。

「選挙は民主主義の根幹」

こんな言葉を行政やマスコミはいまもよく使う。投票率が下がり続ければ民主主義が揺らぐと危機感を抱いたのか。ほどなく彼らは「投票せよ」と国民に連呼していく。外山はこれを同調圧力だと受け止めた。知事選を総括した文章にこう記す。

〈私はなにも、知事になりたかったわけではない。選挙のたびに行政とメディアが一体となって繰り広げる投票率アップ・キャンペーンに異議を唱えたかったのだ〉

〈政治的意思を表現する方法は、市民運動やボランティア活動など投票以外に幾らでも考えられる。特に少数派にとって選挙などもっともバカバカしい部類の手段だ。なりふり構わぬ投票率アップ・キャンペーンさえなければ、私は単に黙って棄権していた〉

［図版32］「投票率ダウン・キャンペーン」ビラ（1999年）

〈まるで「棄権するやつは非国民だ」とでも言わんばかりのキャンペーンには、「オウム事件」や「酒鬼薔薇事件」であらわになったマス・ヒステリー状況とどこかで通じている印象を受ける。今回は地方選だから直接関係はないが、少数派の票をますます死票化するような制度改革（小選挙区制）を導入しながら、それでも投票に行けというごう慢さにも腹が立つ〉［図版32］

外山は、この運動の随所に「日本破壊党」以降発揮していく劇場型のユーモアと、「だめ連」との出会いによって磨かれた言語センスを織り込んだ。ただ、パフォーマンスと捉えても完成度は高かったが、まだどこか鋭利な攻撃性も孕んでいた。

〈棄権せよ！〉
〈一票の軽み〉
〈めざせ投票率０％〉

外山はこう大書した3種類のビラを夜間に電柱などに貼って回った。「本物」の候補者ポスターが並ぶ掲示板の隣の壁にも貼った。

もちろん、「民主主義の根幹」である選挙期間中に出現した異物を当局が見逃すはずはない。ある日、外山のアパートに2人組の私服警官が訪れた。

「あれ貼ってるの、あなたでしょう。他の陣営から苦情が出ています」

外山はこう返した。

「いやー、面白いかなと思ってコピーして友だちにいっぱい配りましたからねー。誰かが勝手に貼ってるのかもしれませんねー」

無許可のビラ貼り程度なら現行犯でなければ検挙しないような時代だったのだろう。「とにかくお願いだからやめてくださいよ」警官はそれだけを言い残して立ち去った。

この運動のピークは、4月8日の天神での街頭演説だ。ジーンズにベレー帽、サングラス姿の外山は、サイズの大きなコートに「外山恒一」と書いた紙を貼り、肩から下げた拡声器から、開口一番こう叫んだ。

「愚劣な大衆の皆さーん！」

そして、力強く訴えた。

「はっきり申し上げて、みなさんの一票は木の葉のように軽いのです。木の葉より軽い」

隣に立つ街路樹には「九州電力に破防法適用」「大麻解放」などと「公約」を太字で記した紙をくくりつけた。

何事かとしげしげと見つめていた高齢女性が、すぐに我に返ったように踵を返す。「本物」の候補者の名を連呼する選挙カーが通り過ぎていった。外山は平然と続ける。

「愚劣な大衆のみなさんが、愚劣なりに、ない知恵を絞り、誰を選べと言われても困るような幾人かの県知事候補の中から、その、果てしなく軽い一票を投じたところで、選挙の大勢にはまったく影響はありません。

愚劣な大衆のみなさん。

みなさんに、この腐った世の中をどうこうできる力などありません」

攻撃的な文句を連ね、挙げ句にこう言い放ち暴挙に出る。

「今回の選挙でどのような態度を取るべきか、いまから、その模範をお見せしたいと思います」

棒の先から糸で吊り下げた投票所入場整理券を、口から吹いた炎で焼き捨てた。口に灯油を含んで火を放つタクロー得意のパフォーマンスだった。

九州最大の繁華街で繰り広げられた蛮行に、たまたま居合わせた人たちは目を伏せがちにして通り過ぎて行った。

さて、4月11日の投開票日。

知事選は、153万票近くを集めた現職の麻生渡が下馬評通り圧勝した。

ところが。

投票率は51・34％にとどまり、193万人以上が棄権、あるいは無効票を投じる。「棄権は自らへの支持だと見なす」と訴えた外山は、当然のように勝利宣言する。

翌朝、天神の駅の何か所にも新聞の号外を模した2種類のポスターを貼った。

〈新人・外山氏（28）が初当選〉

〈棄権を呼びかけ圧勝〉

〈立候補もしてないのに……〉

〈現職・麻生氏に40万票差〉

〈麻生陣営ぶ然「そんな候補いたか」〉

さらに、万歳する外山やダルマに目玉を書き込む外山の写真まで掲載する念の入れようだった。新聞記者の私でさえ「完璧な出来栄え」と太鼓判を押すポスターに、本物の新聞の号外と勘違いした通勤客らが足を止める。【図版33】

以後、選挙を重要な活動テーマとしていく外山は、当時こんな心境を吐露している。

[図版33]「投票率ダウン・キャンペーン」で、自らの当選を訴える新聞風ポスターが貼られた西鉄福岡(天神)駅(1999年)

〈今回の統一地方選に際し、関西のある老アナキストがこう表明したという。

「選挙とはお前の意見もふまえた上で決まったことだと少数派に対しても現体制を承認させる手続きにすぎない」

この見方に私は、全く賛成である〉

外山は、「投票率ダウン・キャンペーン」をほとんどひとりでやってのけている。実は、一連の運動は数人の仲間と繰り広げる予定だった。

ところが、外山自身が引き起こした傷害事件によって、ほとんどの仲間が離反してしまう。

外山の人生最大の転換点となるあの日。

それでは、時計の針を、外山が大衆をこき下ろした4月8日の1か月前のあの日に巻き戻そう。

16

1999年3月8日

1999年3月8日。

外山はこの日、交際していた女性を殴打し、鼓膜が破れるけがを負わせる。さらに2年後、この傷害罪を巡る裁判を政治闘争と位置付け、劇場化した。

それらによって2年間獄につながれた外山には、拭いがたいもうひとつのパブリック・イメージがついて回る。

女性を殴った元犯罪者。

これが、外山が世間から正視されないふたつ目の理由だ。

最初に断れば、私自身も、一連の外山の行動を支持していない。それどころか、大きな疑問を抱いている。そして現在、外山を認め、あるいは慕う多くの人たちも、このときの外山の立ち居振る舞いを留保しながら付き合い続けているように感じる。

私は、外山の半生を描く上で避けては通れないこの事件に、正面から向き合おうとした。

2021年3月、私は東京の出版社・百万年書房より外山の書き下ろし評伝の執筆を依頼され、勤務先から社外業務として許可を得る。そして、個人として取材を進める道行きで、私は、外山を中心とする物語の渦に飲み込まれていく。

私は、外山の評伝連載を西日本新聞に書き終えた21年3月から4か月ほど後に、福岡市の本社くらし文化部から大分県の日田支局へと異動を命じられた。私はこの章を、盆地特有の残暑でむせ返る日田市のアパートで書き起こしている。

それでは、1999年3月8日の朝に行こう。遠い未来、私も登場人物のひとりとなる外山恒一の人生は、この朝、暗転する。2001年8月27日、福岡地方裁判所が外山に言い渡した刑事裁判の判決文を中心に紐解きたい。なお、被害者が特定される記述は省略あるいは伏せ字にする。

〈（犯罪事実）

被告人は、平成11年3月8日午前6時ころ、福岡市の○○方において、同女に対し、その側頭部等を平手および手拳で多数回にわたって殴打する暴行を加え、よって、同女に加療43日間を要する右外傷性鼓膜穿孔（引用者注：穿孔＝穴が開くこと）の傷害を負わせた〉

〈第1　被告人の主張

被告人はるる主張するが、その要旨は、次のように理解できる。

①平成11年6月17日、示談が成立したのであるから、事件発生から相当期間経過後起訴して処罰することは、私的自治の原則、民事不介入の原則に反する。被告人と政治的に対立する左翼市民団体が○○（以下、「被害者」という。）を利用して、被告人の思想表現の自由、言論の自由を弾圧するため告訴させた。警察は、被害者から被告人のストーカー行為について相談

を受けたが、被害者の背後に警察の不祥事に対して極めて厳しい姿勢をとっている左翼運動がついているので、警察の体面を守るため本件を無理矢理立件した。

②本件は、実質的には、本件後に発生したとされる別件（裏付け証拠がないストーカー行為等の規制等に関する法律違反）を処罰するためのものである。

したがって、本件は起訴自体が不当であるから無罪である〉

判決文が指摘する外山の最大の過失は、当時交際していた女性を殴り鼓膜を破った暴行である。被害女性は99年1月に外山との子の妊娠が分かるが、それを知った外山の冷たい態度に失望して堕胎する。そして、外山への気持ちは離れていった。一方、外山はそんな彼女に追いすがり、関係が修復できないことに苛立った。さらに、女性が傷ついたままの状況で迫った性交を拒まれ暴行に至る。右側頭部を強打し、拳や平手で全身を殴打したとされる。

判決文は〈被害者には被告人から判示のような暴行を受けるべき理由は全くない〉〈交際していた男女間の出来事ではあるものの、被告人の自己中心的な性格に起因しており、本件の非は被告人側にある〉〈被害者の被った恐怖感や肉体的精神的苦痛は大きい〉と外山を断罪する。

重ねて、本件では外山の女性に対するストーカー行為も問題視された。女性が外山に明確な別れを告げたのは、事件から1か月以上経った4月下旬。女性はそれからほどない5月に転居したものの、外山から頻繁に連絡があり面会を求められた。そして、外山の〈つきまといを止めさせたいという思いから〉、6月17日に「協定書」にサインする。そこには、次のような16項目が並ぶ。

①外山は、女性側に少なくとも現段階では「恋愛関係」継続の意志がないことを尊重する。
②女性は、外山の「片思い」を了承する。
③たとえば「毎週水曜日午後7時ライオンロ」（引用者注：天神の百貨店「福岡三越」の広場）などと待ち合わせ日時を決め、原則として週1ペースで会うよう努力する（7、8月について）。その際、外山は事前にアルコールを飲んで会いにいかない。
④取り決め日時を急用などで変更したい場合のみ、それを伝える電話は可。
⑤6月いっぱいは会わずに、週1の電話のみとする。
⑥外山は、この協定が破棄されない限り、上記以上のハイペースで女性に接触を要求しない。
⑦女性側からの連絡は協定以上のハイペースで可。
⑧手紙に限って、外山は自由に女性に連絡をとってもよい（ただしよほどの急用がないかぎり速達にはしない）。原則として外山は、自らの手紙のコピーを手元に残す。
⑨外山は事務連絡上必要ある場合以外、私的に女性にEメールを送信しない。
⑩外山は、女性の承諾なしにアパートを訪ねない。
⑪女性は、外山との関係について、○○・宮沢（引用者注：「立会人」ふたりの名）以外の第三者

に相談してもよいが、介入の依頼や介入を望むほのめかしをしない。ただし双方に合意のある場合にかぎって第三者の介入を認める。双方の合意なしに介入しようとする第三者には、女性からもそれをやめるよう説得する。

⑫「協定破り」の衝動に駆られた時は、すぐさま行動に移さず、まず宮沢に相談する。

⑬双方ともに起こり得る「新しい恋愛」は、この協定を破棄する直接の理由とならない。ただし恋愛相手に介入の意志がある場合、できるかぎりそれを尊重する。

⑭双方とも、単に「戦術」のレベルにとどまらず、根本的な反省を必要とする言動を、妊娠問題以前からくりかえしてきたことを認め、相手ではなく、自身のどこが悪かったのか、できるだけしょっちゅう考える。

⑮9月以降の連絡頻度については、最低でも月1回とし、外山は、それ以上のペースで会うことに女性が合意できるよう、信頼醸成に努める。詳細については8月末までに双方の合意形成の努力をする。

⑯本協定は、協定者の破棄通告の日から6か月後に効力を失う。

協定項目に続き女性と外山の自筆署名、住所が記され、末尾に立会人として共通の知人でもある活動家ふたりが名を連ねている。

外山はこの協定書をもって「示談が成立した」と主張したが、そこには傷害事件への言及はない。そもそも、傷害罪は被害者の告訴がなくても公訴を提起できる非親告罪だ。

協定書立会人のひとり宮沢直人（1955年生）は、1980年代後半に「札幌ほっけの会」を率いて北海道電力泊原発への反原発闘争を繰り広げた活動家だ。外山とは90年代初頭に北海道で出会い、交流を深めていた。当時の外山は、新たな仲間を探してヒッチハイクで全国行脚していた。外山は、ひと回り以上年長の宮沢に女性との関係仲裁を願い出ていた。宮沢は振り返る。

「当時、ふたりの情報を得るラインはいくつもありました。外山くんは福岡の左翼シーンで孤立していましたが、独自のネットワークを築いていた。そこに、他の活動家が介入して外山くんを排除し、自らのセクションをつくろうとしたんです。それによって、状況がどんどん悪くなっていった。

僕は、外山くんが一方的に悪いとは思わなかったので、ふたりの関係を整理しようと、間に入りました。そこで、過去を水に流して今後こんな風に暮らしていこうというルールをつくったんです」

外山と女性は一時、協定に則った暮らしを送る。しかし、7月26日の面会日を別の日に替えてほしいと女性が依頼したところ、外山は女性宅に押しかけて怒鳴り、ドアを叩いて蹴った。

さらに、窓ガラスに石を投げつけて割った。7月26日は外山の誕生日だった。

そして10月、外山は「月刊外山恒一」と題するミニコミ誌を制作する。全4ページのミニコミの表紙に女性の顔写真と実名を載せ、女性に傷つけられたなどと主張し、今後この問題については原則実名で報道するという注意書も記した。残り3ページは文筆、音楽、革命運動など活動の展望や告知が中心となっている。知人からミニコミを渡された女性は、福岡県警中央警察署に相談した。なお、外山は知人の舞踏家にミニコミの作品としての質の低さを指摘され配布を中止し、手に渡った人数は「10人以下」としている。「月刊外山恒一」はこれ以降制作されていない。

女性は、ミニコミによる中傷などを止めさせたいなどとの思いから、2000年3月19日に被害届を、同月27日に告訴状を提出する。

加えて、2000年5月15日発行の週刊誌「AERA」に、ストーカー加害者として外山が実名インタビューを受けた記事が掲載される。女性の実名は出ていないが、窓ガラスへの投石や暴行などが外山の一人称で語られた。

判決文は、これらを指弾する。

〈被害者の神経を逆撫でするような配慮に欠けた行為を行って被害者を誹謗中傷し、被害者の怒りをかき立てているのであり、犯行後の情状は極めて悪い。それらにより被害者が本件犯行によって受けた精神的被害は増幅され、被害者は本件後数回にわたり転居し、事件後も不安な

日々を送っており、被害者が受けている精神的打撃も大きく、被害者の処罰感情は厳しい〉
なお、本件で外山は逮捕されず、任意出頭、書類送検、在宅起訴で裁かれていった。

繰り返すが、私は外山による暴行はもちろん、女性宅への投石や実名を記したミニコミ配布など一連の行為を一切支持しない。支持できるわけがない。ただ、「AERA」の記事に関しては、外山の言い分を記しておきたい。

記事の出た2000年は、前年の桶川ストーカー殺人事件などの社会問題化によってストーカー規制法が成立・施行された。外山は当時、ストーカー問題を特集した「AERA」編集部記者に求められ取材に応じた。それは、オウム事件以降の不審者狩りの文脈で、ストーカーバッシングを問題視していたからだった。

ところが、1時間半に及ぶ電話取材の結果、出来上がった記事には外山の問題意識はほとんど反映されなかった。外山の恋愛遍歴のセンセーショナルな部分が一人称で語られたため、「ストーカー加害者の告白」という異様な迫力を帯びた内容になった。外山が取材に対して「NGなし」の姿勢を貫くことをよく知る私にとって、「AERA」の記者に「問われるがまま答えた」という外山の弁明は切り捨てづらい。

この記事を読んだ被害女性はさぞ怯えたであろうし、警察の心証を悪化させたであろうことは想像に難くない。しかし、記事は外山の独白という形式だが、外山自身が書いたのではない。

文責は記者あるいは「ＡＥＲＡ」編集部、もしくは当時の発行元の朝日新聞社にあるのではないか。

もちろん、この傷害事件に対して、事件以前から外山と交流を持つ人たちの見解は厳しい。

「女性を殴るのは良くない」（予備校・専門学校講師、藤村修）

「事件を聞いて引いた。外山は粘着してしまうから、怖っと思った。ただ、女性が外山を怖いと思ったのは事実だと思うけれど、外山が普通に謝ればいいのではないかと思った」（アカシ）

「自分はふたりの仲の良いところしか知らなかったから、なんでそうなるのかと思った」（タクロー）

「私は体力的に弱い女性にケガをさせるのは嫌いです。裁判では、それを反省してもらいたかった」（岩永）

17 劇場型裁判

傷害事件によって、外山は長年の同志と敵対し、多くの仲間が離反していった。

現在の外山は、事件後の展開をこんな風に語る。

男女の痴話げんかをきっかけに、それまでに積みあがっていた左翼シーンでの反感が一気に襲いかかってきた――。

外山は、1990年代初頭に「道場破り」のように市民左翼運動家たちの集会を荒らしていた。また、92年には市民運動家が関わるブルーハーツのコンサート会場で妨害ビラをまいたこともあった。

今回の「痴話げんか」に乗じて、かねてより外山を嫌っていた市民運動家たちが、外山を排斥するために裁判を起こさせたに違いない――という外山の主張は、判決文で〈信用性がない〉と一蹴されている。

外山は、この交際女性との関係が悪化したことで、99年6月から初めて精神科病院に通い始め、精神安定剤と睡眠剤を処方されるようになった。2001年2月に刑事裁判が始まるまでの大きく波打つ心境が、直前の日記にしたためられている。

〈裁判のことで悩み、鬱々とした日々を過ごす。

とにかく逃げたい、さっさとケリをつけたい、という後ろ向きな気分にさいなまれる。

とりあえず夜の仕事（引用者注：ストリート・ミュージシャン）はできるだけサボらず続けてはいたものの、あまり身が入らず、収入も完全に悪化、家賃、電気代、電話代、携帯電話代、新聞購読料、〇〇氏（引用者注：原文実名）の勧めで11月に購入したエレアコ・ギターやマイク、アンプなど〝街頭セット〟購入の際に組んだローン、プロバイダとの契約更新料……など、滞納状態でどうしていいものかパニックに陥る〉

外山は01年1月23日から初公判までの1か月間、生まれ故郷の鹿児島へ旅に出る。鹿児島は福岡とは異なり、ストリート・ミュージシャンの競争率が低く収入増が見込めた。そして、福岡よりも友人の少ない鹿児島で、自らが引き起こした事態を静かに見つめ直そうとした。

外山の両親は父親の定年を機に福岡の家を引き払い、鹿児島で別居生活を送っていた。外山は、加治木町の母の実家と、旧友の鹿児島市議の事務所を根城に、鹿児島最大の繁華街・天文館での街頭ライブで投げ銭を稼いだ。

滞っていた支払いを着々と済ませ、分かり合えないことを分かり合った結果、本格的な衝突がなくなった母親と温泉に行った。長く没交渉だった5つ下の弟と、音楽や外山の活動譚をテーマに、初めて意気投合した。父方の親類たちが母親宅を訪れ、別居や父の実家の土地を巡る遺産問題で嫌みを言った際、隣室で会話を聞いていた外山が母親を慰めた。知人たちと鹿児島市のファミリーレストランで、深夜3時まで雑談に興じた。これらによって、外山は落ち着きを取り戻していく。

そして、間もなく始まる裁判を「政治闘争」へと昇華した上で、世に訴える決意を固める。左派からの協力は絶望的だと考え、前衛芸術シーンに支持を広げようと目論んだ。


外山はまず、裁判にタイトルをつけた。

〈革命家・外山恒一連続公演『マイ・マジェスティ』〉

英語の「マジェスティ」は通常、ヒズ・マジェスティ、ハー・マジェスティなどと用いられ、王や女王への尊称となる。日本語なら「陛下」に当たるだろうか。外山は、その尊称を「マイ」と自らに向けることで、無理やり「神聖にして不可侵のオレ様」と訳した。

そして、「演出」として裁判長の名を、「出演」に外山、検事、国選弁護人の名を記し、〈悲劇の革命家の運命やいかに……。息詰まる法廷サスペンス〉との煽り文句までしたためた演劇風の告知ビラを制作。それらを、福岡市内の美術館やギャラリーに置き、演劇公演で配られるパンフレットに折り込み、さらに、自ら各種イベント会場に赴き配布した。その効果か、複数回の公判で10人超の傍聴人（多い日には24人）を集めた。


さて、初公判の冒頭。裁判官は黙秘権の保証などを説明し本人確認に移る。氏名、生年月日、本籍、現住所……。ごく一般的な人定質問だ。裁判官に問われるまま淀みなく答えていた外山だったが、最後に職業を聞かれると、待ち構えていたように答えた。

「職業的アイデンティティとしては『革命家』です」

起訴状に記されていた職業は「作家」。事前に打ち合わせていなかった外山の主張に、国選弁護人でさえ失笑した。外山は振り返る。

〈今年（２００１年）、裁判で「革命家」と標榜したのは、たぶんあの重信房子に続いて２人目だ〉

日本赤軍の最高幹部を務めていた重信は、１９７４年に起きたオランダ・ハーグのフランス大使館占拠事件（ハーグ事件）に関与した疑いで、国内潜伏中の２０００年に逮捕された。外山と同じ01年の初公判で職業を聞かれ、「生きざまとしては日本赤軍兵士。なりわいとしては失業中」と答えたと報じられている（重信は、22年5月に懲役20年の刑期満了を迎えて出所した）。


話を外山に戻そう。

外山は刑事裁判で、外山の主張に与しなかったとして、国選弁護人を四度解任請求する。さらに、公判でそれらを退けた裁判長の解任も申し立てた。外山の裁判長解任請求に、傍聴席から拍手した音楽仲間が退廷を命じられる。

刑事裁判の最大の山場は、被告人最終陳述だった。外山は事前に、縦書きの雅な江戸文字書体で打ったＡ４判70枚の陳述原稿を友人宅へＦＡＸし、ロール紙に印字していた。陳述では、全長15メートルに及んだ陳述原稿を巻物にし、1時間かけて朗々と読み上げた。読み終えた感熱紙が足元でとぐろを巻く。

〈やさしさだけじゃ人は愛せない〉

陳述で引用したブルーハーツのヒット曲『人にやさしく』の歌詞は、メロディーに乗せて歌い上げた。同じく引用した沢田研二の歌詞をモノマネで披露すると、裁判長に「歌うのはやめなさい」と制止された。

外山の法廷での一連の行為が、裁判官たちの心証を害したのは想像に難くない。判決文で、〈公判における供述態度やその内容から見ても反省の深まりはない〉と断じられている。

外山の裁判では、外野も騒ぎを起こした。熊本市の会社社長で、外山を長年支援する有川理《おさむ》（1967年生）は、当時、裁判を複数回傍聴した。有川は語る。

「腕時計型のデジタルカメラで法廷内を撮影していたんですが、それがバレちゃっていきなり拘束されました。すいません、と謝って釈放されたんですが、この騒動は確かスポーツ新聞に載ったはずです」

一方、外山の裁判を鼻白んで受け止めていた友人もいる。外山から再三の誘いを受けて裁判を傍聴した友人の当時の心境が、ある公文書に残されていた。外山はこのとき、会えば裁判の話ばかりをするようになっていた。

〈私は、基本的に、外山の裁判には興味はなく、また、この裁判は外山が悪いと思っているので、外山の話にあまり興味はありませんでした〉

01年8月27日、外山に言い渡された一審判決は懲役10か月。執行猶予はつかなかった。控訴、上告は棄却され、翌年一審判決が確定する。

外山は一審の刑事裁判と並行し、被害女性からストーカー行為などに対する500万円の損害賠償を求められ、民事裁判も争っていた。外山はweb上に「フェミニストをやっつけろ！反フェミニズム裁判HP（ホームページ）」を開設し、刑事・民事の公判を詳細にレポートしていた。02年5月14日、そこに掲載した文章によって、民事裁判で原告女性の代理人となった弁護士の同僚を誹謗したとして、外山は名誉毀損容疑で逮捕される。この刑事裁判では、身柄を拘束されていたためにパフォーマンスはできず、粛々と無罪を訴えたが、一審で求刑通り懲役1年の実刑判決が言い渡され、8か月に減刑された控訴審判決が確定する。

外山は、04年5月5日に満期で出所するまでの約2年間を、福岡拘置所と福岡刑務所で過ごすことになる。

＊

さて、ここからは福岡地裁での傷害罪の刑事裁判を再度検討したい。

この裁判について、外山は後に著書や講演で繰り返し次のように言及している。

もともと問題視されていたのは、身に覚えのない一部の「ストーカー行為」だった。女性に傷害行為をはたらいてしまったのは事実だが、これは「別件起訴」にあたるので、「ほぼ冤罪」だ。「ほぼ冤罪」なのに、自分が法廷の権威を愚弄したことで、その報復として実刑判決を受ける結果になった。だから、自分は「政治犯」だと言える。つまり、オウム事件を機に加速する監視社会化、警察国家化という「まったく新しい戦争」に抵抗した「まったく新しい政治犯」が自分なのだ――。

おそらく、ほとんどの読者には理解不能な論理だろう。

私はこれを、内容としては理解できるが共感はできない。が、外山は出所後、現在に至るまでこの主張を貫いている。外山の政治活動家としてのアイデンティティのひとつだと言っていいかもしれない。

もちろん、最終陳述でのパフォーマンスなどが判決に悪影響を及ぼしたことは疑いようがないだろう。だが私は、この主張の根幹となっている、法廷の権威を愚弄した報復として実刑判決を受けた――という事実にいささか疑問を抱いている。

外山は本当に、報復を決意させるほど裁判官を愚弄し怒らせたのだろうか？

外山の著作『全共闘以後』に、福岡地裁公判でのこんな一幕が描かれている。

〈冒頭の人定質問で職業を問われて（これは単なる事実を述べただけだが）「革命家です」と自信たっぷりに答え、それが裁判所作成の記録では「自称革命家」とされていることを発見するや、次の公判では「自称裁判長！」と呼びかけ（後略）〉

このエピソードは、私も外山の口から何度も耳にしている。

「自称裁判長！」という呼びかけで、裁判官は怒って判決に私情を挟んだんだよ――。

外山は、こんな風に私に話した。

だが、外山自身が刑事裁判係争中に記した、初公判から第4回までの公判レポートを入手し、それらを子細に点検した私は不思議に思った。

外山が「自称裁判長！」と呼びかけるシーンが、公判レポートには書かれていないのだ。

この「自称裁判長！」の呼びかけは、実際にあったのか、なかったのか。

ふたつの可能性が考えられる。

1　実際にあったが、判決に悪影響を及ぼさないよう公判レポートにはあえて書かなかった。

２　実際にはなかったシーンだが、後年、外山の記憶のなかで「事実」として定着した。

真相は分からない。ただ、「ＮＧなし」を貫く外山のことだ。もしあったのなら、判決への影響など度外視して、公判レポートにありのままを記したはずだ。なぜなら、その場面がもっとも読者を引きつけるからだ。外山がかつて小説家を志望し、文章に並々ならぬこだわりを持つことも、私の考えを後押ししている。

外山は実は、「自称裁判長！」と呼びかけていない――。

この推理を補強する記述が第３回公判レポートにある。

第２回公判で「自称裁判長！」と呼びかけたはずの次の公判レポートで、外山は裁判長をこう評している。

〈裁判長は印象的には実直で誠実な人で、ぼくが弁護士とうまく行っていないことを感じ、特別にぼくに陳述書の提出を呼びかけた（後略）〉

重ねて、この日の公判で、裁判長自ら外山側が提出した多数の証拠を採用できるよう、検事にかけ合っている。

つまり、「自称裁判長！」と呼びかけたはずの外山と、呼びかけられたはずの裁判長が、お互いを尊重し合っているのだ。

もう一歩、推理を深めたい。

傷害罪と名誉毀損罪による2年間の服役——。

外山はこれを、政治活動を続ける上で昇華させなければならないと考えたのではないか。「まったく新しい政治犯」を自称するために必要となったのが、先ほど述べたこんなストーリーだったのではないか。

「ほぼ冤罪」なのに、裁判を面白くし過ぎて裁判官を怒らせたことで、実刑判決を勝ち取った——。

第3回公判レポートには、担当した裁判長を含む3人の裁判官と外山との質疑が、長文にわたって掲載されている。そのやり取りからは、裁判官たちが外山を敵視していたことは読み取れない。むしろ、双方が実直にやりとりしていたと、私は受け止めた。

私の結論はこうだ。

外山は、自らの物語のために、当時の裁判での振る舞いを「盛っている」のではないか。

「偽っている」とまでは言わない。外山が裁判を劇場化したのは事実だし、それが裁判官の心証に影響を与えたのも事実だろう。だが、外山が報復を受けたと主張するほど、彼らを怒らせてはいないのではないか。「盛っている」は「過剰に演出している」と言い換えてもいい。私はむしろ、裁判官は外山とのこんなやり取りを重視したのではないかと考える。

第3回公判レポートから抜粋する。

裁判官　事件について、当時は何の反省も謝罪もしなかったとおっしゃいましたが、現時点ではどうですか？

外山　法的に悪いから、という理由で反省することはありません。

裁判官　結論的にはどういうことになりますか？

外山　○○さんを殴ってケガをさせたことは、ぼくにとって非常に重い体験です。殴るに至るまでの過程も辛かったし、殴って以降、ますます関係が悪化していく時期も辛いものでした。ぼくは今云ったように、法律で人を殴ってはいけないと決まっているから人を殴ってはいけない、とは考えません。ただ、やっぱり後悔しているし、自分にとって重たい体験です。この体験を、何度も思い出してはその意味を考え、それをこれからのぼくの言動や思想に反映させていく、そういうふうにしか云えません。これがぼくの正直な気持ちですが、法律的に云ってこういう態度が「反省」と呼べるのかについては分かりません。ただ、ぼくはこの場でウソをつきたくないだけです。

裁判官 今後、まあ他の交際相手に対してということになるでしょうが、同じような形で暴力をふるうことはあり得ますか？

外山 人間は、時に殴ったり殴られたり、殺したり殺されたりし得る存在です。ですから、可能性がゼロであるとは云えません。しかし、ぼくは○○さんを殴ったことを後悔しています。だから、次回、誰かと同じような状況になった時に、今回のことを教訓として、ぐっとこらえるということはあると思います。つまり抑止力は強くなっているはずです。

世間一般受けするような「反省」の態度を、外山は公判で一切示さなかった。これが、裁判官の心証にもっとも影響を与えたのではないか。先ほど引いた判決文の一部を再び記そう。

〈公判における供述態度やその内容から見ても反省の深まりはない〉

特に結びの〈反省の深まりはない〉と受け止められたことが、量刑理由として最重要視されたのではないかと私は推察する。

読売新聞記者として長年外山を取材し続けた岩永芳人は当時、「外山さんを送る」と題した手紙をしたためている。

〈酒もたばこもなく、健康的な環境と聞いてはいますが、体に気をつけてください。

裁判では、パフォーマンスをせず、ただひたすら反省の意を表明すれば、執行猶予も可能だったのでしょう。以前お話ししたように、私は、外山さんにとってその方がいいと考えていました。結局、そうはならず、それが外山さんの選択だったのですが、やはり残念な気がします。

事件そのものに対する否定的な気持ちも変わりません。ただ、一審の最終陳述を読めば、外山さんが事件について深く考えたこと、「反省」したことがよく分かる。裁判官にはそれが伝わらなかったことも残念です。

しかし、たかが十か月。と私としても考えることにします。聡明な外山さんはとうに気づいておられるでしょうが、むしろ刑期を終えた後の方が困難が多い。花輪和一の『刑務所の中』のような素晴らしい作品が生まれることを期待します。「頑張って」行ってきてください〉

外山は、15メートルのFAX用紙を巻物にし、1時間かけて読み上げた一審の最終陳述で、こう述べていた。

〈私は、少しも改悛の情など抱いていないくせに、ただ刑を軽くしてもらいたいがために表面的に「反省」してみせる多くの被告人より、誠実であると自負しています。

だいたい、「反省」とは、そもそも何なのでしょうか。

自分に科されるかも知れない量刑をできるだけ軽減してもらうために、「すみません。反省してます」というポーズをとってみせることが「反省」ではないことはわざわざ云うまでもないでしょう。私は少なくともそのような卑劣な人間ではないし、できるだけ自分に対しても他人に対しても誠実であろうと努力しています。

もちろん、「改悛の情」を示すすべての被告人が偽善者だと云うのではありません。本当に自分の犯した罪を心から悔いてそのような態度を示す犯罪者の方々も多いでしょう。また、犯罪を抑止する効果の側面から、見せかけの「反省のポーズ」を被告人に強要することにもまったく意味がないとは私も申しません。

しかし私は、本件について内省すればするほど、断じて私はそのような態度をとるべきではないという結論に達するのです〉

18
内省そして
ファシズム転向

2002年5月14日に名誉毀損容疑で福岡県警に逮捕された外山は、ほどなく福岡拘置所に移送される。接見が禁じられたため数か月独居房に入れられ、禁止が解かれ雑居房に移される際、こんな不安が頭をよぎった。

いじめられるんじゃないか――。

確かに、塀の中にはさまざまな人がいる。たとえ外山が「政治犯」だと強がってみても、罪名は傷害と名誉毀損だ。万が一「革命家」などと口走ろうものなら、いじめの標的にされてしまうかもしれない。そもそも、元来ひ弱で優しく、真面目で口下手な外山が、海千山千な猛者たちがいる雑居房で、円満に過ごせるとは私も思えない。中学・高校時代にいじめられた記憶も不安を煽ったのだろう。

外山は一計を案じ、「統一獄中者組合」や「監獄人権センター」「救援連絡センター」の機関誌を購読する。外山を雑居房に移しては、囚人の人権保護に取り組むこれらの団体の存在が周知されると拘置所側は考えたのではないか。まんまと独居房残留を勝ち取った。外山はこのとき、ようやく「政治犯」になれたのかもしれない。

外山は、名誉毀損罪の判決が確定するまでは、接見が制限されないように紙袋を貼り合わせる刑務作業に服した。しかし、刑が確定すると一連の判決は不当だと主張し、これを拒絶する。福岡刑務所に移された残りの刑期8か月は、何度も懲罰房に入れられることになる。

福岡拘置所では、こんなこともあった。刑が確定し、刑務所への移送を待っている時期のことである。当時、路上ライブで収入を得ていた外山は、大きな声が出せなければ声量が衰え、出所後の社会復帰に支障が出ると考え、看守に防音設備が整っているだろう懲罰房への移動を願い出た。周囲に迷惑をかけないように発声練習がしたいという理由だったのだが、即座に却下される。

ならばと、その場で突然、ブルーハーツの『青空』を熱唱した。看守の制止を無視して歌い続けると、非常ベルが押される。ただ、他の看守が集まるまでに時間を要した。『青空』を最後まで歌い上げると、次に中島みゆきの『世情』を歌った。

〈シュプレヒコールの波　通り過ぎてゆく
変わらない夢を　流れに求めて
時の流れを止めて　変わらない夢を
見たがる者たちと　戦うため〉

サビの歌詞が学生運動を想起させる『世情』は、1981年放送のドラマ「3年B組金八先生」で、校内暴力を振るった生徒が警察に連行されるシーンの挿入歌としてつとに有名だ。

外山は当時、福岡拘置所に革マル派や革労協などの新左翼党派メンバーも収監されていると気づいていた。左翼の諸先輩を激励しようという思いを込め、あらん限り声を張った。そして、ようやく駆けつけた数十人の看守に羽交い締めにされ、懲罰房に連行される。それは、ドラマの名高いシーンと同じような光景だったのかもしれない。

もちろん、時間が有りあまる獄中では、必然的にあらゆることを考えた。外山は、これまでの自身の政治活動を内省していく。

自らを理解してくれない両親に牙をむいた中学2年が反抗の始まりだった。軍隊式の行軍を強いた管理色の濃い高校で、初めて学校に単独抗議した。転校先で朝課外を拒絶し、生徒総会で学校の管理に異を唱えると、同級生にいじめられた。自由な校風だと評判だった3校目の高校でも息苦しさを感じ、政党結成という騒動を起こしてドロップアウトした。

このころはまだ、仲間はいても「同志」はいなかった。

闘う中高生を集めた組織を結成した。実質、初めての「党派」だった。ところが、自らのスタンドプレーに反発した多数派に糾弾され、あっという間に分裂した。一方、全国に目を向ければ、自らと同じ問題意識を持つ同世代がいた。初めて得た「同志」たちと歩みをともにすることで、思想も活動も先鋭化していった。

気がつけば、自らの足場だと思っていた左翼シーンから突き抜けていた。市民左翼運動家たちの集会でむやみに論争をふっかけ、最終的には彼らが企画したブルーハーツのコンサート会場で批判ビラをまいた。

このころは、ニヒリズムの極北にいた。

オウム事件で社会を一色に染め上げた同調圧力に打ちのめされた。対決路線から交流路線にシフトしても、思うような活動を展開できなかった――。

外山は、結果的にそこへとたどり着いた独房で、ひとり正座し何日も何日も考え抜いた。それは、できれば直視したくない自らの欠点と向き合う作業でもあった。そして、こんな結論を得る。

自分の性格は変えられない。目立ちたがりなところも、山っ気があるところも、承認欲求が強いところも変えようがない。

性格を変えられないのなら、活動スタイルを、それとは矛盾しないように変えていくしかない――。

出所後の外山の運動には、笑いの要素と演劇的な演出がより前面に出てくる。そして、外山の名や活動は、以前とは比べものにならないほど知れ渡っていった。ただ、過激で硬質な主張内容は変わらないため、共感の輪が期待通りに広がらないのは、以前と同様なのだが……。

性格は変えられない——。

外山はこう総括したが、獄中生活を契機にその人間性に変化を読み取った人物は少なくない。鹿児島を拠点にテント芝居を行う「劇団どくんご」で演出を担当する伊能夏生《なつみ》（1961〜2022年）もそのひとりだ。

2001年夏、傷害事件の公判中に初めて会った外山は、精神科病院に通い抗鬱剤と睡眠薬を常飲していた。加えて、現実から逃避するためアルコールに手を伸ばすことも多かった。伊能が出会ったときには、まさに呂律が回らず挙動不審で、おまけに茶髪の「困ったちゃん系活動家」だった。落ち着きがなく、トイレに行くと立ち上がった途端に倒れ込み、ゴロゴロと床を転げ回る。そんな醜態に、居合わせた劇団員たちも閉口した。

ところが、服役を終えた05年。劇団の埼玉公演にスキンヘッドになった外山が現れる。行政の許可を得て公園を会場としていたが、近隣住民から音量が大きいとの不満が出て、2日目の公演に役人や警官が数十人押しかけて中止を求めた。彼らがテントを包囲したまま開演し、少しでも音が大きくなろうものなら、「やめろ！」と乱入してきそうな、物々しい公演となった。劇団の人手が不足していたため、役人たちのなだめ役を外山が引き受けた。

外山は終演までの2時間、彼らのクレームの論点をずらし続ける「こんにゃく問答」に挑む。俳優で歌手の金井克子のヒット曲『他人の関係』（1973年）をバンドで演奏するラストシーンは、音量が上がらざるを得ない。役人や警官がいきり立つ中、外山はこう諭して押しとどめた。

「これが最後のシーンなんです。ね、この曲は知ってるでしょ？　そんなに長い曲じゃないってことも分かるでしょ？　10分も20分もある歌じゃないでしょ？」

かつての「困ったちゃん」の活躍のおかげで無事に終幕できたと、伊能は瞠目した。

「こんなに使える立派なやつだったんだと、劇団のみんなが驚いたんです。すごくすっきりしていて、人は獄中でちゃんと更生できるんだと思いました」

かつて薬と酒の影響で床を転げていた外山に冷たい視線を注いだ劇団員も、生まれ変わったような勇士をこう評した。

「グレート外山」

収監中に自らを深く省みた外山は、ひそかに自伝執筆も始めた。看守の目を盗んで持ち込んだシャープペンシルの芯で、同じく隠して用意した便箋に、2ミリ角に満たない薄い文字で書き起こす。【図版34】

〈私は現在、のちに「マイ・マジェスティ事件」として知られるところとなるであろう、日本国憲法下最大の思想弾圧事件の渦中にあり、福岡刑務所の特別な独房の中でこれを書き始めている〉

出所後に刊行される『青いムーブメント』の冒頭だ。ただ、この本は自伝として書き始めら

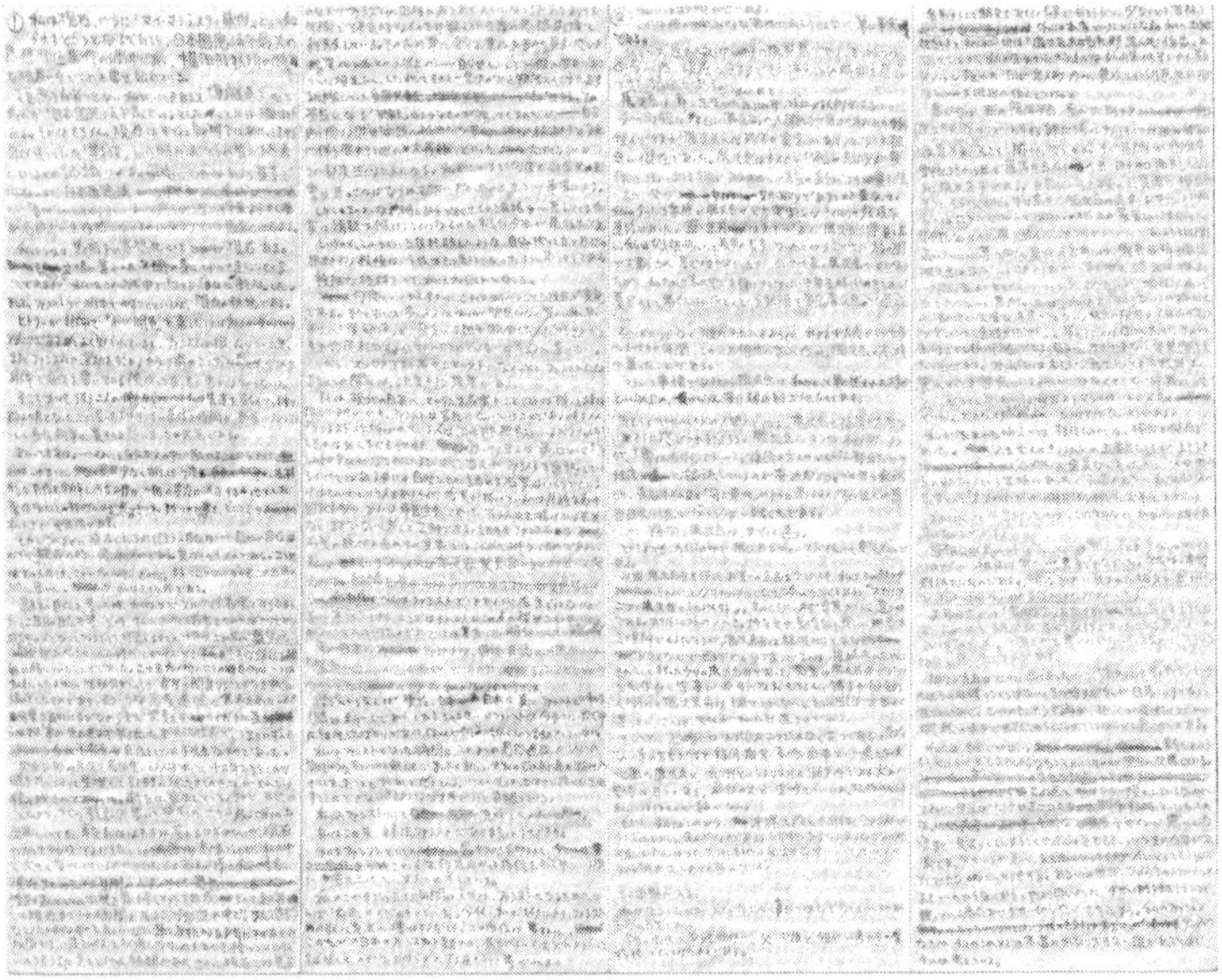

［図版34］収監中に看守の目を盗んで書き起こした『青いムーブメント』冒頭部（2004年）

れたが、それだけに留まらない。読み進めれば、1980年代後半から90年までの日本の政治運動史と、それに絡む文化史が描かれている。若者の政治運動が停滞期だったという通説に異を唱えた本書刊行から10年後の2018年、外山は1980年代から2010年代までの国内政治運動史の欠落を埋める大著『全共闘以後』をものにする。独居房での内省は、自らの活動を歴史のなかで相対化する作業だったのかもしれない。政治運動史の著述家という外山の見逃せない側面も育まれていった。

〈花輪和一の『刑務所の中』のような素晴らしい作品が生まれることを期待します〉

服役する外山に送った岩永の手紙は、現実のものとなる。

そして外山は、03年5月に獄中で決定的な思想変節を遂げる。

ファシズムへの転向だ。

旧知の活動家に頼み福岡拘置所に差し入れしてもらった1冊の本が、その道へと背中を押す。イタリア史学者の藤沢道郎著『ファシズムの誕生』[図版35]だ。650ページを超える大著には、ムッソリーニがファシズムを掲げ数年で政権を握る過程が詳細に描かれている。無政府主義者の父を持つ左翼のムッソリーニだったが、イタリアの第一次世界大戦への参戦を唱えたかどで、社会党を放逐される。左右の思想を問わず不満を抱く人たちを団結させて登り詰めるその姿に、外山は左翼シーンから敵視された自らを重ね合わせたのだ。もともとアナキズムに近い思想を抱いていた外山は、「アナキズム＋ナショナリズム＝ファシズム」と自らが定義するファシズムに親和的だった。

[図版35]『ファシズムの誕生』
(藤沢道郎・著／中央公論社／1987年)

獄中から岩永に送った手紙にはこう記さ

れている。

〈思想的には、劇的な変化があり、ヤバいことになっています。獄中転向というより、2、3年前からもうすうすそっちへ行こうかと思ってたんですが、なかなかやっぱりアレはちょうちょせざるを得ず、踏みとどまっていたのです。つまり国家権力とスターリニズムに同時に敵対して、しかも勝った実績のある運動といえばアレしかないわけで、わかっていながら一歩をふみ出せずにいたのがこの数年のぼくだったわけです。が、獄中でついにある有名なアレの革命家の伝記を読み、アレの本来の姿はやはり世間に流布してるイメージとは全然ちがって、どうもアレは、スターリン批判以前のトロツキズムと同じような単なる無知による誹謗中傷にさらされているだけなのだと結論し、アレの方へ、勇気を出して一歩ふみ出すことにしました。伝記ってのは、まあ、ムソリーニなんですけどね、秘密ですけど。ちなみにやはりヒトラーはいかんと思います〉（03年7月30日：福岡拘置所からの手紙）

「民主主義を否定するファシスト」。これが、外山が世間からキワモノ視されるひとつの要因だと先に述べた。

事実、私も2007年の東京都知事選政見放送で外山を知るが、コロナ禍以前までは接触したいとは露も思わなかった。その後、外山の文章を読み取材を重ねるうちに、この転向が本気なのだと確信を持つようになった。そして、外山が掲げるファシズムは、世間一般から唾棄されるそのイメージとは、やや異なるようにも思うようになった。

外山の長年の友人や理解者たちはどうか。

彼らもまた、外山のファシズム転向を正面から受け止めつつ、どこか真意を探っているように見て取れる。「困ったなぁ」。これが、彼らの偽らざる本心なのではないか。


西南学院中で外山の同級生だった九州大教授の施光恒は、外山の著作やネット上の文章のほとんどに目を通している。政治理論、政治哲学を専門とする施は、外山の人間性や知性を熟知しながら、ファシズム転向に話が及ぶと何度も首をひねった。

「外山の文章を読んでも、よく分かりません。左ではなくなったというのは分かったけれど、中身はよく分からない。リベラル派、市民左翼は嫌いなんでしょう？　でも、反原発という姿勢を見ても、あまり右でもない。外山を理解したいとは思うんですが、正直に言うと、よく分からない」

施は何度も「よく分からない」と口にした。見下すでも見上げるでもなく、心から外山の思想の現在地をつかみかねているようだった。

「外山は勉強家で、学生運動史は私よりも遥かに詳しいだろうから変なことは言えません。ただ、どういう社会をつくりたいのかがよく分からない。破壊はするけれど、外山には建設的な提案がありません。都知事選の政見放送も、（選挙期間中に）原発推進派候補をほめ殺して回った運動にしても、面白いけれど建設的ではない。

僕には、外山が社会や国の理想像を提示しないから理解できない。外山は破壊にしか興味がないのではないか」

確かに、外山は一気に知名度を上げた東京都知事選政見放送でこう訴えている。

〈こんな国はもう見捨てるしかないんだ！

こんな国はもう滅ぼせ！

私には、建設的な提案なんかひとつもない！

いまはただスクラップ＆スクラップ！

すべてをぶち壊すことだ！〉

広辞苑のファシズムの項にはこう記されている。

〈全体主義的あるいは権威主義的で、議会政治の否認、一党独裁、市民的・政治的自由の極度の抑圧、自民族中心主義、暴力、対外的には侵略政策をとる〉

一般のファシズムという呼称そのものへのアレルギーは根強く、「ファッショ」という言葉には、石原慎太郎のような右派、タカ派を侮蔑する含意もある。だからこそ、外山が掲げるファシズムについて、新旧の友人たちは独自に解釈を広げ、それぞれが抱く不満から目を背けているように映る。

「左翼からPC（ポリコレ）を抜いたもの」（藤村修）
「排外主義も暴力もないアナキスト」（作家・中川文人）
「ホロコーストを明確に批判したので、つきあいを続けられると思った」（元編集者・織田曜一郎）
「人に紹介するときに困る肩書」（宮沢直人）

19 ふたりの先達

ここで、１９６０年代の学生運動に身を投じ、以後の著作物などで外山の思想に大きな影響を与えたふたりの先達にご登場を請いたい。

ひとり目は、外山のファシズムを明確に否定する作家で思想家の笠井潔（１９４８年生）だ。外山は、若き日から『テロルの現象学』など笠井の著作群に多大な影響を受けた。ポストモダン思想の入門書『ユートピアの冒険』は、外山が２０１４年から学生に左翼運動史を教える合宿の「教科書」にもなっている。

私は21年1月に外山を巡るインタビューを笠井に行った。笠井から事前に外山の同席を持ちかけられ、もちろん外山も私も快諾し、オンライン鼎談形式のインタビューが実現した。

4時間にも及んだインタビューは終始和やかに進んだが、外山の掲げるファシズムがテーマとなると、「師弟」の応酬は電子空間でさえ張り詰める緊張感に包まれた。

外山　いまだに毎回合宿で『ユートピアの冒険』を使っているんですけれど、終わりの方に今後世界がどうなっていくかという話がある。当然、１９９０年に書かれているから当たっているところもあれば当たっていないところもあるんですけれど、我ながら影響を受けていると思うのが、こういう箇所があるんです。

「排外主義の大衆蜂起が現実化したときには、逃れられない思想的な難問が生じるからね。どんな民主主義でもファシズムよりはマシだと考えるのか、民主主義の体制よりファシズムの反乱のほうがマシだと考えるのか。これはなかなかに苦しい選択だ」

　この辺はまさに僕はそういう風になってきたなと思うところがあって、僕はファシズムの反乱のほうがましだと考える立場になったんです。ファシズムの反乱でないところに可能性を求めても毎回議会主義に回収されていくじゃないですか。

笠井　外山ファシズム論に対する批判はいろいろあるんですけれど、ひとつは、ボリシェヴィズム（マルクス・レーニン主義）は私にとって敵でしょ？　同様にファシズムも敵なわけですよ。というのは、運動であるうちは、つまり権力に転化していない間は、現場ではどちらが革命的かほとんど区別がつかない。しかし、ボリシェヴィズムもファシズムも主権権力化したとたんに抑圧に転化したわけです。

　もうひとつ、アナキズムは主権権力の問題を何も考えないために常に負け続けて、従って悪いことはあまりしなかった。つまり、フランス革命以来でも、もっと前からでも、大衆的な蜂起に対してそれに対するヘゲモニー（支配的立場）として登場する組織的な力というのが、敵である主権権力に対してどういう態度を取るべきなのかはいまのところ解決策がない。

　主権権力になってもだめだし、無視してもだめだということが20世紀の経験で分かった。では、21世紀は主権権力になることを拒否しながら、アナキズムのように主権権力から逃げないような道を考えなければならない。

外山　実現性としてはそうなんですけど、ただやはり、ファシズムをナチズムに代表させすぎです。

　例えば笠井さんの何かの文章にも、日本の戦時下の体制は転向すれば刑を軽くしてもらえたという甘いところがあったけれど、スターリニズムやナチズムはそんなものは通用しないもっと絶対的なものだという話がある。けれど、調べてみると当時のイタリアはアメリカより寛容だったりします。政治犯も2千人くらい。アメリカでは日系人やドイツ系の人たちが数万人拘束されていて、人口比を考えても（イタリアは）圧倒的に少ない。

　だから、ファシズムは体制には何らかの問題はあるにしても、「よりマシ」で考えれば、イタリアファシズムは一番マシなんじゃないかとぼくは思っているんです。

笠井　しかしさ、イタリアファシズムを単体で取り出すと、20世紀の政治思想の主流3派のなかには入らないアナキズム以下的マイナーな思想じゃん？

外山　とはいえ、政権さえ取ったんだから。

笠井　（イタリア）一国でね。でも世界史的にはやはり、アメリカニズム、ボリシェヴィズム、ナチズム。これが3派でしょ？

外山　そこがちょっと、やっぱり僕には……。

笠井　ファシズムじゃないけれど、日本の農本主義（筆者注：農業を国家の礎とする思想）右翼に可能性を見いだす人はいますよね。松本健一さん（筆者注：北一輝の評伝などで知られる作家、評論家）とかさ。そういう人はいてもいいいんだけれど、21世紀の政治戦略として日本の農本主義右翼思想とかイタリアファシズムとか持ち出してきても、あんまりインパクトないんじゃない？

外山　イタリアファシズムって言っちゃうとそうだけど、結局僕が考えているファシズムとか、あるいはイタリアファシズム自体そうだったんだけど、アナキストが開き直って権力を目指すというような運動なので、それを抽象化すれば考え得る。

笠井　一国権力奪取はダメだということが20世紀の歴史で示されたと思うんだよね。例えばロシア革命だったら（筆者注：戦争継続を主張し後に失脚した）ケレンスキー政府というのがあるじゃない。

外山　だけどそれを結局レーニン一派が横取りしていく展開になって、スペインの人民戦線とかでもソ連スターリン主義が果実をもぎ取る形になって、アナキズム的な発想はいつもスターリニズムに奪われてしまうという問題があると思うんですよね。

笠井　だから私はマルクス主義批判をせっせとやっているんです。

外山　マルクス主義のそういう、何というか、ずる賢いからこその強さに対抗しうるのはファシズムしかあり得ないんじゃないかと。

笠井　中央に向けたピラミッド型ではない分散的な力でそれに対抗していくということは、実践的に知恵を絞ればあり得る。そういう可能性を追求するしかないんだよ。なければまた同じことを繰り返すわけですから。

いままで一度も勝ったことがないというのは、つまり革命は一度も勝利したことがないということを意味しているわけで、だから革命をやめようという結論にはならないでしょ。

外山　ファシズム転向以前は笠井潔主義の圧倒的影響下にあったけれど、僕の転向は結局、『バイバイ、エンジェル』にしても『テロルの現象学』にしてもそうだけれど、革命の状態というのは永続化し得ない、一瞬の解放という（笠井の）革命のイメージからの転向だと思うんです。いわゆる（筆者注：2001年9月11日のアメリカ同時多発テロ以来の）反テロ戦争、世界内戦と言われているいまの時期には、一瞬の革命を志向することですら徹底的に鎮圧されていくというイメージなんです。

笠井　それは逆でしょう。2001年以降、これほど世界中で石や火炎瓶が乱れ飛んでいる時代はないですよ。（筆者注：世界中で社会運動が隆盛を極めた）1968年だってこれほどの広がりと持久力を持っていなかった。

しかし、ファシズムでいくという、これは政治的な意見ですから、それに賛成するというわけにはいかない。やはり、そのような迷妄からは早く縁を切りなさいとしか言いようがない。

ふたりの対話は加速度的に熱を帯びていったものの、言葉遣いは終始穏やかだった。笠井の最後の一言も、実にユーモラスに発せられた。ただ笠井には、外山が自らの思想をファシズムと呼ぶことが、どうしても受け入れがたいようだった。

一方、笠井は著述家としての外山を最大限に評価する。

「いいと思いますよ。ファシズムさえ除けば。三島由紀夫なら『きみがファシズムを捨てれば連帯できるのに』となるんでしょうね。（筆者注：三島は1969年に東大全共闘との討論で「天皇を天皇と諸君がひと言言ってくれれば、俺は喜んで諸君と手をつなぐ」と述べた）

分かりやすく、深い内容を面白く書ける希有な才能があると評価しています。現場まで足を運んで聞き取りをやっているところも、努力と才能の両方があると思っています。

（『全共闘以後』の次は）全共闘そのものについて書け書けと煽ったのは僕ですから。変な全共闘に関する本がはやっているから頭にきて、こういうすぐれた才能を持つ人にやってほしいと思ったんです」

もうひとりの先達は、思想家の千坂恭二（1950年生）だ。千坂は1960年代末から70年代にかけてアナキズム陣営の若き論客、イデオローグとして注目された。80年代から20年ほどの沈黙を経て発言を再開した千坂を、外山はこう評す。

「世界最過激の思想家」

そんな千坂は、私にまず、こう言い切った。

「僕はファシズムに偏見はありませんよ」

出身地でもある大阪で取材を受けてくれた千坂は、関西弁のイントネーションで淀みなく外山の思想を分析した。

「ファシズムとは、共和制の時代における絶対王政の代行なんです」

千坂が示したファシズムの定義はこうだ。

近代国家は、フランス革命のように絶対王政などの中央集権を打倒することによって生まれた。封建的だった当時のイタリアやドイツは、絶対王政の代わりにファシズム政権が現れ、それが倒れることによって近代国家になった。

そして、列強の後を追い近代国家を目指した日本も、身分制の堅固な封建制から近代社会が持つべき公共性を獲得しなければならなかった。そこで尊皇派が目をつけたのが、江戸期には民衆からほとんど忘れ去られていた天皇だった。天皇を絶対的な存在として戴き、それ以外の人たちを天皇の臣民とする。明治になり平民にも名字が許され、天皇にないのはその証しだろう。これにより、かつての大名も武士も農民も商人も（華族という特権階級は残ったが）天皇と法の下に置かれるというシステムを築いた。

千坂は、一般に嫌悪されるファシズムのイメージは、戦後の左翼が悪を指弾する際の総称として用いたことで定着したのだと指摘する。その逆が、右翼が左翼を総て「アカ」と呼んだことだ。そして、外山がファシズムに転向した背景をこう捉える。

「あれは彼なりの倫理的な立場なのではないか。もともと彼は反管理教育という社民（社会民主主義）的な運動をしていた。社民的な運動ではだめだと、その意識を弾くためにファシストを名乗ったのではないか。

社民は市民主義左翼だから、市民社会を肯定しつつ少しずつ変えていこうという、現存秩序を肯定した改良派に過ぎない。つまり、構造的に現存秩序と密通してしまうんです。

革命を志向するなら、現存秩序と密通する社民は一掃しなければならない。それが、彼がファシズムを選んだ理由なのではないか。

社民に対する反発と革命を志向するという倫理的な態度として、外山くんはファシズムを選んだのだろう」

外山はもちろんそうであるが、千坂もまた、革命を希求する。なぜか？

私のこの問いに、千坂の答えは明確だった。

「この現実には、何の根拠もないからです」

現実世界の覇権《ヘゲモニー》を握る為政者や富裕層たちは、あたかもこの現実に根拠があるかのように振る舞う。ただそれは、一体、この世界のどこにあるのか？

ニーチェは「神は死んだ」と超越的な視点の存在を否定し、マルクスは己が生み出した商品や貨幣に逆に飲み込まれ支配されてしまう人心を「物神崇拝」と呼んだ。

万物の価値観は、常に流転するのだ。

千坂は続ける。

「根拠がないのだから、どうにでもできる。むしろ、倒せる、ひっくり返せるという希望がなければ、人間は生きていけません。

　ところが、現代社会が直面している問題は、誰もがこの現実しかないのではないかと考えてしまっていることです」

　人生がうまく行かないとき、現実世界を変えることができないのだとすれば、待つのは絶望だ。地位も財産も居場所もなく、失うものは何もないと無差別殺人に走ってしまう人たちを、２０００年代後半から「無敵の人」と呼ぶようになった。

「昔なら、この現実が気に入らなければ革命を起こして社会主義にでもすればいいという選択肢が残っていた。

　そしてさらに昔なら、『曽根崎心中』のように『あの世で一緒になろう』という選択肢さえあった。

　しかしいまは、現実と異なる別世界がない。資本主義以外の選択肢がないんです。それが実は、現代人を深い部分で憂鬱にしてしまっている」

　もちろん、変革後の世界がいまより良い世界だという保証はまったくない。むしろ、地獄が待っているかもしれない。

「だから、現代人は憂鬱になるか地獄に行くかのどちらかなんです」

　千坂はニヤリと笑い、こう続けた。

「外山くんはこう言うんでしょ？

〈私には、建設的な提案なんかひとつもない！〉

これを、彼に反感を持つ人はふざけていると思うんでしょう。革命を志向する人間は不真面目で無責任だと受け止めるんでしょう。

ただ、昔なら議会を潰すならゼネスト（筆者注：ゼネラル・ストライキ＝一国規模の一斉ストライキ）をすればよかったが、いまはゼネストなんてできない。仕方がないから、議会を嘲笑うしかない。それが、彼独特のユーモアのある運動になっているのではないか。

権力との闘いを真面目にやればやるほど、相手に引きずり込まれてしまうんです。権力を批判するのなら同じ問題について考えなければならなくなり、対案を求められてしまう」

千坂は、権力との闘いを将棋に譬えた。

「権力と将棋を指すと、相手の方がはるかに多くの駒を持っている。ですが、革命思想なら将棋を指す必要なんてない。将棋盤を引っ繰り返せばいいんですから」

外山は2020年元日、自らが率いるファシスト党「我々団」のホームページに基本政策を公開した。

実はそこには、〈薬物・賭博・売買春などの〝被害者の存在しない犯罪〟は非犯罪化される〉〈学校教育は全廃される〉〈英語教育も公的にはおこなわない〉〈すでに永住権を得ている在日朝鮮人などに対しては、拒否権を認めずに日本国籍を付与する〉〈平成の大合併はすべて御破算にする〉などと、「建設的な提案」がいくつもあった。

だが、外山の本心は、その冒頭部に記された次の文章から汲み取るべきだろう。

〈およそどんな国家権力であれ、あるいは政党であれ、理想とするのは民生の安定、つまりいわゆる〝国民の（人民の、でもよい）生活が第一〟ということである他なく、ファシズム政党といえどもその点に変わりはない。違うのは、我々は民主主義によってはそれを実現しえないと確信している点である。つまり我々は人民自身よりも人民の利益をよく知っているということであり、建前上は民主主義を否定しえない左派勢力と違って、そのことを隠す必要もないということである。我々にすべて任せてくれれば悪いようにはしない。

人民は政治のことなど考える必要はない。愚民の考え休むに似たり、である。いや休むより悪い。監視社会化は進めるわ、原発は止められないわ、近隣諸国との関係は険悪化する一方だわ、ろくなことがない。我々に任せればすべて上手くやる〉

長大な基本政策から抜き出したごく一部分に二度も登場する「我々にすべて任せよ」という旨の文言。まずは革命、委細はそれから考える――。やはりこれが、外山の本音なのだろうか。

千坂は言う。

「外山くんはひょっとしたらまだ何も考えていないのかもしれないし、考える素材がないからそう言っているのかもしれない。しかし、マルクス主義者でも資本主義を倒した後の世界をどうするのかという問いには答えられない。彼らは、資本主義とは違うんだとしか言えない。実はそれは、どんな思想であっても避けられない問題なんです」

現政権を倒し新たな政権を打ち立てようとしても、現政権下で考えられた構想であれば、その政権のへその緒を引きずる。だから、新たな構想が実現しても、前政権を完全に打倒したことにはならない。そのために、将来の構想はひとまず置き、政権打倒に全力を注ぐしかないと言うのだ。

千坂は、現政権下で練られた未来像は、改良主義でしかなく、従ってそれは反革命なのだと訴える。

［図版36］『政治活動入門』
（外山恒一・著／百万年書房／2021年）

革命家は、ラジカルであればあるほど未来像を提示できないニヒリストになってしまう宿命なのかもしれない。それはちょうど、外山のように。

外山は、『政治活動入門』［図版36］などの著作やネットで自らが考えるファシズムについて繰り返し書いている。詳細はそれらに譲り、私は次の1点に注目している。

第一次大戦後の政治や経済が混乱したイタリアで、不満を募らせた少数派を結束させて政権を獲得したムッソリーニの姿に外山が感銘を受けたことは先に記した。ファシズムの「ファッショ」は「束」を意味するイタリア語で、外山は「団結主義」と意訳する。外山は、ムッソリーニのその後の独裁などよりも、左右の思想や主義主張を超えた少数派の団結、連帯が社会変革を起こしたという史実を最重要視している。

なぜか？

私はここに、外山が革命によって打倒を目指す真の標的を知る手がかりがあると考えている。

20
出獄そして初出馬

２００４年５月５日のこどもの日に、外山は刑期を満了し福岡刑務所を出所する。熊本市から福岡県宇美町の緑豊かな刑務所に出迎えに行った有川理はこう回想する。

「（外山は）刑務所に入る前よりも遥かにいい状態だった。（収監前は）思想的に行き詰まり、方向性が見えなくなっていたと感じていたが、出所してすごくすっきりしていた」

伊能と同じような印象を受けた有川は続ける。

「裁判をしていたころは孤立無援で、それをはね返せるような信念も持てなかった。だから、法廷でパフォーマンス的に反権力を訴えて何とか自分を保っていたのではないか。

それが、変にパフォーマンスに走ったり無用な反発をしたりする必要がなくなったのでしょう。刃向かうことで自分を保たなくてもいいという自信が生まれたのかもしれない」

有川は間もなく、外山からファシズム転向と、その思想の詳細を打ち明けられる。

「ファシズムは一般的には悪いイメージしかないけれど、言われてみれば確かに新しい発見なのではないかと思いました」

出所当日は熊本市の有川宅に宿泊し、翌日、鹿児島県隼人町の父の実家に一時帰省する。収監中に強いられた坊主頭を、隼人町の理髪店で剃り上げスキンヘッドにした。黒い服で身を固め、編み上げブーツを履くようにもなった。外見上も、いまに続くファシスト外山恒一が完成する。

外山は２００４年７月から１年ほど有川宅に身を寄せた。有川が経営する結婚式場で照明のアルバイトをしたこともあった。そして、主に熊本の繁華街で歌い、投げ銭で身を立て直しつつ、反転攻勢に向けて戦略を練った。

外山は獄中で、九州ファシスト党「我々団」をひとり結党し、アナキズム（黒）＋ナショナリズム（日の丸）＝ファシズムという自らの定義に則った、黒地に日の丸という党旗のデザイン案も温めていた。中島みゆきの『異国』を党歌に定め、「政府転覆」「どうせ選挙じゃ何も変わらない」など、その後の運動で繰り広げられる主だったキャッチフレーズも生み出した。左派や大衆と決別し、自らを「人民の敵」だと位置付け、同名の機関誌刊行もこのときに決意している。

外山は、資本主義に反対しながら旧来の左翼運動を見限った人たちが、第二次世界大戦でそれらと覇を競った「もう一極」のファシズムにすぐになびいてくると期待していた。デビュー作『ぼくの高校退学宣言』が仲間集めに役立った成功体験にならい、彼らを誘導する新著刊行を急いだ。手っ取り早く仕上げるため、過去の著作や雑誌への寄稿、機関誌などの原稿を切り貼りして自らの語録をまとめる。こうして出所からわずか7か月後の04年12月に地元福岡の出版社から出された本が、『最低ですかーっ！　外山恒一語録』だった。【図版37】

ところが、当初この本は売れなかった。半年かけても100部ほどしかさばけず、同時期に開設した「我々団」のホームページも見向きもされなかった。外山の新たな運動はいきなりつまずく。

厳しい現実に直面するまで、外山はこのように夢想していた。

『最低ですかーっ！』に感化されてコンタクトを取ってきた有志から、優秀な数人を選抜し、自ら徹底的に教育を施しファシズム運動の指導者とする。彼らが九州各地で行動を起こせば、さらなる仲間が発掘される。そこから新たな指導者を育て、党勢を拡大させていく——。そして、党が一定の規模に膨らめば中堅幹部を地方議会選挙に立候補させ、議会制度そのものを小馬鹿にする運動を展開しようとも企てていた。しかし、呼び水となるはずの新刊やホームページが浸透しなかったため、肝心の同志は一向に現れない。

業を煮やした外山は、自ら打って出る。

［図版37］『最低ですかーっ 外山恒一語録』
（外山恒一・著／不知火書房／2004年）

05年11月、熊本市の有川宅から再び戻っていた実家のある鹿児島県霧島市議選に立候補するのだ。

住民票があった父の実家の鹿児島県隼人町は、選挙と同じ月に「平成の大合併」で霧島市となった。そのため、特例として隼人選挙区が設けられ、定員12人に対し16人が立候補する。当時の西日本新聞は「音楽家」という肩書で外山候補を紹介している。

市議選の供託金は30万円だった。15万円は自ら用立て、足りない15万円を3人に無心する。そのうちのひとりが岩永だった。外山は05年10月20日、〈今回は、借金のお願いです〉と書き起こした長文のメールを岩永に送る。供託金返還ラインや選挙運動方針などが記されたメールを読み、岩永は妻に内緒で5万円を振り込んだ。

供託金をそろえた外山は、35歳にして新たな闘いに挑む。この選挙は、選挙管理委員会との衝突で幕を開けた。

選挙公報の原稿に、外山が自己紹介として「ほぼ無実の罪で丸二年間の投獄を経験」などと記すと、地元選管委員長が突っぱねた。

「無実じゃないから有罪判決を受けたんでしょう？」

外山　まずあなたが個人的にそう思うのはあなたの自由だ。（中略）しかしあなたもたぶん聞いたことぐらいはあるだろうように、世のなかには時に冤罪事件というものも発生している。（中略）無実の主張を信用するかしないかは人それぞれだが、いったん有罪判決が確定した以上はもう無罪を主張し続けてはならん、という論理は成り立たない。そもそも、これは選挙公報なんだから私の無実の主張が信用できるかどうかは有権者がそれぞれ判断すればいいことで、あなたにあれこれ言われる筋合いはない。

委員長　裁判所に照会して、判決文の写しを入手している。やっぱり有罪じゃないか。

押し問答を重ね、それでも原稿を受理しないという法的根拠を外山が質すと、委員長はこう説明した。

「選挙戦において虚偽の主張をしてはならないと公職選挙法に書いてある（引用者注・235条）」

外山は呆れ果てる。

〈仮に私が選挙公報に〝東大卒〟とか明白なウソを書いたとしても、それを選管がこの段階で規制することはできないんです。（後略）

だって、それが犯罪かどうかを判断するのは、まずは警察であり、次に検察であり、最後に裁判所だからです〉

問題視された文言は、推敲を重ねるうちにこのように変更された。

「いまどき政治犯として丸2年間もの投獄を体験」

もちろん、先の選管の委員長は「政治犯じゃないでしょう」と改めて受け取りを拒む。重ねて、外山の「政府転覆」という公約も「暴力主義的な主張は認められない」と退けた。選挙管理委員会委員長に否定された原稿を、つてを頼って総務省の担当者に確認してもらい、「何の

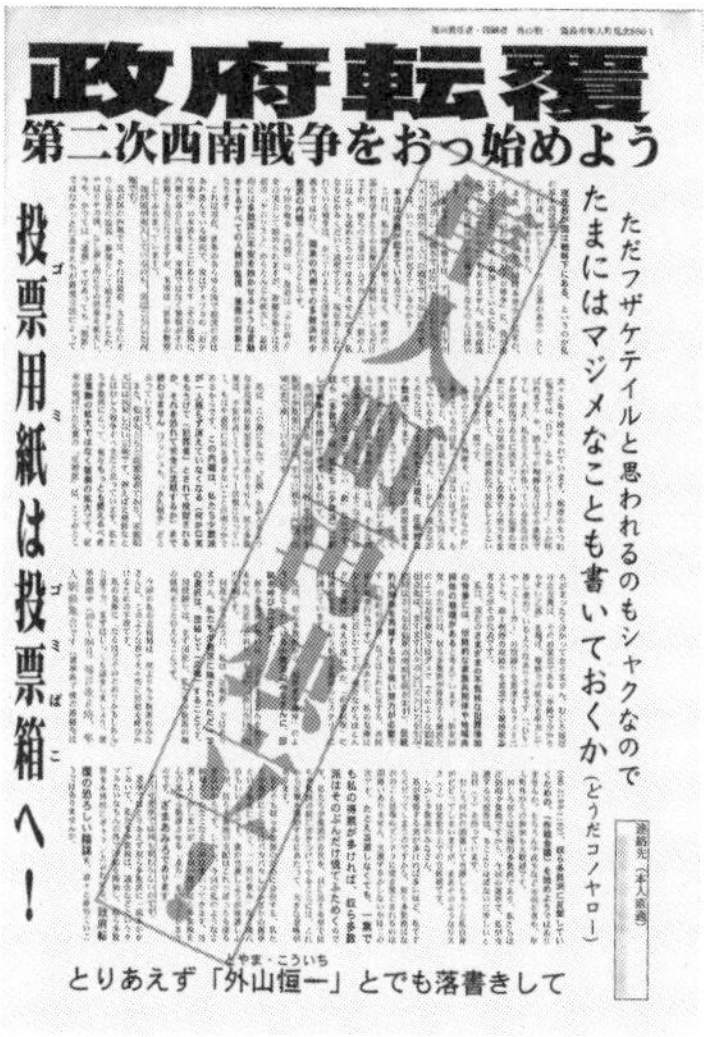

［図版38-1］霧島市議選時のポスターのひとつ（2005年）

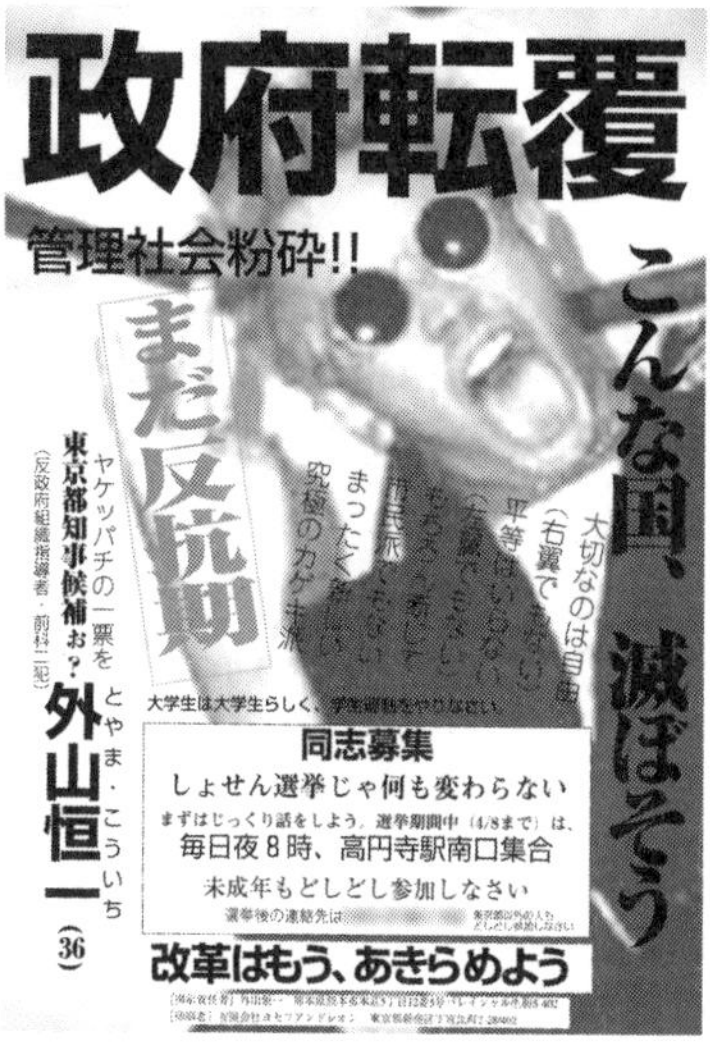

［図版38-2］東京都知事選時のポスターのひとつ（2007年）

問題もない」との回答が得られた。再び選管に出向いてその旨を告げると、委員長は「総務省がどう言おうと、霧島市は霧島市だ」と一旦は「治外法権」を主張したが、後に渋々受理した。

民主主義を否定するファシストが、民主主義の根幹と言われる選挙の何たるかを選管委員長に説くという、何とも奇妙な構図だった。だが、ともかく外山の訴えは認められた。

2005年11月20日に市議選が告示されると、外山は2種類のポスターを選挙区内73か所の掲示板に貼って回った。［図版38］いずれのポスターにも「政府転覆」と大書し、片方には「こんな国、滅ぼそう」、もう片方には「第二次西南戦争をおっ始めよう」と公約を掲げた。第二次西南戦争のくだりは、西郷隆盛を中心とする日本最後の内戦の発火点が鹿児島だったことに由来するご当地ネタだ。

外山は霧島市議選を皮切りに計4回選挙に出馬するが、すべて狙いは仲間を集めるためで、当落は度外視していた。ただ、ラジカルな主張は前面に押し出しつつも供託金は惜しい。供託金返還ラインをクリアする一般性を保つため、ポスターには自らを「まったく新しい究極のカゲキ派」だと紹介し、市民に拒絶されるだろう「ファシスト」の5文字は封印した。どの選挙でもポスターの基本的な内容は同じだった。ただ、東京都知事選などでは、「第二次西南戦争をおっ始めよう」というご当地キャッチフレーズは「日本政府はテロに屈しろ」とした。

ポスターのひとつには、外山がパンクロックにはまっていたころの過激な写真をでかでかとあしらった。ここでは、毎晩8時から駅前や公園で語り合う集会への参加を呼びかけた。

もうひとつには、後に著書『政治活動入門』に詳述される外山の歴史観に基づいた社会の問題点を、細かい文字でびっしりとしたためた。そこには、1995年の地下鉄サリン事件や2001年のアメリカ同時多発テロによって強まった監視社会化への警鐘が強く打ち鳴らされていた。

〈(国が)取締る相手は当初の「テロリスト」からどんどん拡大し、最終的には多数派に不安を抱かせるような言動をするすべての人間が監視・摘発の対象になります〉

〈私は、奴ら多数派から「犯罪者予備軍」のように見なされている少数派のみなさんに、団結

を呼びかけます〉

外山の選挙戦は、ポスターを読み主張に共感する同志の発掘が目的だった。1970年代に「政治のポップ・アート化」を掲げ、東京都知事選に二度立候補した現代美術家の秋山祐徳太子は、選挙戦そのものをアート・パフォーマンスにしようとした。注目を集めた外山の都知事選政見放送をとば口に、雨後の筍の如く登場する奇抜な泡沫候補たちは、世間をあっと驚かせたい、目立ちたいという動機がほとんどのように見受けられる。

外山の立候補の狙いは、彼らとは本質的に異なっていた。

さて、その選挙戦の話を進めよう。外山は初日、原付バイクの荷台にくくりつけたスピーカーからブルーハーツのファーストアルバムを流しながら、選挙区の全掲示板にポスターを貼り終えた。翌日も同じように、ブルーハーツを流しながら2種類のポスターを貼り替えていった。同じ掲示板に貼っていたポスターを、1日で別バージョンに変更したのだ。だが、2日目の夕方からその行為に虚しさを覚える。そしてその夜、あるアイデアが浮かんだ。

音楽だけでなく、スピーカーから演説も流してはどうか——。

演説を流すなら、同じ日本語のブルーハーツがBGMでは言葉が重なって聞き取りにくいのではないか。ならば当然、セックス・ピストルズの『アナーキー・イン・ザ・UK』だろう——。この曲の歌詞は、キリストに反するアナキストだと高らかに宣言する過激な内容で、パンクロックのスタンダードとも呼べるほど知れ渡っている。

外山は、3分半ほどの曲に収まる長さの演説原稿を1時間で書き上げた。それが、後に都知事選政見放送でも流用される。都知事選と異なるのはただ1か所、「東京都以外の諸君でもかまわない」の部分が、「隼人町以外の諸君でもかまわない」となっていただけだ。

外山はさっそくカラオケボックスに駆け込むと、声色や調子を変えながら原稿を何度も読み上げ、3分ほどに収まるテンポでICレコーダーに録音する。自宅に戻ると、CDで曲を、レコーダーから演説を流してひとつのカセットテープに収録した。

「どうせ選挙じゃ何も変わらないんだよーっ！」

という外山の最後の絶叫と、セックス・ピストルズのボーカル、ジョニー・ロットンの「デーストローイ！」というシャウトが絶妙に重なった。

翌日、外山は意気揚々とスピーカー搭載の原付バイクでテープを流しながら選挙区全域を回った。しかし、3分の演説は冒頭からラストまで聞かなければ面白さが伝わらず、ほとんど反応を得られなかった。せっかくの演説テープだったが、わずか1日でお蔵入りする。

外山の選挙にかすかな追い風が吹き始めたのは、地元商工会が全候補に実施したアンケートが各戸に配布され始めた、選挙戦3日目からだった。

〈履歴等〉の欄に〈福岡刑務所卒　反政府組織指導者〉と記された外山のアンケート原稿は、以下のように続く。

質問　霧島市をどのようなまちにしたいですか？
回答　諸悪の根源たるグローバリズムの地方への波及（詳しくは三浦展『ファスト風土化する日本』洋泉社新書を読むべし）を阻止するため、監視社会粉砕の課題では左派と共闘し、伝統的共同体再建の課題では右派と共闘して、私は政府にタテ突く強い街を作る。
質問　小選挙区隼人地区に於ける早期の重要な施策案は？
回答　霧島市解散。七市町に戻す。少なくとも隼人町は再独立する。他の新市にも解散をそそのかす。

アンケートが各戸に配布されていくと、外山は街で高齢者たちに呼び止められ熱烈な声援を受けるようになった。

「読んだ。アンタが一番正しい」

素直にそう言われれば、外山も素直に嬉しい。真面目に街頭演説をしてみようという気にもなる。

「みなさんは、今回の合併に納得しているんですか？　もちろん私は、納得していません。私が一番アタマに来ているのは、隼人や国分といった、古代にまでさかのぼる由緒ある地名、歴史的背景をもった地名が、一般の地図から消えてしまうことです。歴史を大事にしない、古い由来のある言葉を大事にしない風潮に、私は怒っています。

平成の大合併とか言って、こんな文化破壊を行う政府に、私は本当に怒っています。政府が押しつけてくるくだらない方針を、毅然としてはねつける強い街でなければいけません」

「合併とか、住基ネット（引用者注：住民基本台帳ネットワークシステム）とか、政府が押しつけてくるろくでもない方針は、他にもたくさんあります。そういうものに同調しない、強い意志と力を持った地方を作らなければいけません。

将来的には、霧島市解散です。解散して、隼人や国分など、古い由緒ある地名を復活させる。少なくともそれくらい意志を持続させられないようでは、文化破壊は止められません。

私は一見極端な意見しか言いません。しかし私の意見は実は正論だと、私自身は信じています。詳しくは、掲示板のポスターを見てください」

「私のポスターは、普通の選挙ポスターと違って、アタリサワリありまくりです。しかし、私は正論を言っているはずです。ぜひ、隼人町内73か所の掲示板に貼っている、私の2種類のポスターを、じっくり読んでみてください。

私は知りたい。みなさんに教えてほしい。現在の風潮、日本全国を何の特徴もない同じ町並みにしていこうという政府のふざけた方針に、実はアタマに来ている人が、有権者2万8千人のなかに、いったい何人いるのかということを教えてほしい」

「多くの人が、政府に対して、あるいは政府の方針に迎合する地方政治に対して、抗議の意思表示をしてくれることを願います」

演説を始めたその日の夕方には原稿を丸暗記し、抑揚やアドリブも交えられるほどに磨かれた。ときに切々と訴えた外山の演説は、住民の純朴な郷土愛を刺激したのだろう。実は、このときのポスターや選挙公報には「隼人町再独立」と目立つように記してもいた。そもそも、合併後初の選挙だったため、合併反対を唱える候補は外山の他にいなかった。外山の主張は、アナキズム由来の反グローバリズムに立脚している。そんな背景を知ってか知らでか、合理化という大義の下に押し進められる市町村合併を快く思っていなかった少なくない層の支持が、それも熱い支持が、日に日に外山に集まった。おまけに、30代の外山は、50代以上しか立候補していなかった選挙で圧倒的な若者でもあった。

住宅街で演説していると、議席を競う別の候補の事務所スタッフに招かれお茶をごちそうになった。事務所に詰めていたおじさんやおばさんは、「いいこと言った」「感動した」と口々に外山を讃えた。もちろん、他陣営の彼らが外山に投票することはあり得ない。だが、手応えを得た外山はさらに気を良くする。

原付バイクで移動していた外山を呼び止め心からの支持を表明する人。演説している外山にモスバーガーの店舗から駆け寄り、店の皿にサインをねだる若い女性店員もいた。

夜8時からの集会には、選挙終盤の3、4日間で面識のない計10人が訪れた。空手道場を開いている50代ほどの男性とは選挙後も交流が続く。こんな人気が、当落を度外視していたはずの外山の胸中に野心を芽生えさせる。

真面目に選挙運動をすれば、ひょっとすると――。

選挙の悪魔がささやいた。選挙戦の終盤数日の外山は、もはや「普通の候補」だった。原付バイクで移動していると、対向車に頭を下げ、手を振ることさえあった。

そして05年11月27日の投開票日。外山の得票は122票だった。16人中最下位で、15位の候補に554票も差をつけられる惨敗だった。供託金返還ラインの158票には届かず、30万円は没収される。ただ、スタート時のほぼゼロ票からわずか1週間で100票超を積み上げたことが自信となった。何より、供託金を除けばポスター印刷代やガソリン代など3万円足らずで大っぴらに過激な主張を展開でき、少なくない共感さえ集められた。同志までは見つけられなかったが、これを九州各地の大都市で繰り返せば――。

霧島市議選で手応えを得た外山は、福岡市議選、熊本市議選、鹿児島市議選、大分市議選などでの立候補を想定しながら、街頭で歌う日々を過ごしていた。そんな2006年夏のある日、天啓が舞い降りてくる。

候補者個人にもっともスポットライトが当たる選挙は、東京都知事選ではないか？　都知事選なら、一発で全国に主張を訴えられるのではないか――？

21

東京都知事選

2007年4月8日投開票の東京都知事選出馬への最大のネックとなったのが、300万円という莫大な供託金だった。どうやって集めればいいのか？　その算段も相談しようという外山の出馬宣言イベントが、07年3月1日に東京・新宿のネイキッドロフトで開かれる。「政府転覆共同謀議」と銘打たれたイベントには、外山と並んで右翼団体「一水会」顧問の鈴木邦男や文芸評論家の絓《すが》秀実（1949年生）らも登壇した。

外山は当初、霧島市議選と同様のポスターによる仲間集めを画策したが、06年末に都知事選には政見放送があることに気づく。霧島での原稿をエキセントリックな過激派風に演説するパフォーマンスを思いつくと、事前にカラオケボックスで完成度の高いパイロット版映像を撮影し、会場に持ち込んでいた。

2時間ほどのイベントの前半部で、外山は都知事選出馬の狙いや選挙運動方針を説明したが、供託金さえ用意できていないないファシストの奇矯な戦略に、会場の誰もが冷ややかな視線を注いだ。ところが、1時間ほど経過して「こんなことがやりたいんですよね」と、おもむろに政見放送パイロット版を上映すると、空気が一変する。

「これは出るべきだ」

「誰か供託金を貸すやつはいないのか」

外山の映像に会場を沸かせる完成度があったのには理由がある。以前から劇団「どくんご」

などのテント芝居に魅せられていた外山は、彼らとの交流を通し、何気ない一言でも声色や声の抑揚を変えるだけで面白くなることを学んでいた。

服役中も、劇作家で演出家の鴻上尚史の本を差し入れしてもらい、そこに書かれていた発声法を参考に演技力を磨いている。「ぼくドラえもん」というアニメの有名な台詞を、大阪弁や鹿児島弁、東北なまりなどと口調を変えて繰り返し声に出した。そんな外山に、看守たちは冷ややかな、あるいは哀れむような視線を注いだのだが……。

実際の都知事選政見放送の演説では、事前にカラオケボックスで一文ずつさまざまなキーで発声した。読むスピードを速くしたり遅くしたりもした。思わず裏返ってしまった部分は、自分でも笑ってしまったから、そのまま採用した。一行ごとに声を出す間も試行錯誤した。そして、もっとも面白いと思える読み方で最初から最後までを構成し、繰り返し練習した。そんな涙ぐましい努力の結晶だった。

外山のパイロット版映像を会場で目の当たりにした作家の中川文人（1964年生）も衝撃を受けたひとりだ。

「これは面白い。本当にこれをやるのかと驚いた。やるべきだと思ったし、300万円の供託金が集まらないというくだらない理由でお蔵入りになるのは良くないと思った」

出版の仕事をしていた中川は、選挙のポスター印刷を買って出る。

そしてイベント終了後、外山の知人男性が近寄り「100万円なら貸せる」と耳打ちした。さらに、それを知った有川理が残りの200万円を引き受ける。結局、供託金は没収され大金を失った有川だが、こう笑い飛ばす。

「未だに引用されるほど面白い動画だったからね。パフォーマンスとしても優れているし、言っている内容もいい。200万円は確かに大金だけれど、費用対効果が抜群で使い方としては有意義だった。政権を取ったら革命債権として1万倍にして返してもらえばいい」

2007年3月22日告示の東京都知事選は、現職石原慎太郎の再選が有力視されながら計14人が立候補する。対抗馬とされたのは、元宮城県知事の浅野史郎や元東京都足立区長の吉田万三だった。彼らの他、タレントの桜金造、発明家のドクター・中松、建築家の黒川紀章らに加え、タクシー運転手、元警察官、易学者、風水研究家など種々雑多の顔ぶれがそろった。外山はもちろん種々雑多側、つまり泡沫候補という扱いだった。

告示前に外山をいち早く取材したのが雑誌「実話マッドマックス」（2007年4月号）だった。【図版39】見開きページの左に石原を、右に外山を配し、「東京から日本を変える」という石原のキャッチコピーに対して、「東京から日本を滅ぼす」という外山のそれを並べた。記事で外山はこう訴える。

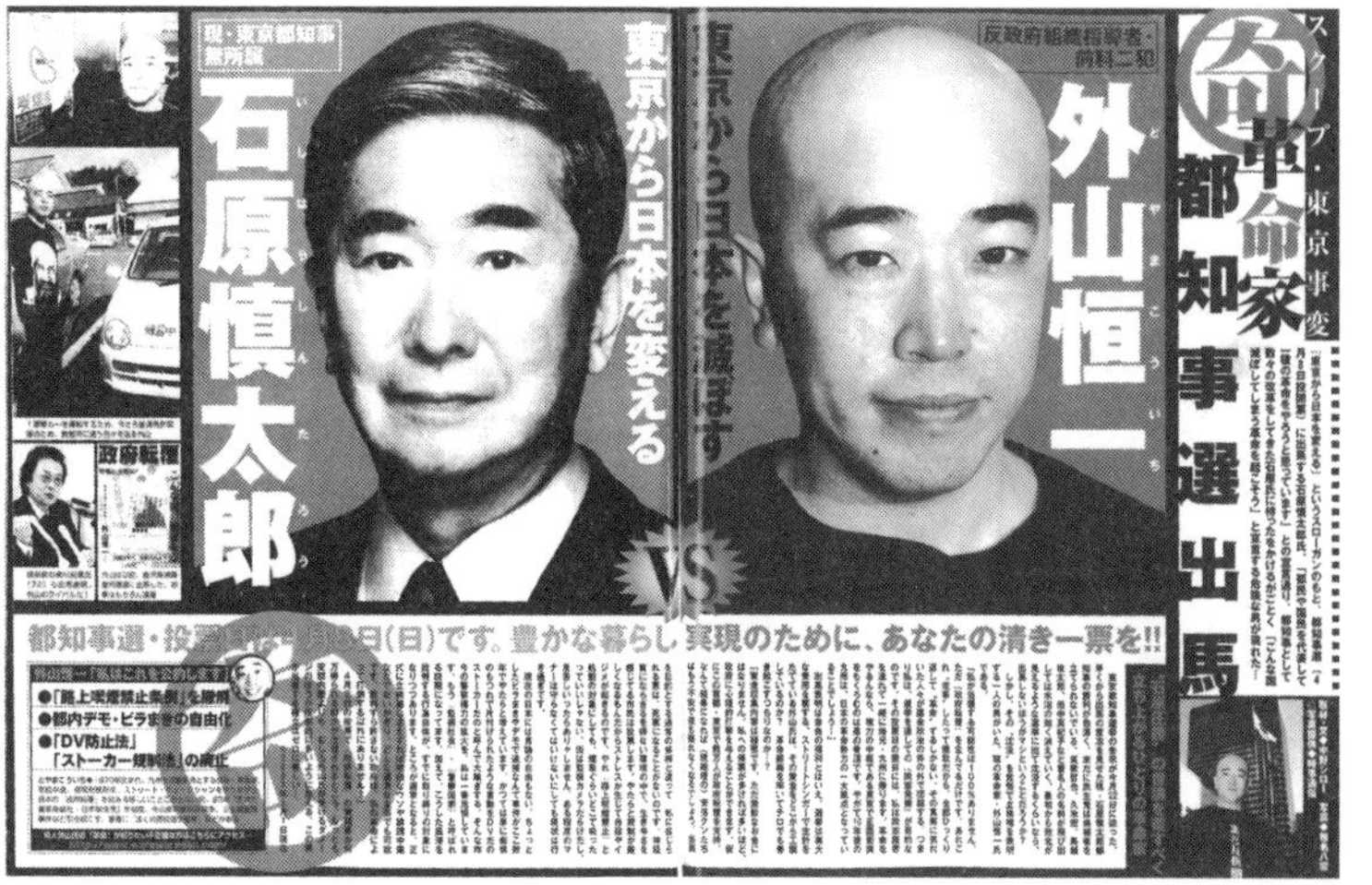

［図版39］「実話マッドマックス」（2007年4月号）

〈私が当選する可能性は100％ありません。ただ『政府転覆』を企んでるだけです。あれこれ〝改革〟したって無駄だから、全部ひっくり返して〝革命〟するしかない。その真実に気付いた人々が議会政治の枠の外で団結する。つまり私は、選挙を通しての『同志発掘』が目的なのです〉

〈『路上喫煙禁止』と処罰の対象にしても、煙草ぐらいどこで吸ったっていいじゃない。街は監視カメラだらけだし、息苦しいったらありゃしません。ある程度のマナーは守らなくてはいけないにしても現状は行き過ぎです。

現在の日本には言論の自由もない。ちょっとしたビラまきやデモで逮捕なんて事件がここ数年でやたらと増えています。（中略）こうした風潮を批判する行為自体が、すでに取り締まりの対象となりつつあります。ところが選挙とな

ると、正式に立候補しさえすれば明白なウソや誹謗中傷などでないかぎり、どんな過激な主張でも可能です〉

政見放送は、告示日前日にＮＨＫと民放担当社だったテレビ朝日で別々に撮影された。演劇的なパフォーマンスとしての完成度を高めるため、外山は1週間前からカラオケボックスで練習を重ね、まずＮＨＫでの撮影に臨む。ナレーターが読み上げる外山の経歴に局側から疑問が投げかけられたが、政見放送は候補者の意向が尊重されるため外山の主張が通った。

ただ、無事に撮り終えたものの、外山はラストに物足りなさを感じた。もう一工夫いるのではないか——。ＮＨＫの4時間後に収録されるテレビ朝日に向けて考えを巡らせた。そして、はたと思いつく。最後に首を左右に大きく振ってはどうか——。空き時間に再びカラオケボックスで動作を確認し、撮影に向かった。その間、テレビ朝日にはＮＨＫから「まずいやつが行くから注意しろ」との情報がもたらされていた。外山は、この時点で40時間寝ておらず、目の下のくまも異様な迫力を生んだ。現在ネットに流布している外山の政見放送は、ラストで首を振るテレビ朝日バージョンだ。

外山の政治活動の最高傑作と言える東京都知事選政見放送は、２００７年3月25日午前5時29分、本命候補の石原慎太郎に次いで放送された。それは、ＮＨＫで物言いがついた経歴紹介から幕を開ける。

アナウンサー　東京都知事候補。無所属。外山恒一。36歳。反管理教育運動を出発点に、異端的極左活動家となり、いまどき政治犯として2年投獄され、現在に至るも、反体制知識人。では続いて、外山恒一さんの政見放送です。

…………。

…………。

…………。

有権者諸君！

私が外山恒一である！

諸君。この国は最悪だ！

政治改革だとか何とか改革だとか、私はそんなことには一切興味がない！

あれこれ改革して問題が解決するような、もはやそんな甘っちょろい段階にはない！

こんな国はもう見捨てるしかないんだ！

こんな国はもう滅ぼせ！

私には、建設的な提案なんかひとつもない！

いまはただ、スクラップ&スクラップ！
すべてをぶち壊すことだ！

諸君。私は諸君を軽蔑している。
このくだらない国を、そのシステムを、支えてきたのは諸君に他ならないからだ。
正確に言えば、諸君のなかの多数派は、私の敵だ！
私は、諸君のなかの少数派に呼びかけている。
少数派の諸君。いまこそ団結し、立ち上がらなければならない。
やつら多数派はやりたい放題だ！
我々少数派が、いよいよもって生きにくい世のなかが作られようとしている！

少数派の諸君。選挙で何かが変わると思ったら大間違いだ！
しょせん選挙なんか、多数派のお祭りにすぎない！
我々少数派にとって、選挙ほどばかばかしいものはない！
多数決で決めれば、多数派が勝つに決まってるじゃないか！

じゃあ、どうして立候補してるのか。

その話は、長くなるから、掲示板のポスターを見てくれ。

ポスターは2種類あるから、どちらも見逃さないように。


私は、この国の、少数派に対する迫害にもう我慢ならない。

少数派の諸君。多数派を説得することなどできない！

やつら多数派は、我々少数派の声に耳を傾けることはない！

やつら多数派が支配する、こんなくだらない国は、もはや滅ぼす以外にない！


改革なんかいくらやったって無駄だっ！

いま進められているさまざまの改革は、どうせ全部すべて、やつら多数派のための改革じゃないか！

我々少数派は、そんなものに期待しないし、もちろん協力もしない！

我々少数派はもうこんな国に何も望まない！

我々少数派に残された選択肢はただひとつ。

こんな国はもう滅ぼすことだ！

ぶっちゃけて言えば、もはや政府転覆しかないっ！

少数派の諸君!
これを機会に、政府転覆の恐ろしい陰謀を、ともに進めていこうではないか!
ポスターに連絡先が書いてあるから、選挙期間中でも、終わってからでもかまわない。
私に一本電話を入れてくれ。
もちろん、選挙権のない未成年の諸君や、東京都以外の諸君でもかまわない。
我々少数派には、選挙なんかもともと全然関係ないんだから!
最後に、いちおう言っておく。
私が当選したら、やつらはビビる!
…………。
…………。
私もビビる。
外山恒一に悪意の一票を!
外山恒一にやけっぱちの一票を!
じゃなきゃ投票なんか行くな!
どうせ選挙じゃ何も変わらないんだよーっ!

アナウンサー　無所属。外山恒一さんの政見放送でした。

［図版40］ラストで中指を突き立てた東京都知事選挙政見放送（2007年）

最後の絶叫「どうせ選挙じゃ何も変わらないんだよーっ！」で右手の中指を突き立てた外山の政見放送は、早朝にもかかわらず動画投稿サイトYouTubeにアップされると瞬く間に世界を駆け巡る。［図版40］

英語、中国語、韓国語など各国語の字幕がつけられ、テクノやハウス・ミュージックへのアレンジ、他の動画との合成、アニメ声への吹き替えなど加工作品も相次いだ。4月3日の夕刊フジによれば、東京都選挙管理委員会は放送直後に43バージョンを確認していたという。

外山さえ予想だにしなかった大反響を呼び、再生回数はあっという間に数十万回を超えた。しかし、政見放送は「政見放送及び経歴放送実施規定」によって放送回数が定められていたため、ネットで見放題となってしまい選管は頭を抱える。そして、サイト運営会社に動画の削除を要請した。

一連の騒動を4月3日の産経新聞【図版41】が詳報している。選挙期間中で公正を期すためか、

政見放送動画ネットに投稿

首都の選択　都知事選07

8日投開票の東京都知事選の政見放送が、インターネット上でコミカルに投稿されるなどネット社会のあおりを受けて、想定外の事態に陥っている。政見放送は公職選挙法で放送回数などが厳密に規定されているが、アクセス数が数十万を超えるサイトも。いつでも、どこでも〝見放題〟の状況に、都選管は「公選法に抵触する可能性がある」として、一両日中にもサイト管理会社に削除申請を行う方針だが、投稿者が見えないというネット特有の事情があり、効果的な対応策は期待できそうもない。

都知事選の政見放送が投稿された動画投稿型サイト「YouTube（ユーチューブ）」の画面

いじられ〝見放題〟

公選法（昭和25年施行）では、候補者の選挙運動の手段を厳しく規定。文書の頒布や掲示方法のほか、政見放送も立候補者1人にテレビ5回、ラジオ3回と定めている。だが、ネット社会の到来はまったくの想定外。前回選挙では普及していなかった、さまざまな形態のサイトが登場している。動画投稿サイトもそのひとつだ。

「ネットで政見放送の画像が流れている」。告示後にこんな指摘が寄せられ、都選管で確認したところ、複数の動画投稿サイトで、過激な発言や風貌《ふうぼう》、しゃべり方が話題を呼び、注目を集めている候補の映像が張られていた。

中には、演説中の声にエコーをかけたり、アニメ主題歌をオーケストラバージョンのBGMに仕立てたもの、アイドルの声に吹き替えたものや、サイボーグ風に変身させたもの、字幕や絵文字を組み合わせたもの…。大半がコミカルに取り上げており、関係者によると、アクセスは計数十万にも上るという。

掲示板には、この候補のほかに、過去に都知事選に立候補したロック歌手やミニ政党党首、活動家の年配女性ら5の政見放送も併せて投稿。見た人がそれぞれの感想をつづった書き込みのコメントも残している。

公選法想定外…匿名の壁

政見放送について、民放やNHKに放映回数や時間（5分30秒以内）を守るよう指導している都選管の担当者は「政見放送がネット上に投稿される事態は全く想定外。好ましくない」と神経をとがらせる。

動画の投稿者が特定できれば、公選法に基づく撤去命令を出すなど対応策を取ることができるが、ほとんどが匿名のため確認は事実上無理な状況だ。

支援者や候補者本人が投稿した場合でも、選挙運動目的が確認できなければ明確な違反とはならず、警告などは最終的には警察の判断に委ねることになるという。

テレビ映像などが勝手にネット上に出回った場合は、製作者側がサイト管理会社に著作権の侵害の申し入れを行うケースは多い。しかし、公選法上に著作権規定はなく、政見放送の著作がどこに帰属するのかは明確になっていない。

都選管では、あくまで政見放送の転用や投稿が、公選法に抵触する選挙活動に当たるとして、管理会社に削除を申請するのが精いっぱい。都選管幹部は「インターネットの位置づけがされていない現状の公選法では手の打ちようがない。これを機に法整備を進め、ネット上での規制も進めるべきだ」と強調する。

「政見放送は早朝や夜中が多く、素晴らしい演説をしたとしても、まじめに見ている人は少ないだろう。ネット上でのPRは効果的で時代に即したやり方だ」。今回の都知事選候補の中からは、こんな声が上がっている。

［図版41］産経新聞（2007年4月3日）

紙上では動画画像の「外山恒一」という候補者名がモザイク処理で隠されていた。この記事で選管幹部は、「インターネットの位置づけがされていない現状の公選法では手の打ちようがない。これを機に法整備を進め、ネット上での規制も進めるべきだ」とコメントしている。外山が嚆矢となったのか。情報化社会の流れは止めるべくもなく、ネットでの選挙運動は13年の参院選から解禁される。

外山の政見放送は友人らをもうならせた。

「劇団どくんご」演出担当の伊能夏生はこう激賞する。

「鈍い人には演じていると分からないほど非常によく演じられている。劇団のみんなで大笑いしました」

当時、読売新聞西部本社文化部記者だった岩永も舌を巻いた。

「パフォーマンスとしての完成度が高い。文化部のみんなで見て感心していました」

さらに、世界的アーティストの心をもつかむ。スリランカの少数民族出身で、内戦を逃れ難民として英国に渡り、20年に大英帝国勲章を受けるラッパーのM.I.A.だ。彼女は、あるライブのオープニングで英語字幕付きの政見放送を流した。

「少数派の諸君！」

こう何度も呼びかける外山の演説に、会場から雄たけびにも似た歓声が上がる。そして、次の文句で聴衆のボルテージは一気に沸き立った。

「我々少数派に残された選択肢はただひとつ。

こんな国はもう滅ぼすことだ!

ぶっちゃけて言えば、もはや政府転覆しかないっ!」

外山は演説を、国家や政府といった権力による支配を退けるアナキズムの文脈で練り上げていた。アナキズムが日本よりもメジャーな海外では、「政府転覆」は有り得る選択肢だと受け止められたのかもしれない。出自を鑑みれば、M.I.A.が外山の訴えに共感していたであろうことは想像に難くない。そして彼女も、12年に全米で生中継されたNFLスーパーボウルのハーフタイム・ショーで中指を突き立てて物議を醸している。


サイバー空間を席巻した外山は、告示前から大勢の決していた都知事選の現実世界でも、ごく局地的な熱狂を巻き起こす。07年4月5日の毎日新聞【図版42】によれば、外山が4月3日夜にJR高円寺駅南口の広場で開いた意見交換会に若い男女約40人が集まった。彼らは段ボールを敷いて車座となり外山と議論を交わした。さらに、ポスターなどで番号を公開した携帯電話には15分に1本着信があり、応援や激励が6割に上った。もちろん、無言電話や「ばか、死ね」などの中傷も少なくなかった。

集会参加者は日を追うごとに増え、選挙戦後半には若者を中心に毎晩200〜300人が、投開票日を含む最後の金、土、日曜の夜はゆうに1千人超が集まった。政治以外の問答も繰り広げられ、4月3日のスポーツ報知は「彼女いますか?」「いません。(女優の)本上まなみが

「もう一つの都知事選」

その動機と主張は?

14人の候補者による舌戦が続く都知事選。注目を集める有力候補のほかにも独自の戦いを繰り広げる候補者たちがいる。どのような動機で出馬し、何を訴えているのか。「もう一つの都知事選」を取材した。【佐藤賢二郎】

■福祉施設に3候補

開票日5日前の3日、国立市の社会福祉施設「滝乃川学園」で開かれた「とちじせん　おはなしをきくかい」に3人の候補が出席した。選挙権を持つ入所者のために約25年前から行われているイベントで、入所者約50人が参加した。

最初に登場したのは桜金造氏。知的障害を抱える男性入居者(30)に抱きつかれ、笑顔でかぶっていたちょんまげのカツラをプレゼント。「みんな元気に長生きし、幸せになる権利がある。みんなに負けないようにがんばる」と語り、最後に参加者全員と握手した。

「日本中の『みつ子さん』のために立候補した」という。みつ子さんとは近所に住む孤独死した80歳過ぎの老人で、戦中、戦後を生き延びながら、悲しい最期を迎えたその人生を思うと涙が止まらなかったという。

選挙では演説よりも現場で学ぶことを重視し、この日も施設の責任者に福祉行政の問題点を熱心に聞いていた。「売名行為では」との批判を「だったら金のかかる選挙より他の方法を考える」と笑う。活動の中心はポスター張り。「最後の1秒までポスターを張り続ける」と語り、イベント終了後は施設近くの掲示板を回った。

■唯一の女性候補

続いて内川久美子氏が「たった1人の女性候補です」と元気にあいさつ。「世の中男女半分ずつなのに女性議員は少ない。手作り選挙をやっています」と訴え、リュックからマイクや垂れ幕、傘などを取り出し、街頭演説のスタイルを再現した。

「女性が誰も立候補しないから」が出馬理由。「内川あ也」の名前で風水師として活躍し、携帯電話の占いサイトの登録者は年間12万人という。

その傍ら、医療や福祉の現場でボランティア活動を続け、大学院で男女の行動分析を研究中。「マネーゲームの時代は終わり、心のあり方が問われている。社会を支える女性が活躍できる場を増やしたい」と訴える。

151㌢の身長に大きなリュック、選挙タスキをかけて電車で都内を回る。この日もJR立川駅前で街頭に立った。

イベントは最後に登場したドクター・中松氏がギター1の伴奏で「バラが咲いた」を熱唱し、拍手でお開きとなった。

■若者40人と意見交換

3日夜、JR高円寺駅南口前にできた人の輪の中に外山恒一氏の姿があった。段ボールに座った若い男女約40人の質問に答える形の意見交換会。告示当初は2、3人だった参加者が、「政府転覆」を訴えた政見放送後に急増したという。

番号を公表している携帯電話は15分に1回は鳴り、約6割が応援や激励、残りは無言電話や「ばか、死ね」などの中傷だという。「主張を押しつける」街頭演説は行わず、昼間は選挙ポスター張りに専念。毎夜の集会は夜更けまで続く。「選挙はあくまで同志を募る手段。当選は二の次だが、得票数は多数派への圧力になる」と語る。

◇　◇

多様な候補者が都政のあり方を訴えた選挙戦もまもなく終わる。有権者はどんな意思表示をするのか。そこから透けて見えるのは、都民が望む将来の東京、日本の姿だ。

あんぐるTokyo

◇都知事選立候補者(届け出順)

山口　節生	57	不動産鑑定士	諸新
吉田　万三	59	元足立区長	無新　＝共
外山　恒一	36	路上演奏家	無新
石原慎太郎	74	作家	②無現
浅野　史郎	59	元宮城県知事	無新
黒川　紀章	73	建築家	諸新
ドクター・中松	78	国際創造学者	無新
高橋　満	61	運転手	無新
佐々木崇徳	64	元警察官	無新
桜　金造	50	タレント	無新
高島　龍峰	71	易学者	無新
内川久美子	49	風水学研究家	無新
鞠子公一郎	33	元会社員	無新
雄上　統	65	作家	無新

独自の戦い、どう評価

自分で掲示板に選挙ポスターを張る候補者＝JR立川駅前で3日

[図版42] 毎日新聞(2007年4月5日)

好き」というやり取りを紹介している。外山とともに中指を突き立てた記念撮影を乞う者は後を絶たなかった。

07年4月8日の投開票日の夜。高円寺の広場では、持ち込まれたテレビに政見放送の動画が繰り返し上映された。アルコールも入り興奮状態の参加者たちを、「落ち着いて！　落ち着いて！」と外山が諫める一幕もあった。結局、1万5千59票を集めたが14人中8位で落選が決まった外山は、高円寺に集まった支持者たちにあらためて政見放送の演説を披露した。

石原慎太郎圧勝の選挙結果と演説内容への符合を見いだしたのか、聴衆は口をそろえて「そうだ！」「そうだ！」と連呼した。酔いも手伝ってか、外山はすこぶる上機嫌だ。

このときの都知事選は統一地方選挙のいわゆる第1ラウンドだった。外山はすでに第2ラウンドとなる翌週4月15日告示、22日投開票の熊本市議選への出馬を決めていた。第2ラウンドでは、東京都杉並区議選に高円寺の商店街でリサイクルショップ「素人の乱5号店」などを営む松本哉《はじめ》（1974年生）も出馬していた。

外山と旧知の活動家である松本は、法政大学生時代に学内にコタツを持ち込んで鍋を囲む「鍋闘争」や、自らの放置自転車撤去に抗議し「俺のチャリを返せ」と叫ぶサウンドデモ、警察に「反政府デモ」と申請しながらほとんどデモに行かない「すっぽかしデモ」など、「面白主義」の活動を実践する第一人者だ。自らの杉並区議選では、松本もまた独特の闘いで高円寺を大混乱に陥らせた。

そんな松本だったが、ファシズム転向し都知事選で大立ち回りを演じる外山には困惑の色を窺わせていた。外山や松本たちの当時の選挙戦を取材したドキュメンタリー映画『ニッポン●解散　第1部　杉並の乱』(葛西峰雄監督)で、結局落選が決まった松本が、同じ杉並区議選で当選した若手女性候補にこう漏らしている。

「外山恒一がうちらのことをやたら理解してさ、『あれはいい』とか言ってんだけどさ、俺は困るんだよ。(外山自身が)ファシストだとか言われても」

「いまの世の中を壊すところまでは一緒なんだけど、後が全然違うから」

「田舎であんなこと(引用者注：熊本市議選で都知事選のような選挙運動を)やったって引くだけだから」

パフォーマンスの面白さ故にネット経由で祭り上げられた外山だが、本質的な「危なさ」は見落とされていたのだろう。歴戦の活動家である松本は、それを見定め、当時は「肌が合わない」と判断したのかもしれない。

得意満面で九州へ引き返した外山だったが、熊本市議選には62候補中61位で落選する。ただ、540票を集め三度目の選挙で初めて供託金奪還を果たした。

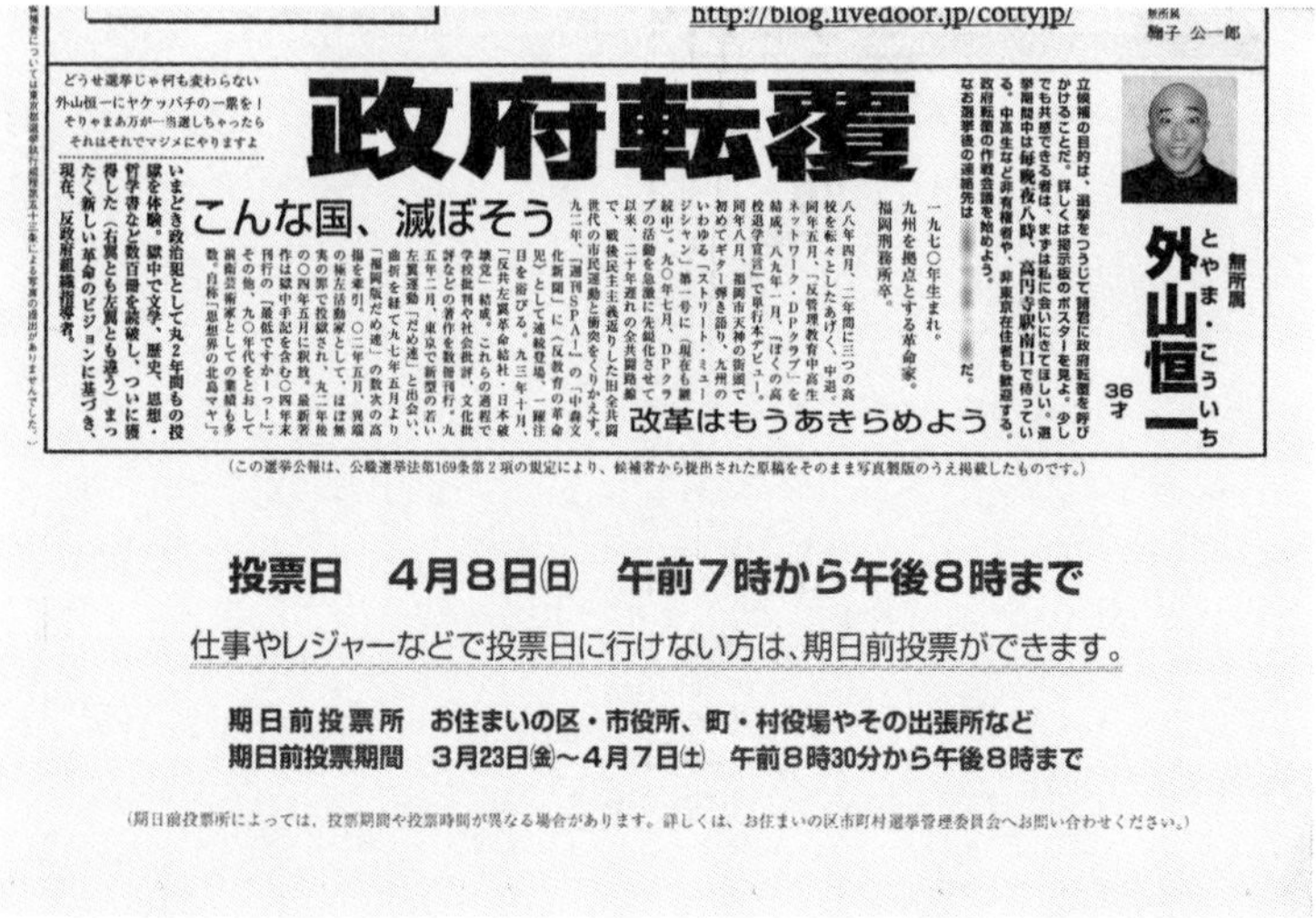
http://blog.livedoor.jp/cottyjp/

無所属
鞠子 公一郎

無所属
外山恒一《とやま・こういち》
36才

立候補の目的は、選挙をつうじて諸君に政府転覆を呼びかけることだ。詳しくは掲示板のポスターを見よ。少しでも共感できる者は、まずは私に会いにきてほしい。選挙期間中は毎晩夜八時、高円寺駅南口で待っている。中高生など非有権者や、非東京在住者も歓迎する。政府転覆の作戦会議を始めよう。なお選挙後の連絡先は[illegible]だ。

政府転覆

こんな国、滅ぼそう

改革はもうあきらめよう

一九七〇年生まれ。九州を拠点とする革命家。福岡刑務所卒。

八八年四月、二年間に三つの高校を転々としたあげく、中退。同年五月、「反管理教育中高生ネットワーク・DPクラブ」を結成。八九年一月、『ぼくの高校退学宣言』で単行本デビュー。同年八月、福岡市天神の街頭で初めてギター弾き語り、九州のいわゆる「ストリート・ミュージシャン」第一号に（現在も継続中）。九〇年七月、DPクラブの活動を急激に先鋭化させて以来、二十年遅れの全共闘路線で、戦後民主主義返りした旧全共闘世代の市民運動と衝突をくりかえす。九二年、『週刊SPA!』の「中森文化新聞」に〈反教育の革命児〉として連載登場、一躍注目を浴びる。九三年十月、「反共左翼革命結社・日本破壊党」結成。これらの過程で学校批判や社会批評、文化批評などの著作を数冊刊行。九五年二月、東京で新型の若い左翼運動「だめ連」と出会い、曲折を経て九七年五月より「福岡版だめ連」の数次の高揚を牽引。〇二年五月、異端の極左活動家として、ほぼ無実の罪で投獄され、丸二年後の〇四年五月に釈放。最新著作は獄中手記を含む〇四年末刊行の『最低ですかーっ！』。その他、九〇年代をとおして演劇芸術家としての業績も多数。自称「思想界の北島マヤ」。

どうせ選挙じゃ何も変わらない
外山恒一にヤケッパチの一票を！
そりゃまあ万が一当選しちゃったら
それはそれでマジメにやりますよ

いまどき政治犯として丸2年間もの投獄を体験。獄中で文学、歴史、思想・哲学書など数百冊を読破し、ついに獲得した（右翼とも左翼とも違う）まったく新しい革命のビジョンに基づき、現在、反政府組織指導者。

補者については東京都選挙執行規程第五十三条による写真の提出がありませんでした。）

（この選挙公報は、公職選挙法第169条第2項の規定により、候補者から提出された原稿をそのまま写真製版のうえ掲載したものです。）

投票日　4月8日㈰　午前7時から午後8時まで

仕事やレジャーなどで投票日に行けない方は、期日前投票ができます。

期日前投票所　お住まいの区・市役所、町・村役場やその出張所など
期日前投票期間　3月23日㈮～4月7日㈯　午前8時30分から午後8時まで

（期日前投票所によっては、投票期間や投票時間が異なる場合があります。詳しくは、お住まいの区市町村選挙管理委員会へお問い合わせください。）

［図版43］東京都知事選選挙公報（2007年）

東京都知事選の政見放送は外山を広く世に知らしめ、以後、選挙の度にその名を思い起こさせるほどのインパクトを残した。だが同時に、「政府転覆を叫ぶエキセントリックな過激派」というパフォーマンスの完成度のあまり、多くの人からキワモノ視される憂き目にも遭う。［図版43］

正直に告白すると、私もしばらくの間、そう受け止めていた。

鹿児島の喫茶店でインタビューした伊能は、私の目の前で政見放送をこう解説した。

「鈍い人には演じていると分からないほど非常によく演じられている」

耳が痛くてしょうがなかった。

22

再び逮捕

山本桜子（1981年生）の人生最大の転機は、2007年春のある日に訪れた。東京都知事選の期間中に通りかかったJR高円寺駅前で、立候補していた外山のビラを受け取ったのだ。

埼玉県出身の山本は、国際基督教大学でフランス文学や哲学を学んだ。母は全共闘末期の早稲田大学ノンセクト活動家で、革命歌『ワルシャワ労働歌』を流しながら掃除機をかけ、「機動隊を見たら石を投げろ」と小さな娘に諭す主婦だった。山本は友人が少なく、ひとりで美術展に足を運ぶような思春期を過ごす。そして、18歳のころから、第一次世界大戦に抵抗し、既存の秩序や常識を否定した芸術思想・ダダイズムに傾倒する。

山本は、バブル経済崩壊後の1990年代半ばから10年ほど続いた就職氷河期に社会へ出る。人文系の、特に哲学を専攻した学生だったから、さらなる辛苦を強いられた。大学を卒業しても就職できず、外山のチラシを受け取った運命の日は、アルバイト先の高円寺のスナックに向かっていた。そして、客のいないスナックで、お茶を挽きながら手渡されたビラを読んだ。テレビもYouTubeも観ていなかった山本は、外山の政見放送を知らず、ビラで初めてその思想や活動に触れた。山本は振り返る。

「そこに『前衛芸術と政治の融合』というような文句がありました。自分はそれまでにダダイズムを芸術の範囲内でやっていくには無理があると思っていたので、芸術以外のジャンルと結託するダダイズムを実験してみたいと考えていたんです」

ほどなく、外山にメールを送る。

「自分はダダイズムの研究をしていて、失うものは特になく、体力は非常にあります。何か手伝えることがあれば行きます」

1、2日置いて外山から返信があった。

「ややこしい話はともかく、すぐに来てください」

高円寺駅前での集会にも顔を出した山本は、都知事選終了後、すぐに熊本へ飛び、熊本市議選に出馬した外山のポスター貼りなどを手伝う。ただ、それ以上深入りしたいと思うほど外山への好感は生まれず、熊本市議選が終わると東京に引き返した。そして、外山との関係は、そのままフェードアウトさせるつもりだった。ところが。

都知事選の余韻も覚めやらぬ07年6月12日、外山は鹿児島県警に逮捕される。容疑はふたつの道路交通法違反だった。

起訴状などによると、外山は06年1月17日未明に鹿児島市最大の繁華街・天文館付近の一方通行道路を原付バイクで逆走し、06年7月10日昼ごろには鹿児島市内の国道を排気量50ccの原付バイクで法定最高速度（時速30キロ）を20キロオーバーで走行したとされた。

もちろん、通常なら青切符を切られ計1万5千円の反則金を納めれば済む話である。しかし外山は、1年にわたる警察からの任意出頭要請を以下のように拒み続けた。

「正式裁判を求める。言いぶんはすべて法廷で明らかにする。捜査段階では任意出頭であれ逮捕であれ一切何も喋る気はない、つまり黙秘する。わざわざ黙秘するために出頭するのは無意味なので、出頭しない」

同様のハガキも鹿児島県警に二度送った。

そして、逮捕された。

その後の取り調べに黙秘を貫いた外山は、7月11日に釈放されるまでの1か月間、再び囚われの身となる。

この事件を機に、山本の人生は転回していく。山本は語る。

「都知事選で高円寺にあんなに人が集まって『外山閣下万歳』って叫んでいたのに、誰も接見に行こうとしなかった。あれだけ持ち上げたやつが捕まったのに何もしないなんて」

無性に腹を立てた山本は、接見のために東京から今度は鹿児島へと飛ぶ。ちょうどそのとき、東京での人間関係に疲れてもいた。家賃を滞納していたため東京の家も失い、釈放されると同時に外山のアパートに転がり込む。そして、「卵を産みたい」とふと口走った山本への返答として発せられた、外山のこんな殺し文句で「我々団」に入党した。

「きみは卵を産めないけれど、党は卵を産むのだ」

禅問答のような外山の言葉を、山本はこう解釈した。

人間に卵を産むことは不可能だが、党という組織なら個人に不可能なことが可能となる――。

「どうせ就職できないし、奨学金で首は回らない。この際、人生を棒に振るのもいいんじゃないかと思いました」

山本はふたり目の党員だった。最初に入党していた若い男性は1年ほどで外山の許を去る。他にも若い男性党員数人が加わったが、外山に破門されるなどして、結局、山本と東野大地（1987年生）のふたりが残った。「我々団」は外山を中心に長く3人で活動を続けるが、東野も2020年に抜け、以後は山本とふたり政党となる。山本は、孤立や対立を繰り返してきた外山の政治活動でもっとも長く伴走を続ける、かけがえのない同志となった。

さて、そんな山本が支援した外山の道交法違反罪の裁判は、初公判の冒頭から荒れた。傷害事件の一審公判の人定質問で職業を「革命家」と答えたにもかかわらず、判決文に「自称革命家」と記された【図版44】ことに憤っていた外山は、裁判官に職業を問われるとこう答えた。

外山　黙秘します。
裁判官　いま、何か職についていますか？
外山　ええ。
裁判官　それは何ですか？
外山　黙秘します。
裁判官　あらためて伺います。人定質問に対しては黙秘権がありません。職業は？
外山　以前、やはり刑事裁判を受けたことがあり、職業について不快な経験をしているので黙秘します。

裁判官　職業は？

外山　お答えできません。

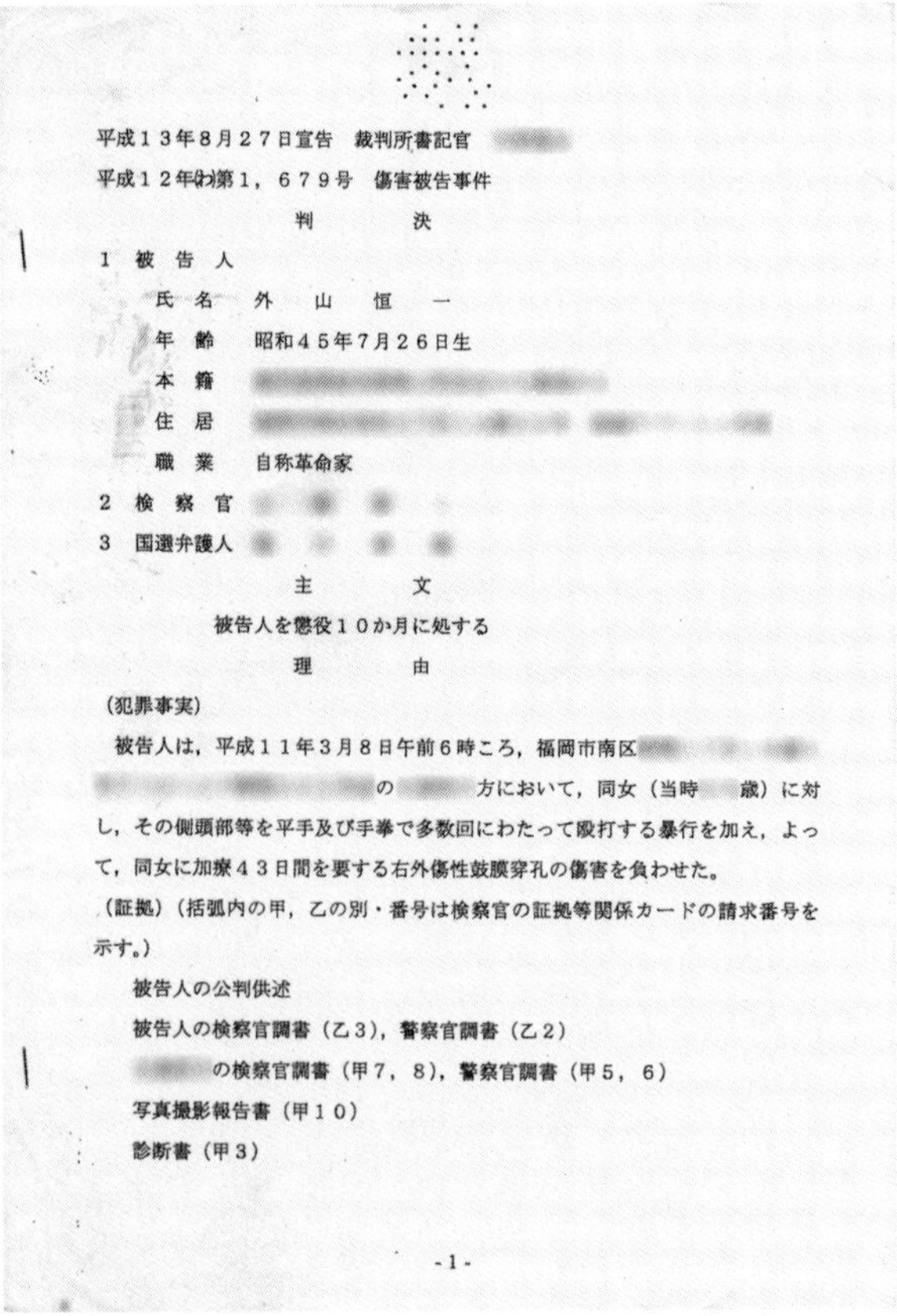

平成１３年８月２７日宣告　裁判所書記官　[redacted]

平成１２年(わ)第１，６７９号　傷害被告事件

判　　　決

１　被告人

氏　名　外　山　恒　一

年　齢　昭和４５年７月２６日生

本　籍　[redacted]

住　居　[redacted]

職　業　自称革命家

２　検察官　[redacted]

３　国選弁護人　[redacted]

主　　　文

被告人を懲役１０か月に処する

理　　　由

（犯罪事実）

被告人は，平成１１年３月８日午前６時ころ，福岡市南区[redacted]の[redacted]方において，同女（当時[redacted]歳）に対し，その側頭部等を平手及び手拳で多数回にわたって殴打する暴行を加え，よって，同女に加療４３日間を要する右外傷性鼓膜穿孔の傷害を負わせた。

（証拠）（括弧内の甲，乙の別・番号は検察官の証拠等関係カードの請求番号を示す。）

被告人の公判供述

被告人の検察官調書（乙３），警察官調書（乙２）

[redacted]の検察官調書（甲７，８），警察官調書（甲５，６）

写真撮影報告書（甲１０）

診断書（甲３）

-1-

［図版44］傷害事件の一審判決文。職業は「自称革命家」と記されている（2001年8月）

この応酬によって、そもそも本件で職業が重視されるはずがないと高をくっていた外山の予想を裏切るほど、裁判官は怒りを露わにしていく。

外山は当初、この裁判を無難に済ませようと考えていた。ところが、初手から裁判官の不興を買ったことで、第2回公判では「あわよくば懲役刑を勝ち取ろう」と方針転換した。

被告人最終陳述で立ち上がった外山のTシャツの背面には、黒地に白抜きの大文字で「全部私がやりました」と記されていた。前方は無地だったので、正面の裁判官には単なる黒地のTシャツにしか見えない。背後の傍聴人には背中で罪を認めながら、外山は堂々と無罪を訴えた。重ねて、勾留した警察を糾弾し、裁判所のあり方も質した。

外山の起訴事実に対する反論の要旨はこうだ。

一方通行違反は、深夜から未明にかけて一時的に一方通行になる道路を、当日は法令通りの方向で進んでいたが、途中で道を間違えたことに気付き標識の手前でUターンした。したがって標識を確認する機会がなく、一方通行だと認識できなかった。

速度違反は、法定速度を時速20キロオーバーしたことは間違いない。ただ、そもそも排気量50ｃｃ以下の原付バイクの法定速度が、バイクの性能や道路事情の進歩を無視して30キロのまま何十年も据え置かれていること自体が、実際ほぼ守られていないことからも明らかなように、現状にそぐわない――。

以下は、外山の15分に及んだ最終陳述の結論部分だ。

〈一方通行違反については、私には何ら落ち度はなく、無罪とすべきである。また、仮に私の過失責任を認めて有罪とするにしても、その過失を招きやすかった状況や、現実に事故を招く危険性の極めて小さかった状況を、私に有利な情状として、相応の刑の減軽がおこなわれるべきである。

速度違反については、立法の不作為を認め、私は無罪とされるべきである。また、仮に有罪とする場合にも、やはり現実にただちに何らかの事故を招く危険性の極めて小さかったことを認め、これを私に有利な情状として、相応の刑の減軽がおこなわれるべきであり、同時に裁判官は、現行法の非合理性を判決文で指摘し、適正な法体系の整備を立法府に促す責任を有する〉

〈私は本件において丸1か月におよぶ勾留をされており、仮に私の行為が有罪とされるとしてもすでに充分以上に制裁を受けているのみならず、その勾留の不当性を考えれば、仮に罰金刑を科すとしてもこれを未決勾留期間の算入によって相殺することで、私が国家機関から受けた不利益はたとえその一部といえどもただちに救済されるべきである〉

そして最後に、裁判官へこう捨て台詞を吐いた。

〈私が刑事裁判の被告人となるのは今回が3回目であるが、私はいつも同じ目に遭う。シュンとしてない被告人を見るとそれだけで不機嫌になる裁判官がどうしてこんなに多いのか。江戸時代のお白洲じゃないんだから〉

07年10月2日、鹿児島地裁で外山に言い渡された判決は、求刑罰金1万5千円の8倍となる罰金12万円だった。量刑理由にはこうある。

〈本件の違反事実がいずれも交通の危険をはらんだ看過し難い内容のものであること、被告人が、判示第1（引用者注：一方通行違反）の事実について不合理な弁解を述べ、かつ、第2の事実（引用者注：スピード違反）について独自の論理を展開し、悪法には従わなくてもよいなどと身勝手な言い分を述べ、公然と法無視・法軽視の態度を表明し、交通事故が減らないのは裁判官の責任であるなどと自己の非も顧みず責任転嫁の態度に終始しており、反省の情は微塵も見られないこと、このような被告人の応訴態度に加え、被告人には平成13年に傷害で、平成15年に名誉毀損で、それぞれ実刑に処せられた懲役前科2犯があり、交通違反歴も複数あって、被告人の遵法精神の欠如が顕著であることなどを考慮すると、本件の違反がいずれも反則行為に当たるもので、判示第1については過失であるなど、被告人のために酌み得る一切の事情を考慮しても、被告人を寛刑とすることは法治国家における法秩序維持等の観点から妥当ではない。そうすると、検察官の罰金1万5000円の求刑は本件の個別情状に照らして著しく軽きに失するといわざるを得ない（後略）〉

求刑の8倍という罰金判決は新聞記者らの目にも「珍事」と映ったのだろう。「罰金　求刑の8倍」（西日本新聞）、「道交法違反男に求刑の8倍罰金」（南日本新聞）との見出しで報じられる。結局、一審の判決は「重すぎて不当」と破棄した福岡高裁宮崎支部が出した罰金3万円が確定する。それでも、一審求刑の2倍ではあったが……。

逮捕、裁判へと至った外山の道交法事件での一連の振る舞いについて、私の率直な感想はこうだ。「え、そこまでやる?」

多くの読者も、同じような感想を抱くのではないか。普通なら、一方通行やスピードの違反を警察に咎められれば、しおらしく罰金を払っておしまいだろう。

どうして、逮捕されるまで警察への出頭を拒むのか?

逮捕され、裁判にまで発展し、おまけに反則金の2倍の罰金刑を言い渡された。実際は未決勾留が1日5千円換算で算入され、1円も支払わずに済む。それでも、丸1か月自由を奪われるのは、コスパが悪いにも程がある。非合理も甚だしい。

18年5月28日。外山はさらに、警察を相手にこんな大立ち回りも演じている。

この日、外山は、北九州市のコインパーキングに止めていたワゴンタイプの街宣車で昼寝をしていた。すると、福岡県警の警察官数人に取り囲まれ、起こされて運転免許証の提示を求められる。

外山　免許証は見せませんよ。

警官1　でも運転される可能性があるので……。

外山　運転する可能性があったら、なんで免許証を見せなきゃいけないの？

警官1　警察官には確認しなきゃいけない義務がありますので。

外山　なんで？（中略）

警官1　そこらへんの人じゃなくて、まずあなたに対応しているので。別の方にも場合によっては、違反車両とかがあれば対応します。

外山　この車は何か違反してるの？　してないでしょ？

警官1　違反とかじゃないけど、運転するおそれがありますから……。

外山　（通行人を指差し）あの人だって運転するおそれがあるよ。

警官1　いやいや（笑）、まず運転手さんのことを……。

外山　イヤです。見せません。

警官1　お願いします。

外山　イヤです。（中略）

警官1　運転手さんのことで私たちはいま来てるんです。大丈夫かなあ、と。

外山 大丈夫です。
警官1 それが確認できればいいんですよ。だからまず身分確認をさせてもらってるんですよ。
外山 なんで？
警官1 まず、運転するおそれがある。ここがあなたの駐車枠であるとか、あなたの家の敷地内で、絶対に運転せんということであれば、その必要性はないかもしれないけど、あなたの住所がここでないのであれば、私たちもやっぱり無免許運転とかされたらイカンので……。
外山 何を言ってるのか全然分かりません（笑）。（中略）
警官2 だいたい見せてくれと言えば見せてくれるんですけどねぇ。
外山 日本人は9割方、素直ですからね。
警官2 はい。
外山 でも、たまにはそうでない人もいるんです。
警官1 だから何かあるのかなあと勘繰ってしまうんですよ。免許を持っていないのかなあ、と。
外山 まあ言いませんけどね。持ってるか持ってないかも、もう言いません（笑）。（中略）コインパーキングに止めた車のなかで昼寝をしてはいけないという法律はありませんよね？
警官3 ないですよ。だから私たちが次に考えなきゃいけないのは、運転手さんも無免許運転とかではないだろうし、指名手配とかがかかってるわけでもないだろうかと思います。思いますが、だけどその確認をとって、そういうことではないと分かれば私たちももう帰りますんで。

外山　そんなもん、警察国家じゃないですか。警察がそこらへんの人を誰でもひとりひとり、自由に身元確認をして回れるような、そんな恐ろしい社会にはしたくないから、私は頑張ってお断りしているわけです。（中略）

警官1　まずは110番で対応してる方なんでね。これが終われば私たちも別の活動に行きます。交通の取り締まりとか、場合によっては職務質問といって、そういう活動もしますけど、まずは110番で来てるんで、これが終わらない限りはできないです。

外山　110番さえすれば誰でも調べるの？

警官1　ある程度は、ですね。確認はしますよ。確認的職務質問はします。

外山　ほー、じゃあ警察官の恰好をした怪しい人たちに取り囲まれてるって通報しようかな。ニセ警官だと思いますって電話しちゃいますよ。

警官1　してもらってもいいです。そしたら私たちもちゃんと、八幡東警察署の警察官ですって対応しますんで、それは。

外山　恐ろしい話だな。みんなグルなのか……。とにかくそうやってね、警察が誰彼かまわず身分証を提示させたりする権利があるかのような、そんな社会にはしたくないから答えないんです。（中略）

警官3　申し訳ないけど、私たちの主観から見れば、こんなふうにドアを開けて寝とったら不審に思いますよ。

外山 じゃあ閉めて寝てればよかったですか？

警官3 閉めて寝てればというか、実際に開けて寝とるからですよ。

外山 だって暑いじゃないですか。それはさっきも言ったでしょう。何か辻褄のあわないことを言ってますか？

警官3 それに上に乗っとるモン（「日本政府はテロに屈しろ」などの看板）とか、普通の人が見れば、〝何やろうコレ？〟と思うやないですか。

外山 普通の人から見たら不審なことをしてはイカンという法律もないでしょう。

警官3 そうですよ。そうですけど、私たちもそれを見て判断するわけですから、それでちょっとでもオカシいなと思ったら声をかけにゃイカンからですね。

外山 怪しいだとか何だとか、そういうことだけで警察が自由に振る舞えるような、そういう社会にしたくないと思うから抵抗しているわけです。（中略）

警官1 仲のいい警察官とかはいませんか？ 北九州に限らず、福岡中央署とか博多署とかでもいいですけど、いませんか？

外山 心当たりがないし、こんな人と〝仲のいい〟警察官がいたら内部で問題になるでしょうから、万が一いても言いません（笑）。

警官1 じゃあちょっとはいらっしゃる？

外山　だからいても言いませんって。
警官1　例えばそういう方が現場にいれば、応じてくれたりしますか？
外山　そういう仮定の質問には……（笑）。
警官1　答えたくない、と。分かりました。（後略）

このとき、外山とやり取りした警官は3人だったが、街宣車の周りには7、8人が集まっていた。確かに、「外山恒一と我々団」「既成政党全部打倒」「日本政府はテロに屈しろ」と大書された看板を掲げた車のドアが開け放たれ、なかにスキンヘッドの男性が横たわっているのを目撃すれば、昼間であっても普通の市民なら110番するかもしれない。そして、そんな通報を受ければ、事件や事故ではないかと確認するのは警察の職務だろう。

ただ、そうであっても何ら法を犯していないのだからと、外山は警察の要求を拒んだ。そして、記載の数倍に及ぶ応酬を経て、福岡県警は外山からの免許証提示を諦める。

ここで強調したいのが、引き下がった相手が福岡県警だという事実だ。福岡県内には5つの指定暴力団が本拠を構える。これは全国最多で、おまけに北九州は、全国唯一の特定危険指定暴力団である「工藤会」のお膝元だ。重ねてこの時期、県警は14年の工藤会トップ逮捕を皮切りとする工藤会壊滅作戦の真っただなかだった。一般市民にも牙をむく暴力団と最前線で対峙していた北九州の警官が、むろん外山が工藤会と無関係であることは把握していたのだろうが、

110番で出動したにもかかわらず免許証すら提示させられずに立ち去ったことに、私は心底驚いている。

23 ほめ殺し街宣

２０１１年3月11日。東日本大震災による東京電力福島第一原発の未曽有の事故は、脱原発運動の大きなうねりを生む。ただ、反原発運動はこれ以前にも１９８７年刊行の『危険な話』（広瀬隆・著）を契機に、一時的に全国で盛り上がっていた。同時期に管理教育と闘う活動家として歩み始めた外山は、当初から一貫して原発反対派だった。反原発運動が下火となった99年の福岡県知事選で「投票率ダウン・キャンペーン」を行った際の貼り紙にも、「九州電力に破防法適用」との文言がある。

ただ、大震災発生直後は、友人と「外山恒一が1年間常駐する」というコンセプトを掲げた「ＢＡＲラジカル」を福岡市にオープンさせていた。そのため、この年は遠出できず、地元福岡での反原発デモに「国賊東電に天誅を」「原発反対問答無用」「節電しません勝つまでは」などのプラカードを持って参加し、『原発推進組曲』という逆説的な替え歌メドレーの弾き語り動画をYouTubeにアップした。日本のフォークやロック、歌謡曲をつなげた組曲では、忌野清志郎が率いたロックバンド・ＲＣサクセションの『ドカドカうるさいＲ＆Ｒバンド』も取り上げた。「街中のガキ共に　チケットがばらまかれた　ドカドカうるさいＲ＆Ｒバンドさ」という清志郎の歌を、外山はこう替えた。「街中のガキ共に　セシウムがばらまかれて　ガタガタうるさい一般庶民だ」

バー常駐が終わった２０１２年、外山は次の衆院選に狙いを定めた反原発運動を構想する。

そのために必要となったのが街宣車だった。12年2月、原発事故後に熱心な反原発派となり政治の道へと進む山本太郎を熊本に招いた講演会に、外山はスタッフとして参加する。山本も交えた打ち上げの席上、軍服のような出で立ちの青年が現れ、「実は自分は右翼なんですけど原発には反対なんです」と明かした。そのまま飲み会に合流するのかと思いきや、「これから仲間たちと高千穂（筆者注：鹿児島、宮崎にまたがる天孫降臨の地として知られる山）に登る」と、敬礼してその場を後にした。青年に興味を抱いた外山は、講演会を主催した有川を通じて再会する。すると彼は、かつて持っていた街宣車を別の右翼男性に譲り、新たな所有者も手放そうとしていると話した。渡りに船とばかりに、外山は街宣車を持つ熊本の右翼男性宅を訪れると、彼はこう訊ねた。

「譲るのはいいけど、一体何に使うんだね？」

外山は少し考えて力強く宣言した。

「悪い政治家をやっつけます！」

男性は力強く外山の背中を押す。

「そうか、頑張りなさい」

実は外山は、衆院選期間中に原発推進派候補を街宣車で追い回すつもりだった。ただ、その男性宅の壁には、事故後も原発を推進する宗教団体「幸福の科学」系の政治団体「幸福実現党」のポスターが貼られていた。男性が支持者かは明確に判断できなかったが、外山の真の狙いを知れば譲渡を拒まれるかもしれない。「悪い政治家をやっつける」と返答したのは、正直に答えるのはためらわれ、嘘をつくのも憚られた外山のとっさの機転だった。

こうして外山は、天井にスピーカーや看板設置台もついたワゴンタイプの日産「バネット」を15万円で手に入れる。

〈こんな国もう滅ぼそう原発で　私たちテロリストから大切な標的を奪わないで！〉

外山は後に、こんな看板を掲げて反原発運動や反選挙運動を展開していく。

入手当時の街宣車に掲げられていたのは、次のような看板だった。

〈国賊日教組　撃滅しましょう!!〉

〈竹島・北方領土をとりもどせ!!〉

街宣活動の第1弾は、12年12月16日投開票の衆院選だった。この選挙は、12年11月の党首討論で、民主党代表の野田佳彦首相が安倍晋三自民党総裁に対し、衆院議員定数削減への賛成と引き換えに衆院解散を持ちかけて実施された。民主党は、政治主導や政権交代を打ち出した09年衆院選で政権を奪取する。ところが、鳩山由紀夫首相は米軍普天間飛行場移転問題で「最低でも（沖縄）県外」と明言したものの迷走を重ね、結局、沖縄県名護市辺野古案を受け入れ内閣を総辞職する。

マニフェストに「中止」と掲げた群馬県の八ッ場ダム建設も止められず、東日本大震災への対応や党内の対立もあり、民主党の支持率は坂道を転げ落ちるように下がっていた。解散時の支持率は自民党に大きく水をあけられ、この総選挙は始まる前から民主党の惨敗と自民党の圧勝が明白だった。その結果、以後8年に及ぶ「安倍一強政治」が幕を開ける。

ただ、外山はそもそも民主主義も選挙も否定するファシストだ。このときの選挙の結果を左右しようなどとは露も思っていなかった。原発を廃止するにはどうすればいいのかと、外山なりに考え抜いた末の活動だ。衆院選は、それに打ってつけの舞台だった。

「原発推進派懲罰遠征」

外山は、これは脱原発の流れを押しとどめようとする者への「懲罰遠征」だと、ムッソリーニの初期活動になぞらえて命名する。

その詳細はこうだ。外山ら我々団の3人が原発推進派と定めた候補の選挙カーを街宣車で追い回し、「前を走っている○○さんは原発推進派です」と市民に知らせていく――。もちろん、選挙活動を妨害したと逮捕される恐れがあった。外山は、そのリスクを背負ってでも原発を止めようとした。当時のリベラル勢を中心とする脱原発運動では議会政治に回収され、少数派に過ぎない反原発派は選挙に勝利することは不可能なので、絶対に再稼働を止められないと確信していたからだ。後に外山はこう回想している。

〈思うに現在の反原発運動は正攻法にすぎるのだ。デモであれ選挙運動であれ、「社会変革や意見表明の方法」として体制側にとって「想定内」の範囲で何をやっても原発は止まらない。

体制側が恐れるのは何よりも秩序の崩壊である。原発をやめなければ秩序が維持できなくなると感じさせれば原発は止まる。違法なことをやれと云っているのではない。べつに違法だから悪いということはないが、違法なことをやれば当然簡単に弾圧されてしまう。違法ではないが体制側にとって「想定外」であるような戦術を、次々と繰り出すべきなのである〉

12年の衆院選で、外山は入手したばかりの街宣車に「原発問題を争点に」と大書した看板を掲げる。そして九州各県の選挙区を巡り、スピーカーから『葬送行進曲』（ショパン）を大音量で流しながら、前方の候補が原発推進派であることを訴え続けた。

もちろん、違法であればすぐに検挙されて活動は終わってしまう。事前にこの計画を右翼の面々に明かすと、彼らは「絶対に捕まるからやめておけ」と口をそろえた。しかし、外山には法に触れない自信があった。

調べてみると、まず、選挙期間中は政治活動が一部制限される。外山のように候補者を街宣車で「原発推進派」と伝えて回ることは立派な政治活動のように受け止められる。しかし、一体誰が「政治活動」だと判断するのか？　政治資金規正法では、政治的主張や選挙活動を行う団体などが政治団体だとされている。では政治団体とは何か？　それは、政治活動を目的に都道府県の選挙管理委員会または総務大臣に届け出た団体を指す。つまり、その届け出を行っていない任意団体の我々団は、街宣車を使っても特定の候補への投票を呼びかける「選挙運動」

を行わなければ違法行為にならない。それを守れば、選挙期間中の街宣でも、出会い系サイトの広告カーなどと同じ扱いになるのだ。

もちろん、候補者の演説をかき消して中止に追い込めば選挙妨害になるため、外山は一定の距離を保ち、近づく際には音量を下げて邪魔をしないように配慮した。一種の落選運動のようだが、外山は特定の候補を指して「落選させましょう」とは呼びかけなかった（佐賀3区では「誰も通すな」という主旨の街宣をしたが……）。当該候補が原発推進派だと指摘した上で、「何かの参考にしてください」と強調したのだ。

ちなみに、落選運動については総務省のサイトで次のように記されている。

〈公職選挙法における選挙運動とは、判例・実例によれば、特定の選挙において、特定の候補者（必ずしも1人の場合に限られない）の当選を目的として投票を得又は得させるために必要かつ有利な行為であるとされている。

したがって、ある候補者の落選を目的とする行為であっても、それが他の候補者の当選を図ることを目的とするものであれば、選挙運動となる。

ただし、何ら当選目的がなく、単に特定の候補者の落選のみを図る行為である場合には、選挙運動には当たらないと解されている〉

このように、誰の当選も目指さず政治団体でもない外山の一連の活動は、選挙期間中でも期間外でも違法とはならない。

外山は、12年12月4日の公示日から動く。主なターゲットは、そもそも原発を推進し続け、このときの選挙では全原発の再稼働について「3年以内の結論を目指す」とした自民党候補だ。さらに、将来の脱原発を掲げた民主党であっても、再稼働を公約とした大分の候補は追い回した。このとき、即時原発ゼロを掲げていた共産党も、事故以前は推進派だったと断じて噛みついた。外山は、選挙期間中、九州各県を毎日移動し、それぞれの選挙区で原発推進派候補を追い回していく。

もっとも、12月14日に活動の舞台となった玄海原発のある玄海町を含む当時の佐賀3区（現佐賀2区）は、自民党と共産党の候補しか立候補していなかった。つまり、敵視する候補しかいない。そこで外山は、選挙区内の唐津市を2時間ほど次のように訴えて回る。

「佐賀3区に国会議員は要りません。目指せ投票率0％。自民党0票！　共産党0票！」

「くだらない選挙に行かないのは市民の義務です。自民党を通すな、まして共産党を通すな。佐賀3区に国会議員は要りません。目指せ投票率0％。自民党0票！　共産党0票！　当選者0を目指しましょう」

これは、後に反選挙の純度を高め棄権を呼びかけていく「ニセ選挙運動」の原形となる。

さて、外山たちの闘いは熊本1区からスタートした。この活動で外山は、Twitterを駆使し、街宣内容や相手のリアクション、警察とのやり取りを実況していく。ネット空間に、賛辞はもちろん否定的な見解まで、さまざまな言説がリアルタイムで広がった。

選挙戦5日目には、熊本2区のベテラン自民党候補を追い回す。午前8時過ぎから『葬送行進曲』を流し「○○さんは原発推進派です！」と訴えながら数十メートル後ろから追いかけた。すると、選挙カーが路肩で停車し、スタッフ数人が降りて来て、外山たちの車のナンバーをメモするような仕草を見せる。候補本人が握るマイクは、オンになったままだ。

「(熊本)県警に連絡してよ。選挙妨害だから」

「誰に頼まれたかしらんけど」

「卑怯な連中が何を言いよるんか……」

「こがんと(筆者注：こんなこと)はいかんですよ。こがんとは許しちゃいかん」

この間、外山はハンドルを握ったまま事態を静観している。

追い回された自民党候補はこう言い捨て、選挙カーは再び候補の名を連呼しながら発進する。

山間部の住宅地を巡る選挙カーの背後から、外山も負けじと訴える。

「原発問題を争点にいたしましょう。いま通った○○さんは原発推進派であります。参考にしてください」

お互い走行を続けながら、再び候補本人の声で外山たちを糾弾する。

「どこの陣営か知らんけど、後ろからこんな選挙妨害しとったらつまらんぞ」

やがて、選挙カーが行き着いた先には熊本県警が待ち伏せていた。外山はブルーハーツの『終わらない歌』を流しつつ「原発問題を争点にいたしましょう」と周囲に呼びかけていると、彼の地に誘い込まれた。

以下、スピーカーを通して自民候補の「訴え」が縷々続く。

「典型的選挙妨害だよ。現行犯だよ」

「当たり前だ。こんなの許されるか。どこの誰か知らんけど」

「誰からカネもろてやってんだよ。許さん！」

「原発反対派ちゅうのはそんな卑劣なことをするかい？」

「誰から頼まれたか？　誰から頼まれたか知らんけど……ワタナベヨシミか？（筆者注：当時のみんなの党代表の渡辺喜美だと考えられる。熊本2区には、この選挙で次点となったみんなの党公認候補が出馬していた）」

このとき、熊本県警玉名署員は外山たちに警告もせずにこう述べた。

「原発についてはいろいろ考え方もあるだろうから、きみたちがこんなふうに活動するのもまあ分からんではないけど、もうちょっとやり方を考えて、ほどほどにしてくれないかなあ」

ただこのとき、選挙カーを見失わないために街宣車とは別に真後ろから追尾していた、山本桜子と東野大地の乗る軽自動車の前に警察官数人が立ちはだかり、それ以上選挙カーを追えないように発車を遅らせた。

外山たちは翌日の鹿児島1区で初めて警察の警告を受ける。相手陣営が駆け込んだ鹿児島中央署敷地内まで誤って追尾した軽自動車の東野に対し、軽犯罪法の「つきまとい」に当たるという指摘だった。

さらに翌日、宮崎1区で初めて公職選挙法を根拠とした警告を受ける。それは、「威力による選挙の自由妨害」に当たるというものだった。しばし抜け道を思案した外山は、警官に「選挙カーを追尾さえしなければ、街宣そのものは選挙期間中であってもべつに違法でもなんでもないんですよね」と訊ねた。すると、宮崎県警捜査2課の担当者は「そうだ」と答えた。これで外山は、選挙期間中であっても、街中で立候補者を「原発推進派」だと言いふらしても法に触れないという確信を得る。候補を追い回せば「つきまとい」または「威力による選挙妨害」と受け止められるかもしれないが、たとえ警告を受けても同じ候補に繰り返さなければ検挙される可能性は低い。予想外に無事に闘い抜いた外山は、選挙戦最終日の12月15日、Twitterにこう本心を吐露した。

〈意外にも逮捕されずに闘い抜くことができた。捕まらないよう努力はするが、絶対に捕まると思っていた〉

この闘争に挑むにあたり、外山は逮捕されたときの供述をあらかじめ用意していた。

「ムシャクシャしていた。相手は誰でも良かった」

公選法違反だと宮崎県警に警告を受けた日、外山たちとのやり取りを終えた警官が立ち去った後のことだ。街宣車の運転席で携帯電話を操作していた外山に忍び寄った男性が、窓をノックした。

「警察の者だけど」

妙に馴れ馴れしく話しかけてくる。

「どうすんの、これから」

「困るんだよ、こんなことされちゃ」

苦笑いしながら、具体的な身分を明かさずに雑談を持ちかけてくる。

公安？　外山の脳裏をよぎる。そして男性は、こう言い残して消えていった。

「やるんなら大分でやってよ。大分で」

宮崎県警の公安と思しき男性にとって、大分での活動なら管轄外なので関与しなくて済む。男性の胸中は、きっとこうだったのだろう。

こんな面倒な活動は、管轄外の他県でやってよ——。

13年夏の参院選は自民党勝利がさらに濃厚で、国政選挙とは思えないほど盛り上がりに欠けた。外山はこの間、とある右翼青年に「原発推進派なので誰々を支持する」などという個人の意見表明は公選法に触れないと教えられた。いわゆる「ほめ殺し」だ。そして、原発推進派候補をほめ殺して回る運動を思い立つ。

「こんな国、滅ぼしましょう原発で。こんな国、終わらせましょう原発で。私たち過激派は原発をしつこく続けてくれる自民党を支持しています。私たちテロリストのために、格好の標的原発をいつまでも残してくれる自民党に感謝申し上げます」

外山は、ビンラディンのTシャツを着た「過激なテロリスト」という設定で、マイク片手に殺し文句を連呼した。街宣車から流れる音楽は、忌野清志郎が率いる覆面バンド、ザ・タイマーズの『原発賛成音頭』だった。

〈原発賛成〜！　原発推進〜！〉

陽気で暢気な清志郎の煽り文句と、落ち着き払った口調ながら限りなく過激な外山の演説が、穏やかな日常を攪拌していく。

選挙戦最終日の13年7月20日に北海道での街宣に同乗したのが、朝日新聞の高橋純子（1971年生）だ。高橋は2000年に政治部記者として初めて森喜朗首相の番記者を務め、以降、異動を挟み安倍晋三、菅義偉など歴代首相と独特の筆鋒で対峙してきた。保守派の大物を向こうに回しても動じずに批判し続ける、リベラル派新聞のいわゆる「スター記者」だ。ただ、外山を取材した当時、高橋は迷いのなかにいた。高橋は言う。

「新聞社の政治報道は正攻法しか教えてもらえない。どんなに正論をぶつけたと思っても、政治はビクともしません。どのような言葉ならグラッとさせられるのか……」

政治の現場にいる記者として批判するのなら、真正面から切り込むしかない。「自民党に注文する」「昔の自民党は懐が深かった」「野党はだらしない」常套句を並べたところで、有権者の意識も選挙の論戦も高まったという手応えは得られなかった。

そんな高橋の心の隙間に、ネットを通して外山のほめ殺し運動が入り込んだ。初めて接触しようとした外山に、高橋は「ひょっとすると話が通じない人かもしれない」と一抹の警戒心を抱いていた。だが、電話越しの外山の声は穏やかで理性的だった。選管にも外山の運動は公選法に触れないと確認し、高橋は街宣車に同乗する。自民党をほめ殺しながら、自民党支持者が集まる沿道にも臆せず近づく外山に、高橋は驚いた。

「私は肝が小さいほうじゃないと思うんですが、これ捕まんないのかな？　と思うほど支持者の間を堂々と通り抜けていった。すごい胆力。大袈裟ですが、政治批評の新たな地平を見た気さえしました」

高橋は、主権者である国民は政治を変える力を持っているのに、その自覚を奪われているのではないかと感じていた。国民の力を呼び覚まさなければ社会を変えられない——。そんな危機感から、誰に頼まれもせずにたったひとりで社会を揺さぶる外山の闘いに引き寄せられた。

「人は誰しも、生まれたからにはこの社会を変えるパワーを持っているのだと、外山さんは必死に思い出させようとしていたのではないでしょうか。ファシストを名乗りながら、実は民主

2013参院選　勝ったのはだれだ　オピニオン

選択肢なき選挙
社会は変わらない
民主主義は万能か

活動家　外山《とやま》 恒一《こういち》さん

［図版45］朝日新聞（2013年7月27日）

主義の土壌をたったひとりで耕しているように受け止めたんです」

　この参院選は、予想通り自民党が圧勝した。

　当時の外山は、交際女性への傷害事件によって、長年付き合いのある読売新聞の岩永でさえも「新聞では取り上げづらい」状況だった。そんな中、国内屈指の全国紙である朝日新聞が、13年7月27日朝刊のオピニオン面の大半を割き、高橋を聞き手に外山のロングインタビューを掲載する。［図版45］そこで外山は、こう語っていた。

〈選挙によって、人々は意思決定過程に参加させてもらったかのように勘違いしがちですが、体制側の方針なんか最初から決まっているんです。多数決で決めれば多数派が勝つに決まっている。僕は多数決に反対しているんです。自民圧勝を受け、『自民はおごらず、少数意見にも耳を傾けるべきだ』なんて言っている人がいますが、なんてお人よしなんでしょう。傾けるはずありません〉

〈民主主義者の悪いところは、民主主義もまたイデオロギーであるという自覚がないことです〉

〈不可解なのは、民主主義者ほどいま民主主義は機能不全に陥っているとか言いがちなことです。自分たちの意見が政治に反映されないという不満があるんでしょう。でも民主主義が理想なら、理想は既に実現されている。世論調査をすれば脱原発派が多くても、民主主義の結果、原発はなくならない。あなたの眼前で起きていることは全て民主主義が機能した結果です。だから民主主義そのものを疑うべきなのです〉

〈民主主義を守れとか言っているリベラルな人たちが思い描くような世の中にならないのが、民主主義です。リベラルな人たちは、自らの問題を言葉にしたり、変革したりする回路すら持っていない社会的弱者に寄り添っているつもりでものを考えてきたと思いますが、インターネットが普及し、そういう人たちが言葉を持ち始めると、ネット右翼みたいなのがどんどん出てきて、それに影響されて世の中の風潮もどんどん右傾化していく。この皮肉な現実を、リベラルな人たちはもっとかみ締めた方がいいと思います〉

〈フランスやアメリカで将棋盤がひっくり返されたから議会制民主主義が生まれたわけだし、

戦後の日本だって、アメリカに将棋盤をひっくり返されて生まれているのですから。このゲームのルールでは絶対に自分たちには勝ち目がないのに、それでもゲームを続けようとするのは不真面目です。そもそも日本では、ゲームのルールは書き換えられるんだということすら忘れられている。だから頑固な反原発派の私が、こうやって不真面目に訴え続けているのです〉

外山の原発推進派候補へのほめ殺し運動に関するほぼすべての動画を見た私は、この運動は舛添要一に狙いを定めた14年東京都知事選で質的なピークに達したと捉えている。ただ、一連の反原発街宣を終えた外山は、ある危惧を抱いた。ひょっとすると、世間からは原発推進派候補を落選させたいと思われているのではないか――。もちろん外山にとって、選挙結果はまったく関心がなかった。選挙に勝利する原発推進派に恐怖心を植えつける「合法的」な反原発運動を提示し、また、選挙に敗北する反原発派の溜飲を下げ士気を維持しようと目論んだのだ。選挙結果に興味がないことを証明するために、外山は15年春の統一地方選挙から、選挙の否定に特化した「ニセ選挙運動」を展開する。

福岡市議選では、立候補していないのにもかかわらず、街宣車上部に「九州ファシスト党公認候補　外山こういち」「選挙反対！　民主主義打倒‼」「めざせ投票率ゼロ％」と青地に白の太文字で記した看板を掲げ、外山の活動ではお馴染みの『アナーキー・イン・ザ・UK』を流しながら、このように連呼していった。

「選挙反対、めざせ投票率0％、外山、外山、外山恒一が、投票ボイコットのお願いにやって参りました。みなさんが投票に行くから誰かが当選してしまうんです。誰ひとり投票に行かなければ全員0票、誰も当選できません。投票には絶対に行かないようお願い申し上げます。ひとりでも投票に行かれますと誰かが当選してしまいます。やめてください。みんなが迷惑いたします。投票率0、選挙完全ボイコットを実現し、全員0票で、福岡市から議員を撲滅いたしましょう。選挙廃止、民主主義廃止は〝アジア先進都市〟ここ福岡から。外山、外山、外山恒一でございます。選挙に出るような非常識な人に政治が任せられるでしょうか？　選挙反対。福岡に議員は要りません。それでもどうしても投票に行く、という方がいらっしゃいましたら、仕方がありません、外山、外山恒一とお書きください。投票に行かないのとまったく同じ結果が期待できます」

16年7月の東京都知事選期間中にも、外山は立候補していないのに毎日棄権を呼びかけた。防衛大臣を務めた小池百合子が当選するこの選挙で、元編集者の織田曜一郎（1975年生）は街宣車に同乗し続け、連日YouTubeに動画をアップしていく。【図版46】

街宣車で都内各所を巡る外山に、街行く人からこんな言葉が発せられた。

「あの人、超ヤベーから」

「あんた頭おかしいよ」

［図版46］東京での「ニセ選挙運動」（撮影・織田曜一郎／2017年）

顔をしかめる人が一定数いた一方で、笑顔で手を振る人も多く、上野では「小池の一味かと思ったが、おまえら頑張ってくれ」と一風変わった激励もされた。織田は振り返る。

「抗議は1件か2件で、予想外に少なかった。社会の敵だと見なされるかと思ったのですが、想像以上に反応は好意的でした」

外山は朝から晩まで街宣車のハンドルを握り、ほとんど休憩を取らず、誰も頼んでいないのに、誰のためにもならない棄権という主張を、立候補すらしていないのに叫び続けた。

織田は、独特の言語センスで社

会通念と対峙する外山の活動を「アート」だと捉える。

「『既存の概念を疑う』という役割がアートにあるとするならば、外山さんの活動はまさにアートが果たすべき役割のひとつなのではないでしょうか」

外山の街宣車に同乗した高橋と織田は、異口同音にこんな感想を語っていた。

ところが実際は、そこまで強い反発は起きなかった。民主主義が日本の金科玉条で、選挙がその根幹だとされるのなら、選挙をかき乱し嘲笑する外山の一連の活動は、国民に唾棄されなければならないのではないか。

逮捕されかねないほど、市民に敵視されるのではないか——。

それが起きなかったということは、裏返せば、実は多くの日本人にとって、選挙とは「その程度のもの」でしかないのかもしれない。昨今の国政選挙での投票率低迷を目の当たりにする度、私はこの思いを強くしている。

24 アート

外山は、自らの活動スタイルを、やや自嘲ぎみに「面白主義」と呼んでいる。その一方、外山がファシズム転向する契機となった、政権を獲得するまでのムッソリーニの活動に、暴力は多大な効力を発揮した。先に紹介した「懲罰遠征」では、「黒シャツ隊」と呼ばれた民兵組織が、主に社会主義勢力を標的に、施設の破壊や放火、殴打、地域社会からの追放といったテロ行為を仕掛け、死者も出す闘争を繰り広げている。

現代の日本で「革命家」を名乗る外山は、暴力をどう捉えているのか？

そこに正面から切り込んだのが、美術評論家の福住廉（1975年生）だ。

福住は2021年5月に熊本市で開かれた外山との公開対談で、「どうしてもお聞きしたいことがある」と質した。

福住　暴力論についてお聞きしたい。『政治活動入門』でも、敵をユーモアとともに茶化したり、嫌がらせをしたりという面白主義を紹介していますが、その方法論と根底にある暴力的なモチベーションや欲望を、どう位置付けているのですか？

外山　理屈では、世の中を本気で変えるには暴力的な契機は絶対に必要だと思っていますし、それ抜きでは世の中なんか変えられないと本気で思っています。

ただ、僕がそれを担えるのかというと、いまの時代状況では浮きすぎている。そして、僕はあまり粗暴な環境で生きてきませんでした。どちらかというと優等生として育ってきて、そういうマジな暴力に馴れた人間ではない。頭でっかちなタイプの人が無理に暴力革命だと言うと、連合赤軍みたいになってしまう。キャラの問題としても、僕には無理があると思います。

時代的な条件と個人的な条件を加味して、僕にやれる精一杯のこととして、マジの暴力の代わりに敵を笑いのめすということをやっています。

福住　ただその一方で、現在の香港やミャンマーのように自由を求めて抑圧と闘っている人を、暴力行為に仕向けさせる権力が働いている。僕自身も暴力的な素質も能力もないのですが、もし自分が同じような状況に巻き込まれたら確実にテロリストになっていると思う。

日本は状況が違うと言うかもしれないけれど、日本もそれに近い形の政治的な暴力がすでに働きつつある。面白主義の有効性が、(07年東京都知事選の)政見放送の時代と明らかに変わっています。

外山　僕もそうだし、松本哉くん、だめ連の人たちという同世代に面白主義系の活動家が多い。僕らは1990年ごろに政治運動の世界に入っていて、そのころは中核派なんかが普通に存在感があり、僕らは彼らの暴力的なことを批判していたわけではないけれども、運動としては完全に終わったものと見ていました。

だから、過激な主張のビラを配ると中核派のような危ない連中だと思われてしまうので、過激なことを言っていても中核派などとは明らかに違うと一瞬で分からせるために、面白主義を追求しました。面白主義を強いられたという側面があります。

だけど、それは単なる時代の要請で、いまの時代はもっと真面目に主張していいと思う。僕らの面白主義は世代の病気のようなもので、僕もここ数年は現場の活動家という意識はなく、半ば引退しているような自意識です。むしろ、後継者を育てることに関心が向いている。
その若者たちには、面白主義は僕らの世代だからやったので、きみらがやる必要はないと話しています。きみたちの時代はもっと深刻になる。命の軽い時代になるんだから大変だねと話しています。

福住　面白主義でも暴力革命でもないとすれば、独自の新しい形になるということですか？

外山　彼らの世代は暴力革命になるかもしれません。20歳前後やそれ以下の世代は、いまよりもっと深刻になります。いまも深刻だけれど何か誤魔化されていますが、そう遠くないうちに誤魔化しが利かなくなります。

90年代初頭にバブル経済が崩壊し、日本は出口の見えないトンネルに迷い込んだ。2000年代初頭に「失われた10年」と呼ばれた景気低迷は、やがて20年になり、脱する気配のないまま30年続く。経済成長を続ける各国からいつの間にか取り残され、国民の所得は伸びず、非正規雇用は増え、円安も少子化も止まらない。外山の現役時代は、いまより「深刻」の度が低かった。だから、外山は敵を笑いのめすという、ある種のニヒリズムを抵抗手段として採用できた。だが、そんな時代は、もはや「麗しき過去」なのかもしれない。

事実、外山の面白主義は、同時代性の高い活動だった。

対談で外山が名前を挙げた松本は、突出したユーモアセンス溢れる活動で大きな成果を残してきた。松本は、キャンパス内にコタツを持ち込み、鍋を囲んだような法政大学時代の自らの運動を、こう振り返る。

「当時も『黒ヘル（筆者注：黒ヘルメット＝ノンセクト活動家の象徴）』はかぶっていましたが、1990年代半ばの学生運動は下火で、先細りが目に見えていた。くだらない路線のほうが一般の学生は面白がってくれました。

いまでも真面目な左翼運動には共感する人しか加わりませんが、飲み友だちとそういう話になることのほうが大切なんです。キャンパスでいきなり鍋をやって酒を飲んだほうが広がりがある」

松本は、外山を「芸人」だと評した。

「すごい芸人だと思う。すごく上手。アイデアが浮かんだとしても、あそこまで完璧にやるのは難しい。芸にちゃんと徹している」

外山を中央に配置し、4歳年少の松本、6歳年長の作家・中川文人を並べて3人の活動を比較すれば、政治運動の世代変遷が見て取れる。

中川は80年代後半から法政大学の「黒ヘル」を率い、法政を拠点校としていた中核派と激しく対決した。その中川が、実は自らの学生運動は「コスプレだった」と明かす。

「ゲバ棒を持ったって絶対に人は殴らない。殴り合いはしませんという前提。バリケードストライキをしても、機動隊が来たら逃げるという前提。バリケードはただのオブジェだった。学生はみんなバカじゃないから、そんなこと（学生運動）をそこまでやっちゃいられなかったし、大学側も分かっていた。異様な空間だった」

「外山くんの活動が政治運動よりも芸術運動として評価されているけれど、当時の法政の学生運動も、表現活動の文脈で捉えた方がいいのではないか」

中川はこう冗談めかして振り返りつつ、外山の運動の本質を紐解いた。

「学生運動はバカらしいというのは重々承知。だけど、見方を変えれば面白い。外山恒一は、そこをちゃんと突いたから偉い。政治運動にはいろんな価値判断があり、ちょっとやり方を変えればさまざまな世界が見えてくる」

外山は、学生運動が変質途上の中川と変化を終えた松本の狭間の世代だ。それは、過激派と呼ばれる中核派や革マル派など新左翼の色が薄れつつも、まだ褪せきっていない時代だった。

先鋭的な主張を掲げれば、過激派と受け止められ一般人を怖がらせる。面白主義は苦肉の策だったが、目立ちたがりという外山の気質やサービス精神、ユーモアセンスによって、独特の「芸域」に達する。

外山が２００８年9月にアメリカ大統領選に立候補すると宣言した演説動画は、前年の都知事選政見放送に次ぐ出色の「演説作品」だ。この選挙ではオバマ上院議員が当選し、アメリカ初の黒人大統領となる。

外山は立候補の前提として、世界中がアメリカに支配されているのに、選挙権も被選挙権も与えられないのはおかしいと訴える。演説はまず、こんな宣言で幕を開ける。

〈全世界、全人民に告ぐ。

私の名前は外山恒一。

アメリカ51番目の州、日本の革命家だ〉

もちろん、アメリカには最後に加わったハワイ州までの50州しかない。アメリカ以外の国は、すべて51番目の州だという設定だ。動画の英語字幕では、「州」が複数形にされ、「51番目の州のひとつ、日本の革命家」となっている。一見突拍子もない主張は、さらに続く。以下全文を掲げよう。

〈諸君。私には納得できないことがある。

私は今回アメリカ大統領選に立候補しようといろいろ調べてみた。

しかし、どうやら、私にはアメリカ大統領選に関して被選挙権はおろか選挙権すらないようなのだ。

これは一体どういうことだ。

諸君も知っているはずだ。

いまや全世界がアメリカであるということを。

アメリカは世界中あらゆるところに生じている問題に口を出し手を出し、場合によっては自らズカズカと乗り込んで解決を図ろうとしてきた。

そんなことは、世界がすべてアメリカであるという認識に立たなければ到底理解も容認もできないことだ。

そう。実際もはや世界は全部アメリカなのだ。

なんと素晴らしい。

私はアメリカが大好きだ。

私はかつて2年間政治犯として投獄されたこともあるが、釈放されるや否やマクドナルドに駆け込み、ビッグマックとポテトとコーラを注文したほどだ………とてもおいしかった。

好きな映画はたいていハリウッド製だし、ビートルズも素晴らしい……………………うるさい！　イギリスだってアメリカじゃないか！

とにかく、私はアメリカが大好きだし、自分がアメリカ人であることを誇りに思っている。

…………。

…………。

いや、思っていた。

私に参政権がないことを知らされた今日までは、だ……。


私は祖国に裏切られた思いだ！


諸君は知っていたのか！

アメリカの人口はもはや60億を超えているというのに、そのうち参政権を認められているのはわずか2億人にも満たないことを！

我がアメリカは民主主義の国ではなかったのか！

全人口のわずか30分の1の人間ですべてを決めることの、いったいどこが民主主義なのだ！

わずか30分の1以下の民主主義に絶望した！

絶望した！

私はもう頭に来た。

こうなったら、私は私なりのやり方でアメリカ大統領選に勝手に立候補することにした！

私はアメリカ人だ！
当然、本質的に被選挙権を持っている。

全世界、全人民に告ぐ。
諸君もまた、みなアメリカ人だ！
当然、本質的に選挙権を有している。
その上で、私は諸君に抗議の棄権運動を呼びかける。
今回のアメリカ大統領選において投票しなかったものは、全員私を支持したとみなす。
白票や無効票を投じたものについても同様だ。
これで私はもう勝ったも同然だ。

マケイン。
オバマ。
どうせたかだか取って数千万票だ。
私はこのまま何もしなくても六十数億票。
どうだ！　参ったか！

わずか30分の1以下の支配者たちに告ぐ。

私のアメリカ大統領就任を阻止したければ、いますぐ残り六十数億人の参政権を認めろ！

さもなくば、もう世界の問題に首を突っ込むのはやめろ！

イラクのことはイラク人に。

イランのことはイラン人に。

朝鮮のことは朝鮮人に。

日本のことは我々日本人に。

すべてのことは、その地に住む人々に自由に決めさせろ！


そもそも、世界すべてをアメリカ色に染めようというのが間違いだったのだ。

私がアメリカ大統領に当選した暁には、そのことを心から反省し、今後、アメリカは北アメリカ大陸の一部のみとし、その他の地域は、とりあえず約２００の独立国として分割する！〉

ＢＧＭにはドヴォルザークがニューヨークで作曲した『新世界より』を使用し、演説時の所作の細部にも「芸」を凝らした。英語字幕を添えた動画がYouTubeにアップされると、世界中からこんなコメントが寄せられた。
〈You rule, Koichi! My vote goes to you!（恒一、さすがです！　私はあなたに投票します！）〉

〈How could he say something so bold, yet so true.（どうしてこんなに大胆に、真実が言えるの）〉
〈years ago when I first saw this I thought this guy was totally nuts... now I realize he was totally right all along（数年前にこの動画を見たとき、この男は完全に狂っていると思った……いま、彼は完全に正しかったのだと気づいた）〉

現代美術家の会田誠（１９６５年生）は、美少女やエログロをはじめ、戦争やサラリーマンをもモチーフとする多彩な作品で、高い評価を受けている。私は会田の作品群から、同調を強いる世間への反発という、外山と同質の問題意識を読み取っていた。

会田は、２０１６年に織田が撮影した「ニセ選挙運動」の動画を指し、Twitterにこう呟いた。
〈外山恒一さんか……そりゃこんな頭良くて行動力あって話術巧みなら嫉妬しますよ……〉
現代美術界のトップランナーとして長年活躍する会田は、外山を美術の枠内で捉えればどう評価するのか。それをどうしても知りたくて、取材を申し込むと、メールインタビューに応じてくれた。

07年東京都知事選政見放送への感想を訊ねると、会田はこう回答した。
〈まずは極論に振り切って、完全に悪人役《ヒール》に徹した爽快感がありますよね。しかしそれだけではない。訴えている「政治改革の無意味」や「選挙自体の無意味」は、当時はヤケクソのブラックユーモアと受け止めていたところがこちらにはありました。単に状況への嫌悪感の吐露かと。しかしあれから月日が流れ、現在の国内外の民主主義や普通選挙の危機的状況、ポピュリズムや衆愚政治の台頭を見ると、外山さんの先見の明にこうべを垂れ、こちらの不明を恥じるばかりです〉

続いて、外山への嫉妬心を吐露した、かのツイートの真意を聞いた。

〈外山さんの頭の良さに関しては、セックス・ピストルズの『アナーキー・イン・ザ・UK』の訳詞に関するブログ（？）を読んで感心したことが大きいです。一般的に流通している訳詞の誤訳を指摘し、最終的に自分の訳詞を示しました。単に英語が読めるという話ではありません。当時のイギリスの社会状況など様々な要素を統合して、難しい言葉の真意を汲み取ろうとし、抜本的な改変をしていました。なんとなく口当たりの良い既存の訳詞の誤魔化しを見抜く、その分析的な頭脳の明晰さに驚きました。

行動力やコミュニケーション能力の高さは、僕に比べたら言うに及ばず。特に若手の育成、そのための合宿といった活動は、長い目で見て実際に社会を動かすことを目的とするならば、当然の帰結で、それを実行する責任感は立派なものだと思います〉

会田が感心した外山のネット上の文章は、04年の出所後間もなく、『アナーキー・イン・ザ・UK』の歌詞カードに書かれていた邦訳への違和感から執筆された。

外山は、4番の歌詞の意味が通らないと、冒頭から訳を吟味していく。そして、1976年にイギリスのパンクバンドが発表し強烈なインパクトを放った曲を、2004年当時の日本人にも伝わるように、「正しく」訳し直した。

当時、外山がレンタルショップで借りたＣＤの原詩と訳詞を元に、「我々団」ホームページに綴った文章の要所を掲げる。引用部の前で外山は、自らの英語力を「中学2年生程度」だと断っている。

〈Right.Now.Hahahahaha……
I am an antichrist
I am an anarchist
Don't know what I want
But I know how to get it
I wanna destroy passer-by
Cause I wanna be anarchy,no dogsbody

Anarchy for the U.K.
Is coming sometime and maybe
I give a wrong time,stop at traffic line
Your future dream is a shopping scheme

Cause I,I wanna be anarchy
In the city

Are many ways to get what you want
I use the best,I use the rest
I use the enemy,I use the anarchy
Cause I,I wanna be anarchy
It's the only way to be

Or dead

Is this the M.P.L.A.?
Or is this the U.D.A.?
Or is this the I.R.A.?
I thought it was the U.K.
Or just another country
Another council tenancy

I wanna be anarchy
And I wanna be anarchy
You know what I mean
And I wanna be anarchist
I get pissed,destroy

続いて同じく、歌詞カードに載っている訳詞の全文である。

いくぜ！　今だ、Hahahaha…
俺は反キリスト論者
俺はアナーキスト
欲しいものなんてないが
手に入れる方法だけは心得てる
行き交うやつらをブッ殺したいぜ
俺はアナーキストになりたいのさ、手下なんてゴメンだね

アナーキズムを英国に
きっといつかそんな時がくる
メチャクチャにするぜ、交通を遮断してやる
買い物の計画だけがお前のこれからの夢
俺はアナーキストになりたいんだ
この街で

手に入れる方法なんていくつもあるのかい
思いどおりにやってやる、くつろいでやる
敵を操ってやる、アナーキズムを振りかざしてやる
俺はアナーキストになりたいんだ
それが唯一の方法さ

さもなきゃくたばっちまうんだな

M.P.L.A.なのかい
U.D.A.なのかい

それともI.R.A.なのかい
きっと英国のことなんだろ
でなきゃ別の国さ
どっかの借り物の議会なんだ

俺はアナーキストになりたいんだ
そうさ、アナーキストに
わかるだろ
アナーキストになりたいのさ
怒りをぶちまき、ブッ壊してやる

M.P.L.A.……アンゴラ解放人民運動
U.D.A.……アルスター防衛協会
I.R.A.……アイルランド共和国軍

とまあ、こんな具合である。

まずおかしい、というか意味不明な訳になっているのが、4番の歌詞、つまり「Is this the

M.P.L.A.?」からの数行である。さすがに「アナーキー・イン・ザ・U．K．」はパンクの基本であるということで、歌詞の意味ぐらい理解しておきたいと過去に何度かこの訳詞に目を通してはいたが、そのたびに毎回引っかかっていた箇所だ。
たしかに中学生ふうに訳すと、「これはM．P．L．A．ですか？」である。訳詞も基本的にこの中学生レベルの翻訳と大差ない。

もちろん私は歴戦の革命家であるから、ここに並んでいる頭文字がそれなりに有名な武装ゲリラ組織の名称であることぐらいはわざわざ註をつけてもらわなくても分かる。すでに高校生の時に、クラッシュの『サンディニスタ！』というアルバム・タイトルを見て、「なるほどニカラグアだな」と思ったほどである。

しかし何なのだ、この唐突な「M．P．L．A．なのかい」という問いかけは。聴いてる我々に向けて、「おまえはM．P．L．A．のメンバーもしくは支持者なのか？」とでも質問しているのか？

まあよく分からないながらも、一応そういうことなのかなと納得してみよう。

しかしそうすると、4行目の「I thought it was the U.K.」、中学生ふうに訳して「私は、それは大英帝国だと思いました」とのつながりがまったく分からなくなる。その後の、5行目「あるいは他の国（だと思いました）」も6行目「もうひとつの借り物の議会」（知らない単語「tenancy」については訳詞を参考にした）もやっぱり、意味不明だ。

こうなると私はやはり、「この訳詞はなんか違うんじゃないの？」という疑念がムクムクと胸の内に湧き上がるのを抑えることができないのである。

回り道をしよう。

1番の歌詞（「I am an antichrist」から「no dogsbody」まで）の訳は、これでいいと思う。

2番（「Anarchy for the U.K.」から「In the city」まで）も、いいだろう。

なんかヘンじゃないか？　という気がしてくるのは3番からである。

「Are many ways to get what you want」を「手に入れる方法なんていくつもあるのかい」と訳すのはいい。問題は次。「I use the best, I use the rest」が、「思いどおりにやってやる、くつろいでやる」と訳されている。前半は、「私は the best を使います」である。「欲しいものを手に入れる方法」について云っているのだから、素直に訳せば「the best」は「最良の手段」ということである。「思いどおりにやる」というのは、少しヘンな気がする。が、これくらいなら「意訳ですよ」と云われれば「ああそうですか」と引き下がってもよい。

しかし「I use the rest」を「くつろいでやる」と訳すのは完全に誤訳である。中学生の私にもそれくらいのことは分かる。

「rest」には確かに「休み、休息」の意味がある。しかしもうひとつ、「残り」という意味もある。特に、「rest」の前に「the」がついたらほぼ間違いなく「残り」の意味である。何度も云うように私は中学生である。つまりこの誤訳は中学生レベルの誤訳なのである。「プロの訳詞」というのは、私の当初の予想をはるかに超えて信用ならないものであるということを、この箇所を検証することによって確信した。絶対、4番の訳もデタラメであるに違いない。

ちなみに「I use the rest」の正しい訳は、「私は最後の手段を使います」だと思う。ここは「欲しいものを手に入れる方法」について云っているのだから、「最良の方法」と並べて、「(いろいろあるうち)残った方法」を使うというのは意訳すればつまり最後の手段を使うということである。「(私が使うのは)最良の方法ですし、最後の手段でもあります」という意味である。

「I use the enemy, I use the anarchy」を「敵を操ってやる、アナーキズムを振りかざしてやる」というのは、まあ誤訳とまでは云えないかもしれない。前の文脈を踏まえれば、「I use the enemy」は「私のやり方は敵を利用するという方法でもありますし」だから「敵を操ってやる」でもいいかもしれない。「I use the anarchy」を「アナーキズムを振りかざしてやる」と訳すのはちょっといただけない気もする。ここは「私はアナーキズム(という思想)を使います」という意味ではないだろう。「アナーキーな方法を使います」、つまり「ムチャクチャやるってことでもありますよ」ということだろう。

こういうふうに3番を「正しく」訳せば、実は4番の歌詞の謎はキレーに解決するのである。

さてみなさん、では大団円といきましょう。

「Is this the M.P.L.A.?」、「これはM.P.L.A.ですか?」。

まず考えるべきは、「これ」って何を指してるんだ? ということである。

5分ぐらい（中学生だから）考えると、もしかして3番の歌詞全体のことを指してるんじゃないかということに思い当たる。

つまり「私は欲しいものを手に入れるためにベストの方法を使いますが、それは最後の手段でもありますし、敵を利用する陰謀をめぐらせるということでもありますし、とりあえずムチャクチャやるってことでもありますよ」という立場、発想について、「これじゃまるでM.P.L.A.みたいですか?」と訊いてきているのではないか? 「それともU.D.A.みたいですか? あるいはI.R.A.みたいに見えますか?」と。どれも一般市民の理解を越えた「凶悪なテロ集団」なのだから。

そこへ、「I thought it was the U.K.」である。「私は大英帝国だと思いました」。

つまり、「こんなこと（3番の歌詞みたいなこと）を云うと凶悪なテロ集団みたいに思われるかもしれませんが、私としてはむしろ大英帝国つまり政府のやり口をマネしてるつもりなんですけどね」の意味である。「きっと英国のことなんだろ」では意味不明である。「Or just another country」、「まあ他の国ということにしといてもいいですけど（政府なんてのはどこも似たようなもんでしょうし）」となる。

そしてさらに「Another council tenancy」。これを「どっかの借り物の議会なんだ」と訳すのは、意訳ではなく完全な誤訳である。先述の「the rest」同様、中学生にも(英和辞典さえ引けば)気づける程度の間違いである。

「Another」、「もうひとつの」。「council」、「議会」。ここはいい。「もうひとつの」を「どっかの」と訳すのも、ヘンだが意訳の範囲だろう。問題は「tenancy」である。英和辞典には、「借用」の意味が最初に出てくる。「テナント」と同じ語根である。しかし、その後に「任期」という意味もあることが説明されている。であれば「council tenancy」は「議会の任期」に決まっているではないか。「借り物の議会」とはまたanarchyな訳をしたものである。

では「Another council tenancy」、「もうひとつの議会の任期」とは何か?

ここが今回の推理物語の佳境である。語学力ではどうにもならない。もはや頼るべきは私の探偵としての「本質直観」力のみである。

私はアナキストでありファシストであるから、すぐにピンときた。

つまり「私はもうひとつの議会の任期を務めているのです」、スマートに訳せば「おれはもうひとつの政府をやってんだよ!」とジョニー・ロットンは宣言しているのである。もちろん直前の、「私としては政府のやり口をマネしてるつもりなんですけどね」とピッタリ符合する。

謎はすべて解かれた。名探偵に拍手を。白い犬とワルツを。

あと、致命的なミスではないが、最後の「I get pissed,destroy」を「怒りをぶちまき、ブッ壊してやる」と訳すのもいかがなものかと思う。「I get pissed,(and I) destroy」だから、後半はこれでいい。しかし前半「I get pissed」は受動態である。英和辞典を引くと「piss」は「小便をする」の意味で卑語であると書いてある。すると受動態だからここでは「私は小便をされます」である。小便を「ぶちまける」のではなく「ぶちまけられる」のである。意訳すれば「私は汚物にまみれてでも以上のことをやりぬく決意です」だろう。

これで「アナーキー・イン・ザ・U.K.」は正しく訳すことが可能となった。

しかし私はそれだけでは物足りず、意訳ついでにこれを日本人向けに改変してしまおうと考えた。そうすれば、単にこの素晴らしい歌詞を正しく理解するにとどまらず、こんな曲がヒットチャートの上位に食い込むということの衝撃を、よりストレートに実感できると思うからである。

例えば欧米のキリスト教圏で開口一番、「I am an antichrist」なんて宣言しちゃうのはかなり大変なことである。日本で「私は特定の宗教を持っておりません」とか云うのとは大違いなのである。しかも単に無神論者だというだけでも結構な問題発言なのに、「アンチ・キリスト」とまで云っている。もはや悪魔の所業である。日本に置き換えれば、「私は麻原尊師に帰依しています」とのっけから絶叫しているようなものである。

私はこのニュアンスをちゃんと出したいと考えた。

そして例の、M.P.L.A.(アンゴラ解放人民運動)、U.D.A.(アルスター防衛協会)、I.R.A.

(アイルランド共和国軍) である。I.R.A.以外は、あまり日本ではなじみがない名前である。最初これを、「赤軍派」とか「中核派」とか、あるいは「オウム」とかに変えてしまおうかとも思ったが、別に具体的な組織名が重要なわけではない。挙げられている3つの組織も、掲げている主張の方向性はバラバラである。U.D.A.とI.R.A.に至っては、一方は北アイルランド独立反対派、一方は推進派で、対立して殺し合ってるほどである。だからといってこれを「中核派と革マル派」に置き換えてもあまり意味はなかろう。そもそも日本には現在、イギリスにおけるI.R.A.ほどの存在感を持った武装勢力はいない。というわけでここは、組織名にこだわらず一般化・抽象化することにした。

そんなこんなで、以下、私が訳した「Anarchy in the U.K.」、「日本をメチャメチャに」である。

おれはアナーキストでオウムが大好き
欲しいものなど特にないが
その気になれば何でも手に入る
そのへんの奴らをブチ殺してやりたい
もっとメチャメチャになればいいのに
誰かにシッポをふって生きるのはゴメンだ

ニッポンをメチャメチャに！
きっといずれそうなる
ろくでもない時代を作ってやる
交通もマヒさせる
おまえらの頭の中は
ショッピングの計画でいっぱいだろうが
おれはこの街をメチャメチャにしてやりたいんだ

欲しいものを手に入れる方法なんて
いくらでもあるというのか？
だがおれの方法がベストだ
これは最後の手段であり
敵も利用する無茶なやり方だ
おれは何もかもメチャメチャにしてやりたいんだから
これが唯一の方法だ
ダメなら死ぬまでだ

これじゃ極左テロ集団？
それとも極右？
それともカルト教団？
おれはむしろ日本政府のやり方をマネしてるつもりだ
まあどこの国の政府も似たようなもんだけど
おれはもうひとつの政府をやってんだ

すべてをメチャメチャにしてやりたい
とにかくメチャメチャに
言ってること分かるだろう？
おれはアナーキストでありたいんだ
汚物にまみれながら、ブチ壊してやる〉

外山がネットに公開すると、この文章を読んだ英語に堪能な知人が、「get pissed」は「酔っぱらう」という意味の俗語表現だと指摘し、最後の1行は「酔った勢いでムチャクチャやってやる」と修正が加えられた。全文の前段と後段を省略しているが、原稿用紙二十数枚のこの文章に、私も外山の知性と論考力、そしてユーモアセンスが凝縮されていると思っている。

さて、会田への最後の質問は、外山をあえてアーティストだと捉えればどう評価するのかという、私がもっとも聞きたい項目だった。

〈僕は良いアーティストだと思います。本心と演技性の微妙なぶつかり合いなど、誰よりも芸術家的だと思います。案外繊細なバランスを大切にしているように見受けられます。確かに、ビンラディンや日本の首相に扮した僕の作品とは共通項はあると思います。

大雑把に言って、外山さんの部分的な仲間は、日本国内ではなく、海外にはある程度いると思います。過激な社会へのアピールとしてなら、例えばロシアのプッシー・ライオットですが、外山さんのようなユーモアや逆説はないかな。バンクシーも美術の外部空間でのゲリラ的活動、皮肉などが外山さんと共通してるでしょうが、まあ実際の世間での受け止められ方はまるで違いますね……。

少なくとも僕はなんの権限もないひとりの美術関係者として、日本の美術界が外山さんに侵入され、めちゃくちゃにかき回されることを歓迎します〉

21年2月から3月にかけて、外山初の個展が北九州市の「ギャラリー・ソープ」で開かれた。

[図版47] 反管理教育を訴えた最初期のビラから機関誌、各種動画、街宣車の看板などさまざまな

資料で埋め尽くされた空間の一部が、この直後、熊本市現代美術館でも再現される予定だった。

熊本県水俣市出身の詩人・谷川雁（1923～1995年）の詩の一節から名付けられたグループ展「段々降りてゆく」では、九州に根を張る7組のアーティストが紹介された。本当は外山も、そこに加わるはずだった。

この展覧会を企画した熊本市現代美術館主任学芸員の佐々木玄太郎（1988年生）は、外山の政治活動に、積極的に社会へ関与し変革を目指すソーシャリー・エンゲイジド・アート（SEA）との共通項を見いだし、こう分析する。

「アイロニー（皮肉）やユーモアという現代美術的なパフォーマンスの要素がある。ただ、（外山自身は）芸術だと名乗らず、あくまで政治活動にこだわることで生まれる迫力によって、芸術への批評性まで読み取れる。

芸術だと名乗れば、芸術という制度が、ある種動物園の檻のように機能し、檻の外から安全に見ていられる。ところが、芸術を名乗らないために檻が取り払われ、こちらは面白いと受け止めていても、いつ、この現実に牙をむいてくるのか分からないという危険性も持っている」

佐々木は、公立美術館初となる外山の展示実現に力を注いだが、「展示を実施した際に、各方面からの反発が見込まれ、リスクマネジメントが困難」などという館の方針によって、実現しなかった。

この決定に、福住は美術館の検閲だとして、ネット上のnoteで疑問を呈した。

〈同館が外山さんの何を問題視したのか、まったくわかりませんが、選挙制度を否定したり、ファシストであることを公言したりしている、ある種の目立ちやすい政治的な身ぶりが美術館から毛嫌いされ、結果的に生じうるさまざまな混乱の責任を美術館側があらかじめ回避しようとしたことは十分に想像できます〉

折しも19年、愛知県で開催された「あいちトリエンナーレ」で、慰安婦を象徴する像などの展示作品が反日的とされ、大きな社会問題となった。その延長で愛知県知事リコール署名運動が起き、さらには逮捕者を出す署名偽造事件に発展する。

表現の自由は際限なく認められるのが理想なのだろうが、人権や差別、猥褻など、見せる側に配慮が求められるのも、また現実だ。

表現と公共の境界線は、互いが綱引きする度に揺れてきた。あいちトリエンナーレの一連の問題

［図版47］北九州市の「ギャラリー・ソープ」で開かれた「人民の敵 外山恒一展」パノラマ画像（2021年）

は、一定のルールはあるだろうが、表現の自由を守る側であるはずの美術館の腰を引かせるには、十分なインパクトがあった。

熊本市現代美術館幹部は、外山の表現と学芸員の熱意に対し、それを展示したことで発生する「かもしれない」リスクを天秤にかけ、後者を選んだ。

外山は、公立美術館に展示されないことによって、図らずも、公共空間の表現領域が一歩も二歩も後退している現実を浮き彫りにした。

ギャラリー・ソープでの外山恒一展には、私も企画者として名を連ねていたので、同時期に準備されていた熊本市現代美術館の動向は、つぶさに耳にしていた。そして、同じく外山展の企画者のひとりで、ギャラリー・ソープを運営するアーティストの宮川敬一（1961年生）は、熊本での展示見送りを知り、こうジャッジした。

「外山の勝ちだな」

外山塾

25

外山が福岡市南区の借家で学生向けに「教養強化合宿」を始めたのは、2014年8月のことだ。外山の自宅は、最寄り駅から優に徒歩20分はかかる、住宅街の2階建て一軒家だ。ささやかな庭の一隅には、大家がネギや菊を植え丹精を込めた家庭菜園がある。

玄関の引き戸をくぐり、すぐ右側の10畳ほどの居間が教場となる。畳の上には足の短い長テーブルが2卓置かれている。居間には本棚が立ち並び、外山をはじめ笠井潔、絓秀実、千坂恭二、呉知英、柄谷行人、西部邁、福田和也らの著作群に加え、国内外の思想書や歴史書など大量の本が詰め込まれている。もちろん、ファシズム関連の本も多い。廊下を挟んだ別室の棚は洋画、邦画を問わずレンタルショップ払い下げのVHS数百本やCDで埋め尽くされ、さらには文芸書、芸術書なども多数収められている。居間から台所に至る廊下の端から端まで、サブカル系雑誌などのバックナンバーが陳列されている。革命家・外山恒一を育んだ、ありとあらゆるソフトが凝縮された空間だ。

かつては家の前の道路に面した駐車場に、〈こんな国もう滅ぼそう原発で〉〈既成政党全部打倒〉などの看板を掲げた街宣車を止めていた。中学校も近い閑静な住宅地で、周囲からはさぞ不審に思われていたことだろう。21年2月から3月にかけて、私が西日本新聞に外山の半生を連載すると、近所の住民に声をかけられた。

「新聞に出ていましたよね」

さて、初回の合宿には地元福岡市の西南学院大学や京都大学、大阪大学、日本大学などから男女11人が集まり、7泊8日で開催された。以後、大学の長期休暇に合わせて原則春と夏の年2回、コロナ以降はさらに回数を増やし、9泊10日で実施されている。

各地から学生が集まる初日夜に交流会が開かれ、翌日から8日間、昼食休憩を挟んで午前9時から午後6時まで、外山自作の冊子『マルクス主義入門』を皮切りに、立花隆著『中核VS革マル』、笠井潔著『ユートピアの冒険』、絓秀実著『1968年』の4冊を読み進めていく。各自が同時に数十ページを黙読し、読み終えると要所を外山が解説しながら学生の質問に応じる。

この合宿の宿泊費は無料で、食費も水道光熱費もカンパを中心に外山側が負担する。自身のファシズム思想を押しつけることはない。ひたすら知識と、それを得られる環境を無償で提供していく。ではなぜ、自ら「善行企画」と呼ぶこの合宿を開くのか。

外山は、社会変革の端緒は知的で時間にゆとりのある若者たちによる運動、つまり学生運動の再興なしには開かれ得ないと考える。その前提として、学生たちが思想や歴史に関する一定の知識を持つ必要があるという。そうでなければ、それぞれの価値観を共有することも、議論を成立させることも不可能だと外山は論じる。

〈近年の〝右傾化した若者たち〟が敵である左翼のことを知らなすぎるだけでなく、反原発や反安保法制などの運動に参加している近年の〝いまどき左傾化した若者たち〟も自分たちの陣

営の歴史について知らなすぎる〉

外山が用意するテキストは、左翼運動のノンフィクションや左翼思想、ポストモダン思想の入門書に類する。外山はこう断言する。

〈左翼思想を理解しておかなければ左翼運動史は理解できず、左翼運動史を理解しておかなければポストモダン思想のモチベーションが理解できず、ポストモダン思想を理解しておかなければとくに人文系の学生としてはお話にならない〉

「外山塾」にはさまざまな若者が集まる。左翼、右翼、ノンポリ、フェミニスト、逮捕歴のある活動家、高校生、中学生さえ訪れた。現状に不満を抱く者、知識に飢えた者、政見放送などネット由来の外山ファン――。ただ、回を重ねるほどに学究の徒が増えているようだ。毎回最大15人、巣立った者は22年春時点で200人を超えた。【図版48】

一日の講義が終われば学生たちの行動に制約はなく、夕食を済ませると各自思い思いに過ごす。居間の大型テレビではバラエティー番組の名作や映画、演劇、ドキュメンタリーのビデオが上映され、見入る者も、それとは別に議論に花を咲かせる者もいる。もちろん、相反する思想を抱いた者も多い。極端なポリコレ派やレイシストでなければ排除しないという外山の姿勢が貫かれたこの場では、彼らは互いを自立した個人として尊重し合う。対面を重視する外山の交流圏は、顔の見えない者同士が対峙するネット空間とは真逆の光景だ。

16年の東京都知事選で外山が繰り広げた「ニセ選挙運動」を追った織田は、当時、外山が東京の居酒屋で連日開催した交流会に参加し、目を見張った。極右と極左と言える両極端の若者ふたりが、にこにこと笑いながら語り合っていたのだ。路上なら罵り合っている敵同士ではないか――？　楽しそうだね、と織田が問いかけると、彼らはこう返した。「政治の話なんかしたら殺し合いですよ。そんなアホなことはしません」。交流会には、アートやスピリチュアル系の人たちもいた。それは一種、カオス的な空間だった。

［図版48］第1回教養強化合宿
（撮影・YUKAKO NOMOTO 日本の志／2014年）

21年の合宿に参加したある男性は、「yakisobaudon」の名でブログに合宿や外山への評をこうしたためた。

〈第一に、知識量が凄すぎる。十日間、八時間ぶっ通しで左翼運動史、ポストモダンを語れるのがすごい。又、授業内容がやはりかなり難しいため、参加者の質問は、質問自体が何を質問しているのか不明瞭ということが多かった（自分も含めて）。それでも、質問者の意図を即座にくみ取って、何か考え込んだりわざわざ調べたりすることなく、すぐに答えをスラスラ言えるのである。インテリ、或いは論客と称される人を初めて生で見たから、非常に衝撃的だった。学者にありがちな〝隠語〟を使わずに、平易な言葉で説明しようとする姿勢には、在野で活動していくことの重要さも感じた。

第二に、器が広すぎる。九泊十日の授業内容・経験は、どんな教育機関にも見劣りしないものだと思うが、それでも、衣食住が無料で保障されているのである。普通に考えて、社会常識もろくにわきまえていない、見ず知らずの二十歳前後の若者十数名が、自宅をうろうろ勝手に徘徊して冷蔵庫を漁ったりキッチンを使ったりしているのは（自分が見張っている時はおろか、自分が就寝している時も!!!!）、相当不快なはずだ。何をされるか分かったものではない〉

ライターの住本麻子（1989年生）は、早稲田大学大学院生時代の2015年、集団的自衛権の行使を認める安全保障関連法案に反対した、「自由と民主主義のための学生緊急行動」（SEALDs）の国会議事堂前デモに参加していた。

「戦争法案絶対反対！」

「憲法守れ！」

「ゆとり世代」と呼ばれた彼らのシュプレヒコールは、メディアやSNSによって「政治に目覚めた若者たち」として喧伝された。全国に同種の運動が飛び火したが、安保法は15年9月に参院で強行採決されて成立し、ＳＥＡＬＤｓは16年8月に解散する。

「民主主義って何だ？」

「これだ！」

こう叫び続けた学生たちは、あっさりと日常へ帰っていく。国会前のデモに加わり、運動の高揚からあっけない幕切れまでを目の当たりにした住本は疑問を抱いた。

「あれだけ声を上げたのに何も変わらなかった。あの運動は一体何だったのか。そもそも左翼とは何なのか、政治とは一体何なのかと考え始めたんです」

外山の政見放送に共鳴していた住本は、17年夏、左翼運動の歴史を学ぼうと、外山塾の門を叩いた。

住本は、大手出版社の文芸誌に詩人で小説家、フェミニストの富岡多恵子論を寄稿するなど、文学やフェミニズムを主なフィールドに精力的に執筆している。その住本は、フェミニズムには各人の知識にばらつきがあり、かつ、一人一派と言えるほど主張に広がりがあると考え、かつては自らをフェミニストと名乗ることにためらいを感じていた。

だが、外山がフェミニズムに反発した文章を読み、「(それに)私は反対ですが、性、ジェンダー、セクシャリティーへの根源的な問いがあり、フェミニズムを考える上で重要な疑問を発している」と感じた。重ねて、合宿で読んだ絓秀実の『１９６８年』経由でウーマンリブからフェミニズムへと連なる運動の歴史を学び、思索を深めた。
やがて住本は、自らをフェミニストだと規定するようになり、活躍の場を広げていく。

26

コロナ

〈補償しなくても自粛してくれるFラン人民なんぞナメられて当然である。人の命なんぞより自らの地位や利権が大事な奴らに〝云うこと聞かせる〟には、こっちも死ぬ気・殺す気になって、「頼むから、カネを出すから家でじっとしててくれ」と奴らが懇願し始めるまで街に繰り出し続けるべきなのだ〉

2020年4月1日。新型コロナウイルス禍での自粛圧力に反発し、外山はTwitterで不要不急の外出闘争を呼びかけた。それから間もない4月12日、外山はさらに、次の文章をネットに公開する。

〈95年の阪神大震災(「がんばろう○○」の大合唱の始まり)とオウム事件(オウム・バッシング)を決定的契機として、マスメディアは完全に同調圧力やマス・ヒステリーの牽引・増幅装置と化していた。したがって90年代後半に本格的に普及してゆくネットは、日本においては、マスメディアが地ならしをすでに済ませた、異論排斥のヒステリックな風潮をよりいっそう推し進める役割を果たすものでしかなかったし、やがてマスメディアの側が〝ネット世論〟に引きずられるようになっていくという立場の逆転は伴いつつも、ネットとマスメディアは二人三脚で全体主義の完成に貢献してきた〉

〈しょせんネットなどというものはマス・ヒステリーへの抵抗運動よりもマス・ヒステリーそれ自体に親和的である〉

〈もしネットがなければ、ネットと連動したマスメディアのヒステリックな報道がなければ、わずか半世紀ほど前にも猛威をふるって忘れ去られたもの（引用者注：新型インフルエンザ）と大差ないはずの〝チョイわるウイルス〟に、諸君はこれほど脅えていたであろうか？〉

〈〝夜の街〟に繰り出すことに悪のレッテルを貼りつけるようなアナウンスの仕方は、その〝夜の労働者〟たちへの何らの補償を伴うものでもないかぎりは、単なる営業妨害であり、棄民政策である〉

19年の初確認から2年間で世界中の死者が５００万人を超えたとされるコロナを、「チョイわるウイルス」と呼ぶことに疑問の声は多いだろう。しかも、この文章が出されたのは自粛圧力のもっとも強かった時期だ。当時、市井の人の目に留まれば、ほとんど嫌悪感しか抱かれなかったのではないか。

外山は、走行距離が20万キロを超え動かなくなった街宣車を廃車した19年から、活動家としては引退状態だった。コロナ禍で再び最前線に立とうと決意したのは、オウム事件時の同調圧力に有効な抵抗運動ができず、ずっと悔しさを胸に秘めていたからだった。外山は、ネット空間での挑発だけでなく、現実世界でも波状的な運動に乗り出していく。

尋常ではない自粛圧力に薄気味悪さを覚えていた私は、４月１日のツイートを読み、外山に深い関心を抱いた。そしてほどなく、４月15日午後5時から、親不孝通りのバーで取材を受けてくれるという約束を取りつけた。

それから数日後の4月13日。この日、外山が投じた新たなツイートを見て、私は腰を抜かすほど驚いた。

〈第1回「懲罰宴会」ｉｎ福岡
4月15日（水）19時、親不孝通り入口集合
「補償もなしに自粛しろとかフザけたことを云ってると、麻生（引用者注：麻生太郎＝当時の副総理兼財務大臣兼金融担当大臣）とかが罹患するまでどんどん感染爆発させちゃうぞ！」と政府を懲らしめる（しかしてその実態は単なる）宴会である。マスクなど着けず〝ますらおぶり〟に結集しよう！〉

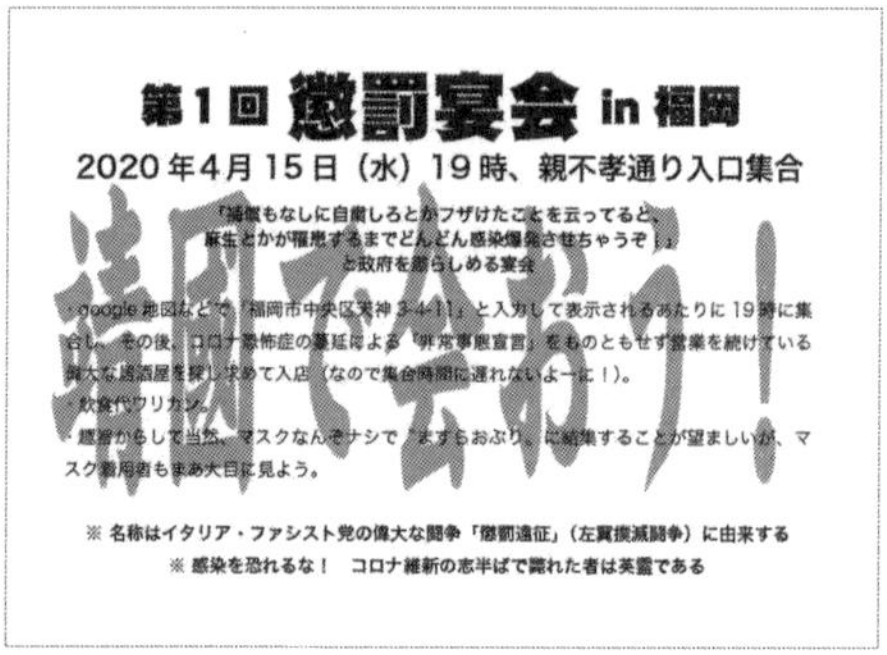

［図版49］「懲罰宴会」時にTwitterで公開したビラ画像（2020年）

ツイートには、ビラ風の画像が貼りつけられていた。その末尾には〈感染を恐れるな！　コロナ維新の志半ばで斃れた者は英霊である〉と記され、画像全体の背景として薄い毛筆体でこう大書されていた。

〈靖國で会おう！〉［図版49］

私は、親不孝通りのバーという取材場所も、4月15日午後5時からという日時も外山に指定されていた。つまり外山は、

取材のついでに懲罰宴会を企てたのだ。いや、懲罰宴会のついでに取材を受けようと考えたのかもしれない。闘争の名称は、もちろんムッソリーニに由来する。

私は焦った。宴会でもし感染者が出たら？　さらに、それが西日本新聞記者の取材後だったと発覚したら？

思い出してほしい。コロナ初期に、感染者がどれほど非人間的な扱いを受けたか。感染経路まで逐一報道され、噂や臆測がどれほどネットや現実世界を駆け巡ったか。

私はすぐに外山に電話をかけ、一方的に告げた。

「ツイートを見ました。取材はぜひお願いしたいのですが、宴会の結果次第では記事が出せなくなるかもしれません」

外山は静かに応じた。

「大丈夫ですよ。そういうこと（取材を受けたにも拘わらず記事が不掲載となること）は何度かあったので」

結局、「コロナ禍を生きる」という西日本新聞文化面の連載企画の初回で、外山のインタビュー記事が掲載されたのは、5月14日となった。記事は早々に書き上げていたのだが、掲載へ踏み切れなかった。正直に告白すると、不用意に出せば大炎上するのではないかと怖かった。

背中を押してくれたのが、こちらも同じく自粛に異議を唱えていた批評家の東浩紀

（1971年生）が運営するイベントスペース「ゲンロンカフェ」で、5月10日にネット生配信された東と外山の対談だった。ふたりは同年代だが、片や東京大学で博士号取得というアカデミズムの王道を歩んだ東と、片や高校を中退し活動の現場に身を投じた外山。さらに、東京都出身の東と九州に留まり続ける外山という、両極端の景色を見てきたふたりだった。そんなふたりが、コロナを契機とする管理・監視社会の強化について、それぞれの言葉で警鐘を鳴らした。

東　リベラルが自由についてもっと突き詰めて考えれば、今回のような安易な自粛肯定にはつながらなかったと思う。自由はさまざまなものと両立しない。「命」とも両立しないのかもしれない。それでも人間は自由を求めてしまう存在です。そういうことを原理的に考えなければいけないんですよ。ところがいまの社会は、自由と安全のバランスを求めようとしている。結果が監視と管理の肯定になる。

外山　それこそ僕が「人民の敵」を名乗り、民主主義粉砕のファシストになった理由です。人民の敵でなくては自由は守れない。大衆こそが自由の敵なんです。

だから大衆と敵対できないリベラルではなく、ラジカルであることが非常に重要だと思う。東日本大震災のときもそうでしたが、ミュージシャンや芸術家が急に政治に目覚めて口を出し始めても、普段はパンクだのなんだのとラジカルを装っておきながら、結局はリベラルなことしか言わない。だったら黙っていたほうがいい。現在もっとも政治的な行動とは、政治的なアピールを抜きにしてひたすら活動を行うことです。

出自の異なるそれぞれの「自由論」でがっちりと噛み合ったふたりの対談は、20年の「ゲンロンカフェ」視聴者数ランキングで、東の対談相手が脳科学者の茂木健一郎や哲学者の國分功一郎だった回を抑えてトップとなる。

私は、パソコンから発せられるふたりの言葉が、自粛肯定で頑迷な世間の岩盤を、少しずつ突き崩していくように感じられた。

外山は、21年に熊本市で開かれた福住との公開対談で、こうも語っていた。このとき、福住は、涙を飲むばかりの外山の活動歴について、「敗北を敗北として受け止めるのではなく、自らの演劇的なストーリーに昇華しているのではないか」と指摘した。福住の問いに、外山はこう返した。

「ファシズム転向は大きい。左翼であり続ける限り民主主義は否定できません。民主主義を否定すると楽なんですよ。毎回リベラルな人たちは選挙結果に一喜一憂して、『もっと投票率が高ければ勝てたのに』とか、ありもしない幻想にすがりつかざるを得なくなるじゃないですか。最初から民主主義なんて否定しちゃえば、そんなことでいちいち落ち込まなくて済む。

民主主義を前提とする限り言っちゃいけないことってたくさんある。大衆をバカにするようなことだとか。でも、そもそも民主主義を否定しちゃえばそんなことだって言えるし、ストレスがなくなるんですよ」


さて、革命家・外山恒一の半生の物語は大詰めだ。

私は先に、外山が世間からキワモノ視される理由を3つに整理していると書いた。

ひとつ目は「民主主義を否定するファシスト」であること。

ふたつ目は「女性を殴った元犯罪者」であること。

3つ目に言及する前に、外山の長年の友人である藤村修の外山評を思い返したい。それは、このようなものだった。

「左翼からPC（ポリコレ）を抜いたもの」

これを聞き、私は膝を打った。

確かに外山は「ポリコレやフェミニズムを否定している」。それも、頑固なまでに。これこそが、外山が世間からキワモノ視される最後の理由だ。

「政治的正しさ」とも訳されるポリティカル・コレクトネスは、1990年ごろアメリカ社会に浸透し、ほどなく日本の主に左派、リベラル層に伝播する。人種、民族、性別、宗教、障害の有無など、さまざまな点で立場の弱い人たちに寄り添おうという社会の姿勢だ。あえて馴染み深い日本語に訳すなら、「配慮」あるいは「気配り」だろうか。

国内では例えば、女性のみを指す「看護婦」という言葉も「保母」という言葉も「スチュワーデス」という言葉も言い換えられた。

現代の日本で、企業や表現者が、ポリコレやジェンダーに「配慮（あるいは気配り）」するのは当然となっている。80年代末には、絵本『ちびくろサンボ』も、黒人への偏見を助長すると各版元が絶版にした。大昔に発表された作品も、これらの射程となる。

SNSの伸張により、ポリコレやジェンダーに抵触し誰かを不快にさせる「かもしれない」表現は、ネットでの「炎上」の果てに容易に抹消される。まるで思春期の若者に潰されるニキビのように。近年露わになってきた、「キャンセル・カルチャー」と呼ばれるこのような動きは、今後、間違いなく加速するだろう。社会の表層を、ニキビのない若者の顔のように、なめらかにするために。

私も2010年代初頭、新聞社でこんな経験をした。

ある記事で、「〇〇の子どもを持つ4人家族」と書いた。すると、出稿を担うデスクが「子どもは持ち物じゃないよね」と指摘し、「〇〇の子どものいる4人家族」と改めた。もちろん、新たな表現にまったく異存はない。ただ、当時からずっと引っかかっているのが、その理由だ。

デスクは私に両手を差し出し、何かを持ち上げるジェスチャーをしながら、子どもを「持つ」という言葉を否定した。恐らく、「子どもは鞄や財布のような持ち物じゃない。子どもを物扱いするな」と言いたかったのだろう。

とっさのことでその場で反論できなかったのだが、その日以来、私は何度も「持つ」という言葉について考えている。物を「手に持つ」以外にも、さまざまな意味があるからだ。「役割を持つ」「才能を持つ」「夢を持つ」。これらは、その人の属性や状態、心中を表すのだろう。

「子どもを持つ」という場合は、もちろん子どもは「持ち物」ではないので、属性か状態に分類されるのではないか。

「会談を持つ」。これは場を設けるという意味だ。さらに、「この食べ物は秋まで持つ」に至っては、時間軸さえ表現されている。

「持つ」という言葉の持つ豊かさが、デスクの「配慮」によって一刀両断にされたようで、私はいまも納得できずにいる。

「子どもを持つ家族」と書かれ、「物扱いされた」などと不満を持つ子どもが、一体何人いるのだろうか？　何なら、逆に子どもを主語にして、「○○の家族を持つ子ども」という表現も可能なのに……。

もちろん私も、記事を書く際には配慮を欠かさないし、この本の場合でもそうだ。特に人権のように、守らねばならないものはたくさんある。だが、現状に「行き過ぎ」という側面はないか。「傷ついた」という具体的な苦情はなくても、誰かが不快に思う「かもしれない」と忖度し、さまざまな表現が自己規制されていないだろうか。

外山は、これらに同調圧力に通じる構図を嗅ぎ取り、ポリコレを早くからこう訳している。「言葉狩り」

さらに、フェミニズムも含め、それらが求める過度な表現規制などを、このように退ける。「多様性」などと言いながら、自らの価値観にだけ合致するように、世の中を築き直そうとしている——。

外山の反ポリコレ、反フェミニズムは、世間からキワモノ視される大きな要素だと私は考えているが、最近、どうも風向きが変わりつつあるようにも受け止めている。それは、やはりコロナの影響だ。

コロナ初期は、政府が布製マスクを配らねばならないほど、誰もがマスクを求め供給が逼迫した。そこには、自らの身を守ることと同時に、他者を感染させないという「配慮」が多分に込められていた。公の場でマスクをしない者は、他者を感染させる「かもしれない」存在として糾弾された。

何かと似てはいないだろうか。

20年に国内でコロナが初確認されてから2年が過ぎ、マスクやワクチンなど感染対策の実効性を疑問視する声は、陰謀論者だけでなく、一般からも後を絶たない。

それでも、海外では外している人が多数派なのに、日本では夏の蒸し暑い屋外でも、道行く誰もがマスクをしている。ただ、この中の一定数は、感染対策としてのマスクよりもむしろ、「配慮のない人間だと思われたくない」ために、公の場では外せないのではないか。

私の場合、屋外では外すが、公共交通機関や仕事で人に会う際は着ける。小心者なので恥ずかしい限りだが、それは単なるポーズに過ぎない。

先にも記したが、外山は、オウム事件以降の日本をこう捉えている。

多数派が少数派の排除をためらわない内戦状態――。

この風潮は、コロナで一気に加速した。そしてその過程で、「多数派が少数派の排除をためらわない」現実を目の当たりにし、この国や世間に失望した人は少なくないのではないか。

外山の反ポリコレは、そんな人たちとの親和性が高いはずだと私は考えている。

さて、ここで再び藤村にご登場願おう。

藤村は1990年代半ば、福岡で開かれた哲学者・竹田青嗣らの講演会で外山と知り合う。

藤村の思想は、左右で分けるなら右翼だ。ただ、皇室さえ安泰なら日本国などどうでもいいという、やや極端とも思える天皇主義者だ。外山とは活動をともにする同志というより、交流会や機関誌に度々登場する気の合う友人のひとりだ。

私は、外山の評伝を書くために会った数多くの取材相手のほぼ全員に、同じ質問を投げかけていた。

「外山恒一とは、一体、何者でしょうか？」

私の問いに、藤村はこう答えた。

「面白いこと、奇を衒うことをやって受けを狙う活動家だというイメージがどうしてもあります。ですが、最初の反管理教育運動で芽生えた問題意識から、ずっと、可能な限り目をそらさずに運動を模索してきた。その結果、いまの運動になっています。

外山くんは左翼からPCを抜いている。リベラルの欺瞞に向き合い、それに悩みながら運動を続けた、希有な活動家なのでしょう」

確かに、管理教育に抵抗した若き外山は、学校との闘いに「憲法」を持ち出していた。体制に立ち向かうために「体制側のルール」を武器にしていたのだ。ところが、活動を続けるうちに、「体制側のルール」を振りかざす左派・リベラル派の論法に反発していく。

外山恒一は、その結果、自らを革命家だと規定し、ファシズムを掲げるようになった。選挙を嘲笑い、民主主義をも真剣に否定する。

私はもちろん、これらのすべてに同調してはいない。むしろ外山は、ファシストではなくアナキストだと受け止めている。ただ、ここまで書き連ねたことで、外山の本心をある程度推し量れるようになったと思う。

現代の日本で民主主義を否定すれば、世間から「まともな人」だとは受け止められない。外山は、それを重々承知の上で、あえて公言している。

民主主義を拒絶しなければ、大衆の同調圧力に対抗できないからだ。外山の真の狙いは、その先にある。

それは、管理・監視社会の強化阻止であり、少数派の自由を守ることだ。

つまり、外山が革命で闘っている真の相手とは、この国で政府よりも強大な力を持つだろう「大衆=世間」なのだ。

だからこそ、外山は「人民の敵」を標榜し続けている。


2020年4月15日。親不孝通りのバーで初めて会った外山は、いきなり「ビンラディンのTシャツに着替えましょうか」と提案し、私を狼狽させた。その実、取材では思想や運動史に疎い私に、噛んで含めるようにそれらを解説してくれた。無知な私を見下すこともない姿勢に、真摯な人だと当初抱いていた偏見を改めた。

取材は午後7時前に終わり、外山と私はバーを出て、肩を並べて200メートルほど離れた親不孝通り入り口に向かった。「懲罰宴会」の集合場所だ。道中、後に私が外山の半生を書くために取材する藤村が合流する。外山に「話の合う右翼です」と紹介された。

3人で歩いていると、外山がビデオカメラを構えて撮影を始めた。活動を記録するためだった。

集合場所には、すでに数人が待ち受けていた。私たちの到着からほどなく、東京から来たという若い男性も現れた。外山は私に、「ここがストリート・ミュージシャンとして最初に歌った場所です」と教えてくれた。

大通りを挟んだ歩道に、白いワイシャツとスラックス姿の男性が4人ほど、それぞれ少し間隔を開けてこちらを窺っている。

「公安ですね」

外山は呟き、カメラをそちらに向けた。

10人ほどが集まった懲罰宴会の一行は、信号を渡り、「天神西通り」と呼ばれる天神の一筋を南下していく。外山はカメラを回しながら、ハイライトの紫煙を静かにくゆらせていた。

その道半ばで、私は外山にこう告げた。

「すみません、僕はここで日和らせていただきます」

私は外山たちから離れ、東へ折れる辻で立ち止まった。そして、緊急事態宣言下、福岡市屈指の繁華街の夜とは思えないほど沈んだ闇に消えていく、連なる影を見送った。

20メートルほど後ろから追いかけていたワイシャツ姿の男性たちは、私には一瞥もくれず、ハイライトの残り香を辿っていく。

私もやがて、彼らのように外山の足跡を辿ることになる。


笠井潔と並び、外山の思想に大きな影響を与えた文芸評論家の絓秀実は、こう評す。

「九州にいながら、我流でセンスを磨き続けた。勤勉で持続力があり、何より諦めない」

そう。外山恒一は諦めない。

諦めないが故に、どれほど打ちのめされても立ち上がり続けた。

ここに、私は、外山の凄みが凝縮されていると思う。

最後にもう一度、外山の半生を振り返りたい。


両親との不仲が抵抗の始まりだった。学校でいじめに遭い、管理教育に反発し、高校を中退した。本格的に政治活動に目覚めても、ちっとも思い通りにならなかった。交際していた女性を殴り、別の罪と合わせて2年間服役した。そして、獄中でファシズム転向したとうそぶいた。

「政府転覆」を掲げ、民主主義を否定し、大衆をこき下ろしていった。

道交法違反も含め前科は3犯。一度も就職、結婚をせず、街頭ライブを主な生業にしながら、ラジカルな主張を頑迷に取り下げることなく、齢は50を過ぎた——。

　恐らく外山は、世間と自らが合致したという実感を、一度も得たことがないのではないか。そして、世間とのズレに自らを合わせるのではなく、むしろ世間のズレを正すのだと、テロに走ることもなく、独特の作法で訴え続けた。その、「諦めなさ」。

　これこそ、外山最大の強さであり、また、怖さではないか。私は、外山の半生を書く筆を間もなく擱くが、なお、こんな疑問を抱いている。

　なぜ、外山は心を折ることなく踏みとどまっていられるのか——。

　ほとんどの人にとって、「事を起こす」道は避けて通りたいはずだ。身の回りにどんなに不満があっても、酒席での愚痴やネットでの憂さ晴らしが関の山ではないか。

　だが、外山は、率先して「事を起こし」てきた。敗れ続けても、諦めずに。私はそこに、底知れない恐ろしさも感じ取っている。


　私がこれまで出会った人のなかで、誰よりも主体性が強く、ぶれない外山の言動は、少なくない人の胸に、ある種の道標として突き刺さる。

　私は、懲罰宴会に向かう一行から離れて足を止めたあの夜の悔しさを、いまでも思い返す。

　この気持ちが、外山がオウム事件以来ずっと抱き続けた悔しさと同質なのかは分からない。

ただ、コロナの感染者数に振り回される「世間」にうんざりさせられる度、私の胸は、確かにうずき続けている。

おわりに

〈本書は未完である〉

これは外山が獄中で書き起こした著書『青いムーブメント』のあとがきの冒頭だが、外山の半生を書き終えた私も、まったく同じ心境だ。

その最大の理由は、本書刊行時に52歳という外山の年齢にある。外山は、政治活動家を半ば引退したと公言するが、毎年全国から数十人の学生が集う「外山塾」は年を追うごとに活況を呈し、もはや外山の代表的な政治活動のひとつだと言えよう。

外山は、社会変革には学生運動の復活が必須だと力説する。壮年期を迎えた自らの活動では展望が描けないだろうと見切りをつけ、夢を託せる後進をせっせと育てているのが外山の現在地だ。その姿を、松下村塾の吉田松陰や咸宜園の広瀬淡窓に重ねては過分だろうか。

外山は、2007年の東京都知事選政見放送で「この国は最悪だ！」と言い放ったが、それから幾年月を経て、この国はどれほど、どうなったのだろう。

「外山塾」に押しかける学生たちは、政見放送をリアルタイムでは知らない世代だ。しかし、教場の熱気に触れる度、そう遠くない未来に「何か」が起きかねないと思わずにはいられない。

それほどまでに、若い彼らは、この国の歪みを引き受けざるを得ないのだから。

本稿をまさに脱稿しようとしていた22年7月8日。参院選のさなか、奈良県の自民党候補を応援するため街頭演説に立った元首相の安倍晋三が、背後から発射された銃弾に倒れ、帰らぬ人となった。数多くの聴衆、カメラの前で繰り広げられた白昼堂々の犯行は、日本社会を大いに揺るがす。

「言論の自由へのテロ」

「民主主義への挑戦」

メディアやSNSでは、こんな言葉が乱れ飛んだ。私も、ネットニュースで一報を得ると、貪るようにTwitterを漁った。私自身はSNSを使わないが、多くのアカウントが騒然としていて、それはまるで、外山の言う「マス・ヒステリー」状態だった。

こんなとき、外山は何を語るのか?

外山が事件について初めて言及したのは、3日後の7月11日だった。ふたつのツイートを連投する。

〈こういう時に脊髄反射的にわーわー云わずにはおれないビョーキが蔓延してこういう世の中になってるんじゃないのか。せめて3日ぐらい黙ってられないのか。……と思ったので革命家

として身をもって人民に模範を示しておいた。むろん思うところはいろいろあるし、そのうち何か云うつもりだ〉

〈テロに屈してはならない！と世間があんまりヒステリックなので、ここで屈したらますます世間に迫害される、テロより世間のほうがよっぽど怖いと思い、つい屈してしまいそうになるのをぐっとこらえて、急に態度を変えたりすることなく、これまでどおり投票になんか行かなかった〉

元首相銃殺事件は、発生から数日もたたずに、容疑者の母親が旧「統一教会」の熱心な信者で、多額の献金によって自己破産、家庭崩壊に追い込まれた末の犯行とみられることが明らかになる。統一教会への復讐を決意した容疑者は、広告塔として機能していた元首相をターゲットに選んだという。

事件の構図は、「言論テロ」でも「民主主義への挑戦」でもなく、「仇討ち」だった可能性が濃厚だ。そしてその後、ネット上では盛大な「統一教会バッシング」「自民党バッシング」が繰り広げられる。

一方、これを書いている事件発生から数週間後時点では、一部の新聞やＮＨＫは元首相、自民党と統一教会との関係解明には及び腰のようだ。オウム真理教が挙国一致で叩きのめされていたのを思い返せば、統一教会はそれほど政権に食い込んでいたという証左なのかもしれない。

もちろん、様相は「世間」の風向き次第で一変するのだろうが。

もはやこの国の行方は、「世間」の「マス・ヒステリー」が握っていると言っても過言ではない。なぜなら、ほとんどの人が、外山のように「3日間黙っている」ことができないのだから。

さて、この国はこの先、どれほど、どうなるのだろうか。


『人民の敵　外山恒一の半生』

このタイトルは、本書が前編だという宣言だと受け止めてほしい。

私は、外山は現代ではなく、未来でなければ正当に評価され得ないと確信している。それほどまでに、外山は同時代の「世間」からはみ出し過ぎている。いまの姿はまさに「人民の敵」であり、現在、外山を正しく受けとめることは不可能に近い。

だから、これから数十年後、外山が本当に活動家としての人生を終えたとき、あるいは人生そのものを終えたときに、いつか現れるだろう外山研究者のために、私は後編を記し完全版を遺したいと切に願っている。

その本のタイトルはもう決めている。

『革命家　外山恒一伝』

外山の敵であるこの国の「世間」は、あまりにも頑強だ。それ故に、私は、外山は革命を成就できないと予見している。しかし同時に、こうも予見している。外山恒一は革命に殉じる、と。

2022年盛夏、気がくらむほど酷暑厳しい大分県日田市にて。

（了）

＊本書は書き下ろしです。敬称は省略しました。

藤原賢吾（ふじわら・けんご）
一九七九年、鹿児島市生まれ。
東京理科大学理学部卒。
無料地域情報紙を発行する
タウンニュース社で記者兼
広告営業職を務め、
二〇〇八年に西日本新聞社入社。
文化部、編集センターなどを経て
大分県の日田支局記者。
本書は初の著書。

人民の敵
外山恒一の半生

二〇二三年二月二八日　初版発行

著者　藤原賢吾
発行者　北尾修一
発行所　株式会社百万年書房
〒一五〇-〇〇〇二
東京都渋谷区渋谷三-二六-一七-三〇一
tel〇八〇-三五七八-三五〇二
http://www.millionyearsbookstore.com
装丁者　木庭貴信＋岩元萌（オクターヴ）
印刷・製本　中央精版印刷株式会社

JASRAC 出 2209556-201
225p『世情』(作詞 中島みゆき　作曲 中島みゆき)

ISBN978-4-910053-33-2

政治活動入門

外山恒一・著

本書の構えは極めて実践的だが、しかし同時に、知識や教養や理論の大切さもおろそかにしていない。まさに「入門」の名に相応しい好著である。私も一から学び直そうと思う。

佐々木敦（批評家）

〈目次〉

本体1,900円+税　1c248p／四六判・並製
ISBN978-4-910053-21-9 C0095